李嘉诚

我一生的理念

李永宁 编著

图书在版编目（CIP）数据

李嘉诚：我一生的理念 / 李永宁编著. — 北京：
北京联合出版公司，2014.9（2018.6重印）
ISBN 978-7-5502-3468-0

Ⅰ. ①李… Ⅱ. ①李… Ⅲ. ①李嘉诚－传记
Ⅳ. ①K825.38

中国版本图书馆CIP数据核字（2014）第190085号

李嘉诚：我一生的理念

作　　者：李永宁
责任编辑：王　巍
封面设计：刘红刚
版式设计：冉　冉

北京联合出版公司出版
（北京市西城区德外大街83号楼9层　100088）
三河市文通印刷包装有限公司印制　新华书店经销
字数：217千字　880毫米×1230毫米　1/16　印张：18.25
2014年10月第1版　2018年6月第14次印刷
ISBN：978-7-5502-3468-0
定价：39.80元

要想在商业上取得成功，首先要懂得做人的道理，因为世情才是大学问。世界上每个人都精明，要令人家信服并喜欢和你交往，那才是最重要的。

——李嘉诚

目 录
CONTENTS

前 言 / 01

第一章

厚道是品德，更是利益（处世理念）

未学经商，先学做人 / 02

七分合理，八分也可以，那我只拿六分 / 06

名誉是第二生命，有时候比第一生命更重要 / 10

有多少人信任你，你就拥有多少次成功的机会 / 13

越是赚大钱的人，态度越谦虚 / 16

得意时应善待他人，因为失意时会需要他们 / 20

信风水也可以，但最终还是事在人为 / 24

第二章

天下事成败都在自己（成败理念）

拼命工作的原动力是随着环境的变迁而来的 / 30

苦难生活是人生最好的锻炼 / 33

开初别无他法，只能将勤补拙 / 38

没有人可以打造你的未来，只有自己知道如何把握 / 41

打工是收效最缓慢的投资 / 45
想成功要先花 90% 的时间想失败 / 48
永不满足是成功向上的前提 / 52

第三章
做生意要做到让生意自己跑来找你（人际理念）

有方圆之性，做方圆之人 / 58
多交一个朋友就多一条财路 / 61
节省自己，但要对别人慷慨 / 64
善待他人，充分考虑到对方的利益 / 67
友善交易，不要占任何人的便宜 / 70
一经承诺，便要负责到底 / 74

第四章
管理者要赋予企业生命（管理理念）

管理好自我才能管好员工 / 80
管理者应学会大胆授权 / 84
对员工的“心”要好好管理 / 87
重视与员工沟通，聆听到沉默的声音 / 91
学会允许员工犯错 / 95
作为一个管理者应当做到少说话、多倾听 / 99
领导全心投入热忱是最大的鼓舞 / 103

第五章
公司不是靠一个人，而是靠整个组织（团队理念）

摆脱平庸管理，摆脱人才困境 / 108
做生意不靠投机取巧，而靠一帮有才能的人 / 112
大胆起用年轻人 / 115
中西合璧，包容人才 / 119
成就事业最关键的是要有人帮助你 / 123

第六章
做生意不是硬技术，而是软科学（经营理念）

随时留意身边有无生意可做 / 128
立下远大目标，才有压力和动力 / 132
经营企业，“知止”最重要 / 136
经商而不沉迷于商业活动 / 139
薄利多销，抢占市场 / 143
不怕没生意做，就怕做断生意 / 146

第七章
只要有眼光，任何地方都有钱赚（竞争理念）

选择优秀的对手 / 152
优势互补才能双赢 / 156

不让对方知道自己的底牌 / 159
在竞争中抓住主动权 / 162

第八章
用正确的方式对正确的时机进行分析（投资理念）

投资要有创新思维 / 168
审时度势，超前意识不可少 / 172
知己知彼，才能百战不殆 / 176
放长线才能钓大鱼 / 180
眼光放在世界的是大商人 / 184

第九章
人弃我取，人取我弃（舍得理念）

好景时决不过分乐观，不好景时也不过度悲观 / 190
进退之间，方得大天地 / 193
互惠互利，是能得到双赢的好事 / 196
发展中不忘稳健，稳健中不忘发展 / 200

第十章
以勤劳、忍耐、意志作为进取人生的战略（下一代教育理念）

年轻人有自己的理想，要学会尊重 / 206
太多的物质反而有害 / 209

树大招风，保持低调 / 213
必须给合作伙伴留足够的利润空间 / 217
家和万事兴，一家人幸福最紧要 / 220

第十一章
对其他有需要的人贡献，乃真财富（财富理念）

要学会处理自己的金钱，明白金钱得来不易 / 226
我首先是一个人，再而是一个商人 / 229
要愿意发挥我们的智慧，为社会创造财富和机会 / 234
慈善事业是一种投资，而不是代价 / 238
在别人无助时帮一下，是最有益的 / 241
内心富贵才是真的富贵 / 245

附录 1
李嘉诚生平大事

李嘉诚简历 / 252
长江实业集团有限公司介绍 / 253
董事局成员 / 254
核心业务 / 255

附录 2
李嘉诚演讲

人性的迷失能否复归（汕头大学开学典礼致辞） / 258

现实的造梦者（李嘉诚 2013 年汕大演讲） / 260
在形与实之间（2006 年于新加坡管理大学李嘉诚图书馆开幕典礼致辞） / 262
装备自己 挑战未来（香港总商会 140 周年庆祝晚会发言） / 264
创新求进 挑战科技新世纪（2001 年汕大师生会） / 267
全球化不承受之重压（第十一届国际潮团联谊年会开幕仪式致辞） / 270

附录 3
李嘉诚采访录

李嘉诚和香港硕士大学生谈经营 / 274

前言

李嘉诚的成就是有目共睹的。在众人的眼中，他是非常成功的企业家、慈善家，懂得如何经营公司，更懂得为社会做出应有的贡献。但李嘉诚能够成为世界级的财富巨人，并不是靠天上掉馅饼的好运气，也不是靠拉拢别人找关系，而是完全靠自己的努力和奋斗，从零开始，一步一步由小到大，做到今时今日的成绩。

李嘉诚对自己的一生有着清醒的认识。他不是天生的富家公子，奋斗道路也不是一帆风顺的。李嘉诚 1928 年 7 月 29 日出生于广东潮州，1939 年日本入侵广东后，他随父亲流落到香港讨生活。他当过茶楼的服务员，做过卖货的推销员，还当过柜员。在艰苦的环境中，李嘉诚没有随波逐流。他努力提升自己，不断完善自身，17 岁时就被升为业务经理。22 岁的李嘉诚成功创业，创建了长江塑胶厂。当了老板之后，他没有放松下来，而是以更加紧凑的节奏工作，每天至少工作 15 个小时，非常敬业。

在李嘉诚的商业版图中，没有投机取巧，只有兢兢业业；没有偷奸耍滑，只有稳健发展；没有唯亲任用，只有重用人才……在李嘉诚的做人之道和人生哲学中，地位与财富不是唯一的，赚钱的目的也不是享受。他很看重做人之道和财富之道。他常说："对人要守信用，对朋友要有义气，今日而言，也许很多人未必相信，但我觉得'义'字，实在是终身用得着的。"

现在，凡是有华人的地方，就知道李嘉诚的名字，李嘉诚的名字响彻全世界。李嘉诚亲身演绎了从身无分文的穷小子到华人首富的神话。他白手起家的商场经历令多少人为之敬佩。但这些对李嘉诚来说，不过是人生的一个过程而已。李嘉诚所要分享的不是获取财富的手段，而是宝贵的人生历练。

正如李嘉诚自己在演讲中说的："闹哄哄的'要不要当李嘉诚'的炒作，反而促使我对自己的人生进行反思。如果一切有机会从头再来，我的命运会有何不同？人生充满着'如果'，转折点比比皆是，往往并不由我们控制。如果战争没有摧毁我的童年，如果父亲没有在我童年时去世，如果我有机会继续升学，我的一生将如何改写？我对医学知识如此热忱，我会不会成为一个医生？我对推理与新发现充满兴趣，我会不会成为一个科学家？这一切永远没有答案，因为命运没有给我另一个选择，我成为今日的我。"

李嘉诚取得的成就令世人瞩目，很多人都视他为人生偶像，希望能够通过学习李嘉诚做人做事的方法，为自己的人生提供一点儿借鉴。本书正是为了满足广大读者这个需求而编写的。

本书共分十一个章节，从处世哲学、成败哲学、人际哲学、管理哲学、经营哲学、战略哲学、财富哲学等方面来解析李嘉诚的成功之道，让读者可以在了解李嘉诚起起伏伏人生经历的同时，更精准地读到这位大亨无与伦比的人生智慧。

第一章

厚道是品德，更是利益

（处世理念）

人生有没有既定命运，我不知道，但每一天我们在那“零”和“非零”间选择，我们其实正在不断选择自己一生的命运。没有人可以为你打造未来，只有你才知道怎样去掌握。人生之路在于不断探索，而不是乞灵于迷信。

生长与变化是一切生命的定律，昨天的答案未必适用于今天的问题，只有你的原则才是你生命导航的坐标，只有你的情操才是你鼓舞生命的力量。

——李嘉诚

未学经商，先学做人

● 李嘉诚案例

在日常生活中，我们经常会听到人们感叹："做人难！人难做！难做人！"如何做人，不仅仅体现出一个人的智慧，也体现了一个人的修养，是伴随一个人一生的重要课题。不管一个人的先天条件多么优越，后天多么努力，背景条件多么好，如果他不懂得做人，导致自己的人品很差，以至于没有人愿意与他相处，那么，他的事业也必然会受到很大的影响。

一位商界成功人士曾说："先做人，后做事，做人做好了附带着就把事情做了。"这也就意味着无论你从事什么工作，无论你是贫穷还是富贵，都要首先学会做人。李嘉诚常挂在嘴边的一句话就是："未学经商，先学做人。"

李嘉诚出身于书香门第。父亲在生前教给他很多珍贵的做人道理，比如"贫穷志不移""求人不如求己""不义而富且贵，于我如浮云""吃得苦中苦，方为人上人""失意不灰心，得意莫忘形"等。父亲的熏陶和教诲令李嘉诚从小就树立了正确的人生观。这些观念在他日后的经商过程中，也自然而然地起到了很大的作用。

“我做什么事情都讲求诚实、诚信，以诚交友，虽然世界上有许多蛊惑的人，但如果你以诚待人，再加上有智慧，你便好得多。”李嘉诚一生都恪守商业道德，他的人品和良好的做派为他在商界乃至整个社会都赢得了极佳的口碑。

如今商海浮沉，唯有诚实者才能长久。如李嘉诚所言：“诚实的人，方能永远有饭吃。”诚实，人人皆知，却未必人人能践行之。李嘉诚做到了将诚实落实到人生的每一步中，值得我们尊敬和学习。

回顾李嘉诚在事业上的每一步，特别是一些至关重要的转折点，都将诚实落实得毫厘不差。第一次是离开塑胶公司自己创业，辞行时，李嘉诚非常诚实地对老板说：“我离开您的塑胶公司，准备自己干，难免会用到在您这儿学到的技术和管理理念，甚至可能会开发同类产品，请您理解。因为，从现在的形势来看，我不开塑胶厂，其他人也会开。不过，请您相信，我不会违背做人的原则，带走您的客户。我会另外开辟销售市场。”

第二次是李嘉诚自主创业后，代表自己的厂子和老外谈生意。由于用货量很大，外商要求李嘉诚出示担保人的亲笔担保书，但由于企业太小，没人愿意为他担保。李嘉诚只得告诉外商：实在抱歉，我没有找到担保人。外商见李嘉诚如此诚实，竟然破例同意和李嘉诚的厂子签合约，并夸赞李嘉诚，说他的为人就是最好的担保。

外商告诉李嘉诚：“说实话，我们从来没有和没担保的公司合作过，但是，你的诚意打动了我们。我们做生意最看重的就是诚信，你不必去找担保公司了，我们愿意跟你合作。”

没想到，面对渴望已久的合约，李嘉诚却拒绝了。他对外商感激地说：“感谢您这么信任我，可是，由于资金问题，我没有办法定您这么多货。谢谢您的好意，我们还是无法签约。”

李嘉诚的这一举动让外商很诧异，对这个中国人也更感兴趣，生意圈内没有谁不想着占便宜谋利润，而李嘉诚却将做人看得比利润还重要，是一个真真正正的君子。于是，外商决定无论冒多大风险都和李嘉诚合作，帮这个年轻人一把。李嘉诚的诚实为厂子解决了资金问题，也为同行所称赞。

上述两例是李嘉诚诚实经商中常见的表现，他在用自己的行动证实着自己做人的诚实和道德的完善。无信而不立，商人贵在一个“信”字，“信”就是我们所说的诚实。对于白手起家的李嘉诚来说，30 岁就成为富商，最关键的一点就是“信”。李嘉诚的“信”还和他为人的“诚”分不开，即“诚信”。李嘉诚不但自己坚守着做人基本的诚信，还时时刻刻不忘提醒身边的人要守信，要遵守做人的基本原则。

● 李嘉诚智慧

俗话说“无商不奸，无奸不商”，这个“奸”字在中国商业文化中被强调。可是，李嘉诚却坚守了中国人的道德之本，即“诚信”。李嘉诚认为生意做多大没关系，但做人一定要脚踏实地、诚实可靠。李嘉诚说过：“‘天行健，君子以自强不息’。要保持企业生生不息，不仅是时下流行的介绍企业时在宣传册打上使命，或是懂得说两句具有人文精神的语言，而是在商业秩序模糊的地带力求建立正直、诚实的良心。”

诚实是做人之本，诚实亦是做事之本，之于商人更是如此。大千世界，人上一百则形形色色，有的奸诈，有的投机，有的傲慢，有的狂狷，各色人等或许能取一时之利，然而唯诚实的人才能成就一番大事。

松下电冰箱刚开始出口国外时，有一批货物运抵香港。当香港代理商收到货后，发现这批货物的包装由于运输原因，已经变得破烂不堪，这不仅不方便顾客提货，还会影响松下电冰箱在顾客心中的形象。代理商非常着急，立即派人飞到松下的总部，报告了这一情况，松下公司得到消息后，非常重视，高层领导与这名代表开会协商，最终承认这批货物的包装不良是松下公司造成的，所以愿意承担一切后果。后来，这名香港代理商成了松下公司最忠实的代理商之一。

如果这名代理商为了利益，昧着良心不向总部汇报这件事情，那他之后的生意也不会越做越大，因为隐瞒可以瞒得了一时，却瞒不了永远，一旦事情被披露出来，总部就会对这名代理商的人品产生质疑，自然也就不会让他再代理商品。正是因为这名代理商的人品可靠，做人踏实，总部才会放心将产品交给他代理。

经商虽然要赚钱，但却千万不能为了赚钱而放弃做人的底线，只有人品好、讲信誉、诚实可靠的人才能在商海沉浮中立于不败之地。那些投机取巧，偷奸耍滑的人最终会被大家看清，与之划清界限。

作为世界上最大的网上交易社区，eBay 在网络商务领域所取得的成功是惊人的。只用了 5 年的时间，eBay 就实现了销售额超 5 亿美元的惊人业绩，并且以每年 5 亿美元的增速快速增长。

eBay 之所以能够取得这么大的成功，要得益于它的电子信誉制度。这个网站要求每一个买家对卖家做信誉评分。如果有超过 2% 的买家对卖家不满意，就会影响到卖家未来的生意；如果有超过 5% 的买家对卖家不满意，就没有人愿意和卖家做生意，这就导致 eBay 的每一个卖家都特别重视自己的信誉，并且为了维护自己的信誉，卖家在交易中会尽力提供良好的服务，这也使得他们的服务态度甚至比一些实体店还要好。

由此可见，讲究诚实守信是一个人应该具备的最基本素养。一个诚实守信的人，能够给人以信赖感，让人乐于接纳。可以说，诚实守信这种品质是通向成功的铺路石，以诚信作为基石的人生道路，会变得通畅无阻，而以奸诈作为基石的人生道路，终有一天会滑坡坍塌。

如今商海浮沉，唯有讲求诚信者方能长久。正如李嘉诚所言："诚实的人，方能永远有饭吃。"诚实，人人皆知，却未必人人都能践行。李嘉诚却可以做到将诚信落实到自己人生中的每一步，这一点值得我们尊敬和学习。

七分合理，八分也可以，那我只拿六分

● 李嘉诚案例

有些生意人在做生意时，经常害怕自己会吃亏，甚至连一角半分也要算得很清楚。在李嘉诚看来，做生意时就不应该怕吃亏，一些可要可不要的利润完全可以让给对方，有时候吃亏可能也是一种福气。

李嘉诚说过："做生意一定要估计对方的利益，这样人家才愿意与你合作，并希望下一次合作，我一直奉行互惠精神。当然，大家在一方天空下发展，竞争兼并，不可避免，但即使这样，也不能抛掉和为贵的态度。"

李嘉诚早年做生意时，曾有一家贸易公司向他订购一批塑料产品，准

备运往美国销售。当这批货物卸船付运，向对方收取货款时，这家贸易公司的负责人却因为一些原因要取消合同，但是答应给一些补偿。由于这件事并没有给李嘉诚造成太大损失，考虑到以后可能还要和这家贸易公司合作，李嘉诚并没有要求对方赔偿损失。他和贸易公司的负责人说："日后若有其他生意，我们还可以建立更好的合作关系。"

几年之后，李嘉诚开始转型做塑料花生意，一天一个美国人找上门来，要和李嘉诚进行合作，说是当初那家贸易公司的负责人极力推荐的，还说李嘉诚是一个完全值得信赖的生意伙伴。最终，李嘉诚与这位美国人谈成了 6 个月的订单。经过这 6 个月的愉快合作，这位美国人发展成为李嘉诚的永久客户，成为李嘉诚开拓海外市场的重要合作伙伴。

1973 年香港发生股灾，到 1974 年底，恒生指数一度跌到 150 点。虽然 1975 年恒生指数有所回升，但是深受股灾之害的投资者们仍然"谈股色变"，不愿意把手中的闲钱投入到股市中。李嘉诚却根据当时股市低迷的情况，每股作价 3.4 港元，由长实发行 2000 万新股与他本人，并且宣布放弃两年的股息。随后香港股市持续高涨，长实股票更是升幅惊人，李嘉诚获得的实利要远远高于他当年牺牲的股息。

李嘉诚每年都会放弃上千万元的董事酬金，把这些钱投入到公司的运营中，赢得了公司上下众多股东的一致好评。李嘉诚豁达的胸襟让他们更加信任长实系股票，其他投资者受到他们的影响，也纷纷购买公司的股票，长实系股票被抬高，长实系市值大增，作为公司最大的股东，李嘉诚当然是最大的受益者。

李嘉诚经常教导两个儿子，在和别人做生意时，如果能拿到七分的利润，甚至能拿到八分的利益，那么就拿六分好了，因为只有这样，才会为自己赢得好声誉，吸引更多的人来合作。如果能拿七分利润你偏要拿八分利润，能拿八分利润偏要拿九分利润，那么谁还会和你合作？

李嘉诚一生中和许多人进行过或长期或短期的合作，合作结束后他总是愿意少拿一点儿利润，也正是因为拥有这样的风度、这样的气量，使许多人都愿意与他合作，也使他成为商场中的不败商神。

● 李嘉诚智慧

在成功学中，有一条“互利法则”，即你给人一分利，别人就会给你一分利。“利益共沾”是聪明商人遵循的法则。李嘉诚深知“利益共沾”的法则，始终坚持：不独利己，更要利人，不能总把自己的利益放在别人之上，而是要学会利人法则。生活中也是如此，顾及对方的利益非常重要。一个人不能把目光仅仅局限于自己的利益上。自己舍得让利，让对方得利，最终还是会给自己带来较大的利益。

李嘉诚的经历告诉我们，在生意场上，一个人如果具备豁达的胸襟，身上往往会散发出强大的人格气场，会让人不自觉地亲近，为其带来意想不到的财富。真正做大生意的人，不会过多计较获得多少利润，而是享受做生意的过程，这通常也是区别企业家和商人的一个重要标尺。

在日本有“绳索大王”之称的岛村方雄，在年轻的时候是一个不名一文的穷光蛋，急于致富的他把目光瞄准本钱很少的麻绳生意。和其他卖麻绳的人不一样的是，刚开始的时候，他进价是多少就原价卖出，很快，岛村方雄傻子式的经营方法让订单像雪花一样向他飞来。在接到大量订单后，岛村方雄开始向客户诉苦，说自己原价卖给他们，一分钱赚不到，长此下去，他会无法生存下去，想要在原来的基础上提高点价格，客户们都被他的诚意所打动，同意了他的请求。虽然提高后的价格仍然低于市场价，但是因为销量上去了，积少成多，几年后，岛村方雄就从一个穷光蛋变成日本的“绳索大王”。

对于吃亏，弘一法师从佛法的角度进行了独特的解释。他曾这样评价君子与小人的区别：“我不识何等为君子，但看每事肯吃亏的便是。我不识何等为小人，但看每事好便宜的便是。”每个人都想成为富翁，做成大生意，但是如果没有“吃亏是福”的豁达胸襟，即使有机会摆在你的面前，你也会最终变成一个斤斤计较的小商贩，眼睁睁看着机会从自己眼前溜走。只有那些从不计较个人得失的人，具有大胸襟、大气度的人，才能最终成为企业大家，因为他们知道，一时一事的吃亏或许会给他们带来意想不到的惊喜。正如著名的企业家严介和所说：“看似一件很吃亏的事情，往往会给你带来巨额的财富。”

1992 年，严介和带着借来的 10 万元钱，在淮安注册了一家建筑公司，开始了自己的创业之路。当时，南京市正在建设环城公路，得知消息后，严介和努力争取到 3 个小涵洞的项目。但是，由于项目是被层层转包之后才到严介和手上的，经过核算，整个项目做下来，严介和的公司要净亏损 5 万元。

当时，很多人都劝严介和放弃这个项目，因为这明显是一个亏本的买卖，但是严介和却有不同的看法。他对手下的员工说：“有时候主动吃亏才能主动获得，大家不要灰心，但要注意质量。亏 5 万不如亏 8 万，我们豁出去了，一定要保证工程的进度与质量。”最终，在严介和的坚持下，这个项目保质保量地提前完成了。

经过这件事之后，严介和在业内有了自己的影响力。从此，不断有人找到他的公司要求进行项目合作，他的业务规模不断扩大，最终使他成为一代企业大家。试想一下，如果当时严介和没有主动吃亏的精神，他又怎么可能拿到以后那么多项目呢？

豁达是一种态度，更是一种智慧。一个不喜欢计较的人，目光往往会放得长远一些，心中想到的是更大的事业，而那些为了小事斤斤计较，拘泥于蝇头微利的人注定成不了大气候。因此，当我们在生意场上感觉自己吃亏时，不要去抱怨任何人，应以豁达的心态去对待这一切，因为你要知道，有时候“吃亏未必不是福”。

名誉是第二生命，有时候比第一生命更重要

● 李嘉诚案例

李嘉诚为人谦虚谨慎，对于自己的行为举止，一言一语都非常检点。他非常重视自己的名誉，时刻保持低调做人的风范。他虽然经营着规模浩大的企业，管理着众多员工，可李嘉诚一点儿出风头的意识也没有，不会经常接受采访、出席电视节目之类的活动。据传，香港记者没有一个人专访过他。香港记者中名气很大的林燕妮女士想要采访李嘉诚，但李嘉诚总是拒绝。后来万般无奈之下，林燕妮以广告商的身份去长江实业洽谈业务，这才见到了李嘉诚。

据林燕妮后来说，李嘉诚一坐下来先谈的不是公事，而是澄清媒体记者对他的绯闻传言。李嘉诚对林燕妮说：“我跟某某港姐绝对没有关系，亦不认识，外边乱讲。”李嘉诚之所以会和林燕妮解释这件事情，是因为那时林燕妮替《明报周刊》做“数风云人物”的专访，李嘉诚知道林燕妮

在香港记者中的地位，想借她的笔，澄清自己。

那时，在《明报周刊》曾刊登过一篇题目为《一生最怕惹绯闻，视名甚重》的文章。这篇文章中写到一位姓李的地产商人和某某港姐有染，李嘉诚对他的客户解释说自己不认识这个港姐，都是外面在乱传。客户没有问起李嘉诚有关这位港姐的事情，他就主动解释。李嘉诚如此谨慎小心，可见对于绯闻，是多么排斥。

所以，李嘉诚平时很注意自己的言行。如果在公众场合，有女星想和李嘉诚攀谈或者向他敬酒，李嘉诚都会婉拒，然后迅速离开，不给记者留下拍照的机会。香港某刊物还曾发布重金悬赏通告，称如果哪位女明星能够和李嘉诚合一张影，那他们会出 40 万港元来买这张照片。

林燕妮事后谈到对此事的印象说："我们是做广告的，绯闻我们不关心，但他显然十分介意。"李嘉诚这样在乎自己的名誉也是出于无奈，因为曾经有很多成功的商人因为行为不检点而断送了前程。

李嘉诚一生都看重声誉。在他的夫人庄月明病逝后，李嘉诚一直守着对夫人的感情没有再娶。但偏偏有一位女子对李嘉诚甚是爱慕，大胆向李嘉诚求爱。这位女子就是自称"无敌浪漫女作家"的西茜凰。西茜凰是香港名人，才貌双全，有很多追求者，但她却偏偏对李嘉诚动心。为了打动李嘉诚，西茜凰曾给李嘉诚写了一幅墨宝"嘉千骏之长，诚万川之江"，头两个字合起来是嘉诚，后两个字合起来是长江。

但西茜凰如此用心良苦，李嘉诚却不予回应。对于这些事情，他一概退避三舍，远远将自己与这些绯闻隔离开来。李嘉诚如此严格要求自己，所以人们对于一些关于李嘉诚的流言蜚语，自然也就不会轻易相信。

李嘉诚坚持洁身自好。在他的心目中，保持自身的名誉清白，不仅仅是名声的问题，更是一个人品格的保证。

李嘉诚智慧

对于名人来说，有一个好名声是非常重要的。俗话说“雁过留声，人过留名”，好的名声能为其带来更加丰厚的社会财富。李嘉诚不只一次地忠告一些焦躁不踏实的人：“注重自己的名声，努力工作、与人为善、遵守诺言，这样对你们的事业非常有帮助。”

很多成功的人正是因为注重自己的名声，看重自己在社会上的名誉，才奠定了成功基石。美国总统林肯就是一位非常看重自己名誉的人。林肯为人亲切随和，乐于助人，总是尽一切可能去帮助身边的人，身边的人对林肯的评价都很高。还在林肯年轻的时候，他的这种品质就显露无遗。

在律师事务所合伙人亨恩顿的眼中，林肯总是无时无刻不在帮助他人。亨恩顿说：“在林肯的住处经常会住满了人，林肯不但不会感到烦躁，反而很乐意帮助一些无家可归的人。有的时候，他会把自己的床让给别人睡，自己就到桌子上凑合一晚。没有枕头的话，他就把布卷一卷垫到脑袋底下。”

正是林肯这样的品质，令他受到了人民的爱戴，拥有了良好的名誉，才能够在总统大选中当选为总统。所以说，名誉对一个人是非常重要的，一句名言这样说道：“人的品格是世界上最伟大的一种力量。”

做大事的人，走向成功的人都是将事业建立在良好品格上的。良好的声誉是事业的资本，在做任何事情的时候，都不要为了蝇头小利放弃做人的底线。很多人为了尽快成功，尽早拥有财富，就丧失道德底线。这样的人即便拥有了金钱和社会地位，也是人格堕落的人，也不能成为大家眼中成功的人。

人格操守是事业上最靠得住、最坚实的资本，李嘉诚对这一点认识得很清楚。李嘉诚的企业能够做到现在这么大规模，也正是因为他认识到了这一点。所以，在做人做事中，李嘉诚总是能够保证自己品性的正直。很多大公司愿意花费昂贵的代价，用已经去世很多年甚至超过上百年的名人名字做公司的名称，是因为这些名人都是人品可靠、名誉很好的人，用他们的名字作为公司的名称，能让消费者和客户对公司产生信任。

可见，名誉是多么重要。李嘉诚始终将自己的名誉放在第一位，是对自己负责任，也是对自己的企业负责任。

有多少人信任你，你就拥有多少次成功的机会

● 李嘉诚案例

许多商人以“厚黑”作为自己的经商准则，认为只有奸诈一些，才能赚取更大的利润，但是李嘉诚对这一观点却嗤之以鼻，并且他一直坚守着中国人的道德之本，即“诚信”。

在李嘉诚的名字中有一个“诚”字，也许在他父母给他起这个名字时，就希望他在以后的生活中能够诚实做人。李嘉诚没有辜负父母的期望，一直以这个字作为自己经商、做人的准则。他靠着一个“诚”字，为自己的事业打开了机会的大门，并逐渐把生意做得越来越大，成为一代富豪。

有一次，李嘉诚的塑胶厂遭遇到前所未有的困难。由于资金不足，李嘉诚无法更新工厂陈旧的设备，厂房也无法扩建，生产规模自然也无法扩大。正所谓“屋漏偏逢连夜雨，船迟又遇打头风”，就在李嘉诚为工厂难

以扩建而一筹莫展的时候，一位急需大量塑料花的订货商来到他的公司，要求订货。

李嘉诚知道目前工厂无法生产这么大规模订单的产品，但是他既没有推掉这笔生意，也没有欺骗客户，而是安排设计人员按照订货商的要求，连夜设计出 9 种精巧别致的塑料花。

第二天，一见到订货商，李嘉诚就把设计好的产品拿出来，诚恳地对订货商说："先生，这 9 款塑料花是昨晚我和公司设计人员按照您的要求设计出来的，我想有 6 款基本符合您的要求；而另外 3 款，因为我考虑到您订货是为圣诞节准备的，因此，在您要求的基础上，我们糅进了一些东方民族的传统风格，我认为您会喜欢，所以全部拿来，供您挑选。"

在订货商看完样品，表示满意后，李嘉诚说："就我个人而言，当然十分希望能够长期与您合作。我们公司目前虽然没有取得足够的资金及担保，但是我们却可以给您提供全香港最优惠的价格、最好的质量、最优的款式，并保证在交货期按时交货。而且，这 9 款塑料花样品，如果您觉得满意，我愿意送给您，只是希望有机会跟您合作。"

听了李嘉诚的话，订货商在对样品非常满意的同时，也对李嘉诚的坦诚十分钦佩，他不仅马上答应同李嘉诚合作，并且同意预先支付货款，以便让李嘉诚扩大生产。就这样，在这名订货商的支持下，李嘉诚不仅弥补了自己资金不足的劣势，扩大了生产规模，拓宽了销路，还在香港塑胶行业取得了相当有利的竞争地位。凭借这次机遇，李嘉诚逐渐成为塑料花大王。

对于诚信，李嘉诚一直认为是非常重要的。他说："一个企业的开始意味着一个良好信誉的开始，有了信誉，自然就会有财路，这是必须具备的商业道德。就像做人一样，要忠诚、义气，对于自己说出的每一句话、做出的每一个承诺，一定要牢牢记在心里，并且一定要做到。"

● 李嘉诚智慧

在李嘉诚看来，“信誉是不可以用金钱衡量的，是生存和发展的法宝”。在当今社会中，有些企业能够红火数百年，长盛不衰，有些企业却昙花一现，红火一阵就销声匿迹。除了市场影响、经营策略等因素外，能否做到诚信，也是一个重要的因素，因为诚信是立业创业之本。

“我深刻感受到：资金，是企业的血液，是企业生命的源泉；信誉、诚实，也是生命，有时比自己的生命还重要！”李嘉诚如是说。在李嘉诚的心目中，诚信是为人处世首要的原则。很多成功人士在回顾自己的人生之路时，也屡屡提到诚信。他们都认为做人诚信才能迈出成功的第一步。

日本著名的企业家吉田忠雄就是一位以诚信为本的商人，他在回顾自己的创业成功经验时说过，以诚待人才会赢得别人的信任，不诚实的人最终会众叛亲离，离开诚信这一点，成功就成了无根之花、不可能的事情。

在吉田忠雄刚开始创业的时候，他只是一家小小的电器公司的推销员。为了推销电器，他每天早出晚归，非常辛苦地跑业务，但他的事业进行得并不顺利。很长时间，他的业务都没有什么起色。但吉田忠雄并没有被困难打倒，他坚持推销电器。终于在他的努力下，推销出去一种剃须刀。在一个月的时间里，有几十位客户买了他的剃须刀，这让吉田忠雄感到很开心。

但不久后，他发现自己推销的剃须刀比别家同类产品的价格要贵一些，这让吉田忠雄感到很是不安。在思虑了几天后，吉田忠雄向那些买了他剃须刀的客户说明了情况，主动要求为这些客户补上差价，希望客户原谅他的失误。这些客户听了吉田忠雄的解释后，不但没有怪他，反而认为他是一个诚实可信的人，还向他订购了很多其他电器。

就这样，吉田忠雄的生意越做越大。他的业绩不断提升，得到了老板的赏识，为他日后自己创业打下了良好的基础。“时间就是金钱”，我们大家都熟知这句话。这句话出自富兰克林写的一封名为《对一个年轻商人的忠告》的信中，但是人们恐怕并不知道，在这封信中，还有另一句至理名言，那就是“信誉也是金钱”。在当今社会，人们记住了前者，却忽略了后者。其实，在人与人之间的交往中，我们离不开守信，而在市场经济的链条中，不论哪一个环节，也都离不开信用。

就像李嘉诚说的那样：“直到今天，凡与我合作过的人，个个到今天都相处愉快。当然以诚待人在我一生中也有伤害到自己的时候，在金钱或感情上受到伤害也有，不过我还是相信‘诚招天下客’的原则。‘信’是什么东西？信是一种人格的力量，是超越金钱的友情。所以，言必信，行必果，能帮上的忙则帮，但不可轻易许诺。”

越是赚大钱的人，态度越谦虚

● 李嘉诚案例

骄傲的人觉得自己是最聪明、最厉害的，往往看不起别人。而谦虚的人总是能保持冷静的头脑，虚心向别人请教学习。谦虚的人才能最大限度地发挥出自己的潜能，才能做大事，成大器，这正是“满招损，谦受益”的人生道理。

李嘉诚说过：“我这个人有自己的傲骨，我并不是神仙。但我清楚，如果你不过分显示自己，就不会招来别人的敌意，也就无法捕捉到你的虚实。我表面谦虚，其实很骄傲，别人天天保持现状，而我就老想着一直爬上去，所以我做生意的时候，就提醒自己，如果继续有骄傲的心，迟早碰壁。”

在李嘉诚的人生中，谦虚低调助他成就了不少事情。在李嘉诚创业初期，他进入一家酒楼推销铁桶，但酒楼老板不容他细说就让他走了。李嘉诚虽然感到沮丧，但他仔细分析了自己失败的原因，从自己的一言一行反思，看自己是不是做得不够好。很快，李嘉诚重新走进了那家酒楼。他对老板说：“我这一次来不是推销铁桶的，我是来向您请教的，请您指出我在进入您店中推销时，有什么做得不对的地方吗？我是个晚辈，又是新手，您的经验丰富，如果肯为我指点迷津，我一定能够进步的。”

李嘉诚一番诚恳的话令老板大受感动，老板为他谦虚坦诚的态度所感染，不再赶李嘉诚出去。老板给李嘉诚提了一些建议，还买了他的铁桶。李嘉诚谦虚的性格，不但讨得客户的喜欢，更促成了自己的一笔生意。

李嘉诚之所以能在生意场获得巨大的成功，与他一直保持着谦虚的态度、不自负和不骄傲的品质是分不开的。

香港著名作家林燕妮曾投身于广告行业，当初与李嘉诚的公司有着密切的业务往来。在香港广告业发展的初期，广告市场属于买方市场，由于是广告商求客户来刊登广告，因此造成了一些客户盛气凌人的态度。他们对广告商横加指斥，蛮横无理，因为他们根本不愁找不到好的广告公司，而广告公司的工作人员面对客户的无理取闹，也只能赔着笑脸附和，把委屈装在心里。

有一次，林燕妮来到李嘉诚的公司谈广告业务，一到公司大厅，就发现李嘉诚已经派专人等候在电梯口，并把她引领到李嘉诚的办公室。那天恰好是阴雨天，看到林燕妮的衣服被雨水淋湿了，李嘉诚亲自帮助她脱下外衣，并把它挂在办公桌旁的衣架上。李嘉诚的种种做法，让长期以来备受他人责难的林燕妮十分感动。

万通集团总裁冯仑曾参加过一次李嘉诚组织的晚宴，当他和 30 多位企业家访问团的代表进入电梯口时，惊奇地发现李嘉诚已经在电梯门口等候，并且按顺序给他们分发了名片。

宴会厅内一共有四张桌子。晚宴开始后，李嘉诚并没有在主桌上一直坐下去，而是每一张桌子坐 15 分钟，确保自己能够和每一桌的人都聊天。晚宴结束时，李嘉诚一定要与每个人告别握手，包括距离较远的服务人员，然后又送每个人到电梯口，直到电梯关上才离开。

多年来始终稳居首富宝座的李嘉诚，富甲一方却仍保持着创业初期谦虚的品性。他的经历告诉我们：一个人如果能够在创业之初保持一颗谦虚的心，就能够让人们快速地接纳他，帮助他赢得更多的机会。当他获得一些成就之后，还能保持一颗谦虚的心，那么他的事业就会蒸蒸日上。

● 李嘉诚智慧

在《塔木德》中，有这样的记载："降低自己的人，上帝抬高他；抬高自己的人，上帝降低他。"而在《财箴》中也记载着这样的话语："如果自己的内心已由自己占满，就再也不会有留给神住的地方了。"由此可见，在数千年的犹太历史中，始终保持谦卑是犹太民族一项重要的做人原则和处世之道。

石油大王洛克菲勒在谈起自己早年创业时这样说："在我的事业渐渐有些起色的时候，我每晚把头放在枕上睡觉时，总是这样对自己说：'现在你有了一点点成就，你一定不要因此自高自大，否则，你就会站不住，就会跌倒。不要因为你有了一点开始，便以为自己是一个大商人了。你要当心，要坚持着前进，否则你便会神志不清了。’我觉得我与自己进行这样亲切的谈话，对于我的一生都有很大的影响。我恐怕我受不住成功的冲击，便训练自己不要被一些蠢思想所蛊惑，觉得自己有多么了不起。”

谦虚是一种促使人进步的力量，刻意地抬高自己，可以拉开与他人的距离，但并不能提升自己的高度。一个人只有低头，才能积蓄向上攀登的力量。事实上，越是有学识、有成就的人越懂得谦虚，也正是这种谦虚的精神才促成了他们学术和事业上的成功。

美国第三任总统托马斯·杰弗逊也是一个十分谦虚的人。1785年，他接替富兰克林出任驻法全权公使。有一天，他来到法国外长的公寓进行拜访。

在交谈中，法国外长问他：“听说您代替了富兰克林先生？”

托马斯·杰弗逊急忙纠正说：“不，我是接替他，没有人能够代替富兰克林先生。”

法国外长不解地说：“在我的眼中，您和他都是美国建国时期的杰出人物，由您来执笔，富兰克林先生修改的《独立宣言》非常著名，因此你们是分不出高下的。”

托马斯·杰弗逊回答说：“您说错了，富兰克林先生不仅在思想、政治领域杰出，在其他领域也表现得十分出色，因此我是替代不了他的。”

有人曾说过这样一句话：“一个人若种植信心，他会收获品德。”同样的道理，如果一个人种下自负的种子，那么他必然会收获失败。一个过分卖弄自我的人，只会让自己显得更加可怜。

在《伊索寓言》中有这样一个故事，一只狐狸非常自负。它认为在森林王国里，其他动物都比不上它。

一天傍晚，它出去散步时看到自己的影子。在月光的照射下，它的影子显得十分巨大。这让它非常高兴，因为它一直认为自己是最强大的，但是其他动物都不信，这下它终于找到证据了。就在它得意忘形的时候，一只老虎走了过来，在往常狐狸早就吓得溜之大吉了，但是今天，兴奋的它认为自己完全可以打败老虎，因此它向老虎冲了过去，结果被老虎咬死了。

谦虚是人们必备的美德。不懂得谦虚的人，最终的结局就会和那只骄傲的狐狸一样。位置站得越高的人越要懂得低头，特别是当你站在财富的巅峰时，一定要保持谦逊，这样不但可以增添你的人格魅力，还可以帮助你走向更高的辉煌。

得意时应善待他人，因为失意时会需要他们

● 李嘉诚案例

从古至今，中国人在教育他人要学会感恩时，常说的一句话就是“受人滴水之恩，当以涌泉相报”，而李嘉诚也始终将这一古训铭记在心。当年，李嘉诚在五金厂打工时，由于头脑灵活，干活勤快，深受老板的器重，后来当李嘉诚决定跳槽到更有前途的塑胶行业时，五金厂的老板更是数次诚恳挽留，但是李嘉诚的去意已决。为了报答老板的知遇之恩，在离开前，他向老板提出了自己对五金厂日后发展的看法。

李嘉诚告诉五金厂老板，目前塑胶业正在突飞猛进地兴起。由于塑胶

制品容易成型、重量很轻，色彩丰富，美观实用，日后必然会很快取代众多木质和金属制品，这也就会导致五金厂出现危机。因此他劝老板最好尽快转行做更有前景的行业，或者是调整产品的种类，重新开发新的金属制品，以适应新的市场竞争格局。然而，在李嘉诚离开后，五金厂老板并没有听从他的建议，仍然按照旧的生产模式进行经营，没过多久，他的工厂就受到来自塑胶行业的冲击，一度濒临破产。

当五金厂即将倒闭的消息传到李嘉诚的耳中时，李嘉诚万分焦急。虽然自己已经不是那里的员工，但是五金厂老板一直对自己非常好，现在他有难了，自己不能坐视不管，因此他马上赶到五金厂找到老板。在和李嘉诚一番详谈之后，五金厂老板决定听从李嘉诚的意见，停止生产镀锌铁桶，转而生产系列铁锁。

李嘉诚虽然不在五金行业，但他也会经常抽时间了解五金制品的市场行情。这次知道昔日工作的五金厂濒临破产时，他根据以往的调查分析得出结论，目前市场上还没有一家专门生产铁锁的五金厂，如果此时五金厂能及时转型，制订计划生产系列铁锁，不仅能够避免与其他行业进行竞争，也能够永远先人一步推出新产品，防止其他五金厂跟风而上，给自己造成冲击。

果然，在调整了产品种类后，五金厂没过多久就度过了危机，并且收益颇丰，五金厂老板在对李嘉诚表示感谢的同时，也对其知恩图报的处世态度非常钦佩。

● 李嘉诚智慧

《圣经》上说："一生一世，都是恩惠。"任何一个幸福的、成功的人，都应该是一个懂得感恩的人，无论是亲朋好友还是那些陌生人，只要他们给过你些许的帮助，你就应该学会去感谢他们，而那些整天只知道抱怨的人，必然不会发掘出自身的价值优势。

美国著名的人类学家本尼迪克特说：“受人恩惠，不是美德，报恩才是。当他积极投入感恩工作时，美德就产生了。”一个不懂得感恩的人，会是一个不快乐的人，因为不懂感恩，他对生活的要求总是不能得到满足，无论别人为他做什么事，在他的眼中都是理所应当的，因为内心期待总是远远大于现实。他会对生活越来越不满，甚至会认为全世界对自己都不公平，最终他的情感就会变得越来越麻木，以至于对任何事情都缺乏认真和热情，变成行尸走肉。

李嘉诚从小便受到感恩、要知恩图报的思想教育。父母良好的教育给李嘉诚的心里打上了好好做人的烙印。但其实，真正让李嘉诚明白知恩图报的意义，还是源于一次他小时候打工的事情。

初来香港的那几年，李嘉诚家里生活不宽裕。小小的李嘉诚非常懂事，为了能缓解家庭压力，到一家茶馆打工。每天工作十几个小时，非常辛苦。有的时候，为了不至于打瞌睡，李嘉诚会听茶客们天南海北地聊天，排遣困意。有一次，李嘉诚听一位茶客大聊生意经，讲生意场上的风起云涌，李嘉诚听得非常入迷，没有注意到这位客人杯子中已经没水了。

这时，另外一个伙计路过，看到了这一幕，大声呵斥李嘉诚，让他赶紧给客人添水。李嘉诚这才回过神来，慌里慌张地去拿茶壶给客人添水。但一个不小心，滚烫的开水洒到了客人的裤子上。

这把李嘉诚吓坏了。老板闻声赶来，正准备训斥李嘉诚，那位客人反倒为李嘉诚开脱，说是自己不小心，让老板不要怪李嘉诚。这位客人的做法让李嘉诚深受感动，他一个劲感慨自己真是遇到好人了。客人走后，老板也对李嘉诚说："我知道这一次是你不对，把水洒到了客人的裤子上，以后做什么事情一定要当心。这位客人心地善良，原谅了你，要是遇到恶人，还不知道怎么收场呢。"

回到家中，李嘉诚把在茶楼的遭遇告诉了母亲，母亲也感慨李嘉诚遇到好人了。她一个劲说："种瓜得瓜，种豆得豆。积善必有善报，积恶必有恶报。"这一次的事情让李嘉诚体验到了"积德行善"的意义，也成为他做人的准则。

一个猎人上山打猎，看到一只怀孕的母狼躺在地上。它的一条腿受伤了，让它在危险来临时不能快速地逃离。猎人来到母狼身边，举起猎枪准备射杀它，这时母狼抬起头，可怜巴巴地看着猎人，似乎在祈求猎人不要伤害它。看到母狼的表情，猎人的心软了。他放下猎枪，对母狼的伤腿进行了包扎，然后把它放归森林。

冬天来临时，一场大雪封住了猎人的家门，猎人几天不能进山打猎。当他正为缺乏食物而发愁时，突然听到院子里传来声响，似乎有人在往里边扔东西。猎人来到院子，发现院子里被扔进一只野兔，他急忙打开院门，看到的是一只狼远去的背影。

动物都知道感激帮助过自己的人，那么一个人在受到别人恩惠后更应该懂得去感恩。无论是在生活中还是在工作中，我们都应对生命中所拥有的一切心存感激，因为知恩图报是一个人不能够被磨灭的良知。一个懂得感恩的人，也就拥有了人生中最重要的美德，生命也会因此变得更加快乐、温暖和富有价值。所以，试着学会感恩，摒弃那些阴暗自私的欲望，不要再计较，不要再抱怨，用感恩滋养你的生活，让平和抚慰你的身心。

信风水也可以，但最终还是事在人为

● 李嘉诚案例

很多成功的企业家都有自己经商的一套哲学。可是，当面对媒体询问成功之道时，李嘉诚却说出了人人皆知的道理，那就是："商业的成功，取决于做人的成功。做生意的人都精明能干，可是并不是每个人都能成功，关键在于，你得靠自己踏实的做人之道赢得别人的信任，愿意和你达成交易。"

李嘉诚认为作为一个成功商人的第一课就是做人，其次才是做事做生意。那些看似精明的急功近利者，在赢取利润时却断了后路、没了出路，是不可取的。"事在人为"是李嘉诚的人生格言，他一向都坚信只要自己努力，就一定会成功。在香港，迷恋风水被认为是商界人士的常事，一个人生意做得越大越小心翼翼，动不动就请个风水大师来观风水，做一些重要决定时总喜欢选一个"好日子"。李嘉诚却凭着"事在人为"四个字将每一天都变成了好日子，每一个地段都变成了发财宝地。

1955 年，李嘉诚首次开始扩张业务，成立了一家中型工厂。订单拿到了，新机器也购置了，只差厂房没有确定。巧合的是，这时士美菲路有一家商场倒闭了，厂房大小和李嘉诚预想的一样，他决定租下这个厂房。这时，有一个人告诉他说："李先生，你很努力，也很有勇气，但是，我得提醒你，这条路风水不好，做生意的没有一家是赚了钱后离开的。很多老板都怀着雄心而来，带着失望离去。你没见这附近的场子没精打采的吗？恐怕不久就要关门大吉了。你还年轻，损失点订金就算了，赶紧换个地儿去吧！”

李嘉诚非常感激这位好心人的提醒，可是他觉得订单已经接了，机器也买好了，如果就此作罢，将会失信于人，企业刚成立就失信于人，这样恐怕不好。李嘉诚决心要留下来，并且要做好。

李嘉诚的企业搬进去后，用心经营，时刻保持一颗冷静的头脑，在稳健中求发展，果然发展得很好。士美菲路的风水果然不好，邻居家的厂子真的纷纷倒闭了，李嘉诚将他们的厂房也租了下来。可是，奇怪的是，李嘉诚的企业开工一个月，就赚到了足足两年用的经营资金。李嘉诚也很感慨，他说："风水真的很奇妙，真的存在好与坏的问题，关键是看遇到什么样的人。风水会随人而动。一方水土养一方人，一方努力的人也成就一方好风水。"

对于坚持自己经商原则的李嘉诚来说，做好生意是首位，风水的好坏不过是见仁见智，信则有不信则无。对于李嘉诚来说，努力才是第一位的。正如他所说："风水这个东西，你要信也可以，但是最终还是事在人为，重要的是自我充实，做好自己的工作，相信很多本来人为不可能的事情可以转变为可能。眼光放大放远，发展中不忘记稳健，这是我做人的哲学。"

● 李嘉诚智慧

"事在人为"被李嘉诚奉为人生格言，时时刻刻提醒着他在商海里稳健前行。成功之路总是艰难的，一路上总会遇到这样或那样的挫折与坎坷，只有排除万难走下去才有成功的机会，而因为害怕挫折，早早放弃的人，注定看不到成功。牛顿说过："胜利者往往是从坚持最后 5 分钟的时间中得来的成功。”

马云在创业初期，曾去美国与人合作项目，但让人没想到的是，马云遇到的竟然是骗子，等马云恍然大悟的时候，为时已晚。身处异地的马云被软禁起来，如果不答应合作，就会被干掉。

僵持了几天之后，马云假意答应合作，这才换取了自由。为了能够回国，马云借口要回国考察一些其他的项目。那时的中国，互联网还是个陌生的名词，但马云在美国的这些日子，多多少少对这个高科技名词有了些了解，所以，他对那个美国公司的老板谈起了要在中国发展互联网行业，就这样，马云被“放行”了。

在机场，马云没钱买机票，正一筹莫展的时候，他看到了候机厅里的老虎机，他把全部身家 25 美分都投了进去，终于在最后一次的时候，赢得了 600 美元。抱着这 600 美元，马云看到了回国的希望。

但就在他排队买票的时候，心里渐渐感到不是滋味，带着杭州人民的希望来到美国，却这样狼狈地回去，实在太不甘心了。马云越想越窝火，他干脆走出买票队伍，重新思考起下一步的计划来。

忽然之间，他脑海中闪现出他为了脱身，对那个美国公司老板说的借口。互联网这个新奇的事物，马云知晓得甚少，但他在国内的时候，曾听一个外教同事提过自己的女婿在西雅图和人合伙搞互联网。既然来了，就不能轻易回去。

马云扛起行李，踏上了前往西雅图的路程。虽然互联网是一个陌生的概念，但马云凭着天生敏锐的嗅觉，知道这一定是能够带来改变与转机的事物。放弃就是最大的失败。马云自己也说过：“我不知道如何定义成功，但我知道什么是失败，那就是——放弃。”

在人生的道路上，我们可以流泪、流汗，可以停下脚步，甚至可以掉头往回走一段，但只要不放弃，就永远有看到曙光的那一刻。

司马迁如果在遭受宫刑后不再写作，那《史记》也就不会流传下来，成为传世之作。正是因为他没有放弃，所以，才取得了巨大的成就。他的成功，最主要的就是在绝境之处，依然不放弃追寻理想。

许多人才华横溢，却往往因为抵抗不住外界的压力而与成功失之交臂。面对失败和困境，放弃就好像魔鬼的咒语，会令你坠入失败的深渊。抵抗放弃的信心越强，成功的概率也就越大。事在人为不是一句空话，一定要落实在行动中。如果当初马云从美国回到杭州，而不是去西雅图，那也就不会有今天的阿里巴巴；如果当初李嘉诚甘心在舅舅的厂里打工，那也就不会有日后的华人首富。

第二章

天下事成败都在自己

（成败理念）

你想过普通的生活，就会遇到普通的挫折。你想过最好的生活，就一定会遇上最强的伤害。这世界很公平，你想要最好，就一定会给你最痛。能闯过去，你就是赢家；闯不过去，那就乖乖退回去做个普通人吧！所谓成功，并不是看你有多聪明，而是看你能否笑着渡过难关。

——李嘉诚

拼命工作的原动力是随着环境的变迁而来的

● 李嘉诚案例

作为全球华人首富，闪光灯下拥有诸多光环的李嘉诚，对于自己的从商经历能够侃侃而谈。在他呈现于世人的荣耀与财富背后，隐藏着许多艰难与辛酸，却是大多数人不知道的。很多人看到他成功时的光鲜明丽，却不清楚他一路拼搏的艰辛。对于早年的那段奋斗历程，李嘉诚却记忆犹新。

作为商界大亨，李嘉诚是属于被迫无奈走上商道的。李嘉诚祖籍潮州，他的家族是一个书香门第，祖父曾是清朝末年的秀才，叔叔和父亲都是当地小学的校长。幼年时期的李嘉诚生活在这样的环境下，自然也会受到熏陶。

在父亲李云经的影响下，李嘉诚从小酷爱读书，对书爱不释手，也从书中学会了许多做人的道理。父亲教育他做人要真诚，做事要坚毅。这些道理从小就深埋在了李嘉诚的骨子里，对他的人生道路和在生意场上如鱼得水产生了深刻的影响。最初的时候，李嘉诚的理想是在教育行业，而不是商人。

但天有不测风云，人有旦夕祸福。1940 年，为了躲避战祸，李嘉诚的父亲带着一家人逃往香港，想觅得一处安身之所。可是世事艰难，在生活的艰辛与家庭重担的双重压力下，父亲病倒了。在李嘉诚 14 岁的那一年，父亲李云经去世，如晴天霹雳，李嘉诚的人生从此改变。

父亲在临终时将母亲和弟妹的生计都转交给了李嘉诚，只留下一句：“阿诚，这个家以后就要靠你了，你要把这个家维持下去啊……”

李嘉诚从父亲那里接过来的不是丰厚的遗产，只是一些做人之道和一家的生计问题。为了完成对父亲的承诺，也为了能够让家人过上好日子，14 岁的李嘉诚谢绝了舅舅资助他继续上中学的好意，开始外出打工挣钱。

有人可以帮你一时，却没有人可以帮你一辈子；有人可以帮你一事，却无人可以事事帮你。著名的教育家陶行知先生曾勉励人们说：“滴自己的血，吃自己的饭，自己的事情自己干，靠天、靠地、靠祖宗，不算是好汉！”所谓“自助者天助”讲的也是这个道理。

在 2007 年 7 月 22 日，李嘉诚参加中央电视台《名人面对面》节目访谈时，他是这样说的：“从哲学的角度上讲，事物都是发展的。人的志向是从儿时的幻想演变到对以后成长中的实际情况的想法，也是一个纵向发展的过程，这其实涉及两个环境：其一是自己的理想所造就的；其二是现实生活给你的。这两个环境是你无法抗拒的。它们相互斗争的过程，也是磨炼意志的过程。就拿我自己来说，童年的时候，父亲教育我要学习礼仪和遵守诺言。而我呢，也受到父亲的熏陶，自小就很喜欢念书，而且很有上进心。那时候，我就暗暗发誓，要像父亲一样做一名桃李满天下的博学多知的教师。但是由于环境的改变，贫困的生活迫使我孕育一股更为强烈的斗志，就是要赚钱。可以说，我拼命工作的原动力就是随着环境的变迁而来的。”

李嘉诚智慧

李嘉诚虽然早年生活陷入困境，但他坚信命运是掌握在自己手中的，只要自己努力，就可以改变命运。果然，在李嘉诚的不断努力下，他所取得的成就越来越大，从一个穷小子成长为了大富翁。贫与富之间的差距不过是一线之隔，努力迈过那条线，就可能是大家羡慕的对象，没有勇气和毅力迈步的人，只能停留在原地暗自伤神。

李嘉诚的骨子里有冒险意识和开拓精神。可能是因为他小时候生活在潮州这样的环境下，潮州是粤东政治经济文化中心，往来移民非常多，文化融合程度相对高，人们接受东西方文化的双重影响，潮州人创业的典范很多。在这样一个大氛围下，潮州人骨子里有着一股闯荡劲和冒险精神。李嘉诚性格方面难免受当地人的影响。

不过，最重要的是李嘉诚自强不息的精神，支撑着他一路走向成功。在创业的道路上，没有被艰难挫折打倒，而是越挫越勇，直至登上成功的巅峰。穷与富，失败与成功都不是命中注定的，不思进取的富人也可能沦落为乞丐，努力进取的穷人也会有朝一日家财万贯，只要肯努力，肯想办法，就能够改变自己的命运。

马云在两次高考失败后，外出打工挣钱，但他从没放弃自己的梦想。他利用业余时间继续读书复习，但因为他的数学特别差，所以考上大学的希望并不是很大。高考的前三天，一位姓余的老师对马云说：“马云，你的数学成绩那么差，如果你的数学能及格，我的‘余’字就倒着写。”

老师的断言让马云很不高兴。他在考数学的那天早上，一直背 10 个基本的数学公式。考试的时候，马云就把这 10 个公式一个一个往试题里套。考完以后，马云自觉应该能及格，不过，成绩下来，马云的数学成绩只有 79 分（那时的数学满分是 120 分），离及格还差一点点。

马云倒是很满意了，考出了有史以来的数学最高分。最后，马云以低于本科线 5 分的成绩，进入了杭州师范学院的专科。一个人只有希望自己成为什么样的人，才有可能成为什么样的人。正如马云所言，这是信念。“什么是信念？‘信’是感恩、信仰、敬畏。很多东西你不知道但是你敬畏它，我和我的团队充满着感恩。十年以前我说感恩的时候，像是喊口号一样。现在我是真的觉得，我们怎么会那么好运气？我真觉得冥冥之中有人在帮我们，很多人问我运气从哪里来，我只能说如果你感恩，运气就会来，如果你有敬畏之心，鬼神就会避开，所以这是我的理解。”

每个人都不会随随便便成功，很多人为自己的失败找借口，说自己运气不好，或者条件太差，等等，这些都是为自己不努力开脱。那些站在成功巅峰的人并不是一朝一夕就攀登上去的。他们也是经历了很多磨难，很多挫折，在不断克服困难的过程中，一步一步才走向了成功之路。

苦难生活是人生最好的锻炼

● 李嘉诚案例

在有些人眼中，苦难是可怕的，但在意志坚强的人眼中，苦难不过是生活中的一道坎，迈过去就没事了，李嘉诚就是这样一个有毅力的人。他回忆起年轻时的那段经历，不无感慨地说道："在我成长的年代，香港社会的艰苦，是残酷而悲凉的。那时候没有什么社会安全网，饥饿与疾病的恐惧是强烈迫人的。求学的机会不是每一个人的权利，贫穷常常像一种无期徒刑。今天社会前行，新的富足为大部分人带来相对的缓冲保障，贫穷不一定是缺乏金钱，而是对希望及机遇憧憬破灭的挫败感。很多人害怕可上升的空间越来越窄，一辈子也无法冲破匮乏与弱势的局限。我理解这些恐惧，因我曾经一一身受。没有人愿意贫穷，但出路在哪里？

"70 年前这个问题每一个晚上都在我心头，当年 14 岁时已需要照顾一家人，没有接受教育的机会，没有可以依靠的人脉网路，我很怀疑只凭刻苦耐劳和一股毅力，是否足以让我渡过难关？我们一家人的命运是否早已注定？纵使我能糊口存活，但我是否有出人头地的一天？

"我迅速发现没有什么必然的成功方程式，首要专注的是，把能掌控的因素区分出来。如果成功是我的目标，驾驭一些我能力内可控制的事情是扭转逆境十分重要的关键。我要认清楚什么是贫穷的枷锁——我一定要有摆脱疾病、愚昧、依赖和惰性的方法。"

17 岁的李嘉诚辞去了在中南钟表的工作，到一家很小的五金厂做推销员。这一事件，让很多人都很诧异，他们本以为这个学艺精湛、推销娴熟的年轻人一定会在钟表行业成为一个不大不小的角色。没想到，李嘉诚在中南钟表势头猛进时离开了，还转了行，从头做起。俗话说"人往高处走，水往低处流"，李嘉诚一反常态的做法让人们不得不想：他是不是脑袋有问题啊？

李嘉诚对钟表行业前景的分析，可以看出他是看好中南公司的前景的。但是，对他更有吸引力的是香港经济形势的风云变幻，和手到擒来相比他更喜欢充满挑战和刺激的游戏。他想趁年轻多闯荡一番，拓宽些视野，多蹚出些路子，以后趁着这多变的经济形势干一番大事业。

五金厂很小，却也要从销售做起。销售是最锻炼人的，特别是商人，只有做过销售的商人，才真正懂得市场。与在茶楼和钟表店的销售不同，五金店的销售需要跑出去找客户，这是在不知道对方有没有购买意愿的情况下将自己的产品推销出去，显然，和前两种客人找上门来的销售有很大区别。

面对新的挑战，李嘉诚经过深入思索，发现在推销之前首先要弄清楚很多问题，比如，如何和客户搭上话，第一句话应该说什么？怎么说？对于老客户，又该如何维持关系？这对于生性腼腆的李嘉诚来说，是不曾遇到过的问题，在书本上也没学过，他只能在实践中悟。就连当年的李嘉诚自己也没想到，几十年后的他，在各种场合竟然能谈吐优雅、思路敏捷，俨然成了一个辩论家。

五金厂的销售一般对准的是杂货铺，这样一来销售额度大，还能建立长期的客户关系。很多人都按照这个路子做销售，而李嘉诚却有意避开了。他决定向客户直销。他直接找到酒楼旅店的相关部门，一次就销售了100多只产品。而对于家庭用户，他则跑到居民区上门服务。他摸清了老太太的脾性，晓得只要在一个小区里能卖掉一只，也就意味着卖掉一批，因为，老太太们不上班，喜欢串门，自然就是他可利用的宣传员。于是，他就专门找老太太卖桶，物美价廉，自然不愁销路。

总结做推销员的经验，李嘉诚说：若想客户买你的产品，就得事先想好应付的一切办法。面对不同的客户，采用不同的说辞。为此，他利用一切能用的途径搜寻市场信息资料，并和不同层次的人交谈，了解客户心理和产品反馈，对拒绝产品的说辞做到心中有数。李嘉诚曾经根据一个区域的市民生活习惯，摸清了他们对塑胶制品的需求，在他的产品没有生产出来之前，就锁定了销售客户。

亲身体会挣钱的不易，一个人才会迅速成长。李嘉诚在早先的茶楼生活中练就了从早到晚跑腿的功夫，所以，在做销售时也往往以步代车走遍大街小巷，既省钱也揽得更多客户。如今，李嘉诚回忆起这段销售的日子时，总自豪地说："我十几岁就做销售，对自己要求严格，工作时间总比别人多一倍，所以，业绩也总超过别人很多。凭着我的业绩，一年后我就坐上了部门经理的位子，两年后就做了总经理。"

● 李嘉诚智慧

孟子所说：天将降大任于斯人也，必先苦其心志，劳其筋骨，饿其体肤，空乏其身，行拂乱其所为，所以动心忍性，增益其所不能也。李嘉诚是一个幸运的人，机遇多次眷顾他，而这也得益于他早年的准备。曾经有一个记者问李嘉诚的推销秘诀是什么。李嘉诚没有给予正面的回答，而是给记者讲了一个故事。

日本的"推销之神"原一平在69岁时的一次演讲会上，有人问了他同样的问题，原一平当场脱掉鞋袜，将提问者请上台，说："请摸摸我的脚底板。"该提问者摸过之后，惊讶道："您脚底板的老茧真厚！"原一平说："这是因为我走的路比别人多，跑得比别人勤，所以脚底板的茧子特别厚。"提问者恍然大悟。

李嘉诚讲完故事，对记者说："我没有资格让你来摸我的脚底板，但我可以告诉你，我脚底的茧子也很厚。"

"苦难的生活，是我人生最好的锻炼，尤其是做推销员，使我学会了不少东西，明白了不少事理。所有这些，是我今天用 10 亿、100 亿也买不来的。”李嘉诚对曾经经历的那段苦难生活表示感谢，他认为正是那段苦难的日子锻炼了他的心智，让他成长得更快，更强大，能够取得现如今的成就，离不开那段日子的磨砺。

“苦难是人生的一笔财富”，这是人们常说的激励话语。只要能从苦难中勇敢走出来的人，一定能够迎来阳光人生。在一次各界成功人士的聚会上，著名的汽车商约翰·艾顿向丘吉尔回忆自己苦难的过去。约翰·艾顿出生于一个偏远小镇，父母去世得早，就靠姐姐替别人洗衣服挣钱，养大了自己。

后来，姐姐结婚了，姐夫并不喜欢约翰·艾顿，将他赶到了舅舅家，可是舅妈对约翰·艾顿更刻薄，每天不让他吃饱饭，还让他干很多体力活。为了讨生活，约翰·艾顿早早地去当了学徒，做学徒的工资很少，他根本租不起房子，就只好每天找能睡觉的地方。一年多的时间，他在郊区一处废旧的仓库里睡觉。

听完这些，丘吉尔非常惊讶，他从未听约翰·艾顿提过这些苦难的过去，约翰·艾顿笑着对丘吉尔说：“有什么好说的呢？正在受苦或正在摆脱受苦的人是没有权力诉苦的。苦难变成财富是有条件的，这个条件就是，你战胜了苦难并远离苦难不再受苦。只有在这里，苦难才是一笔你值得骄傲的人生财富。”

约翰·艾顿的一席话令丘吉尔重新修订了自己对苦难的定义，丘吉尔在自传中写道：“苦难是财富还是屈辱？当你战胜了苦难，它就是你的财富；可当苦难战胜了你，它就是你的屈辱。”

所以，想要成功的人们在面对苦难的生活时，要做的不是逃避，也不是抱怨，而是战胜它，让苦难成为人生中真正值得汲取的财富。

开初别无他法，只能将勤补拙

李嘉诚案例

勤劳致富是人们常说的一个词，指要想成就一番事业必须要勤奋肯干才行。一个人无论是富有还是贫穷，资质平庸还是聪慧，如果这个人不够勤奋，那就不能抵达成功的彼岸。李嘉诚就是一个勤奋的人。在走过人生数十个年头，回过头总结自己一生的经验时，他不无感慨地说道："因为我勤奋节俭，有毅力，肯求知，善于建立良好的人际关系。"

李嘉诚成功的秘诀首先就是要勤奋，一个人不论处于何种境地，都不能懈怠，要不断勤奋努力。他说："理财致富就是这样，20 岁以前，所有的钱都是靠双手勤劳换来的，20 岁至 30 岁之间是努力赚钱和存钱的时候，30 岁以后，投资理财的重要性逐渐提高，到中年时赚钱已经不重要，这时候反而是如何管钱比较重要。"李嘉诚一生都在勤奋做事。他这样做只是要不断鞭策自己，让自己做得更好、更完美："人生的过程中尽管不无遗憾，但我学到最价值连城的一课——逆境和挑战只要能激发起生命的力度，我们的成就是可以超乎自己想象的。"

没有任何背景的李嘉诚初入社会，品尝了各种人间辛酸。他自己在回忆时，也对那段经历唏嘘不已："我 17 岁就开始做推销员，就更加体会到挣钱的不容易、生活的艰辛了。人家做 8 个小时，我就做 16 个小时。7 个推销员中，我年龄最小、经验最少，但我的推销成绩最好，是第二名成绩的 7 倍……18 岁时我做了部门经理，两年后，我又当上了总经理。"

一无所有的李嘉诚在奋斗的初期，只有靠着自己的勤奋，一步一步走上成功的道路。天道酬勤，未雨绸缪。李嘉诚努力为成功打基础的例子有很多，李嘉诚给自己选择了一条赤手空拳闯天下的路子。他从茶楼的堂倌做起，做过店员、销售员，不管如何艰辛，从来不曾放弃。并且，无论做哪一行，李嘉诚都做得有声有色，在每一个岗位上都学到了很多东西，这些经验的积累无疑为他日后自己当老板打下了基础。

在打各种工的过程中也磨炼了李嘉诚的性格。他变得刚毅果断、知难而进、理性睿智。每一次面对困难时，都凭借自己的智慧去解决，绝不投机取巧。把困难一点一点地踩在脚下，李嘉诚就这样成长起来了。

李嘉诚肯吃苦，会吃苦。在他刚到香港时，看到同学们能将英语说得很好，而自己却连字母都还认不全，这让李嘉诚十分自卑。李云经为儿子分析了香港的大环境，得出想要融入香港的大环境，必先学做香港人；要做香港人必先学习香港的语言粤语，而香港的官方语言是英语，所以，李嘉诚也必须得学习英语。

父亲的分析很到位，要在香港立足必须攻克语言关。李嘉诚听从父亲的教诲，开始苦学语言。父亲去世后，李嘉诚也依然严格要求自己，在一天 10 多个小时的打工后依然坚持学习粤语和英语。

语言的学习，为李嘉诚带来了财富，也为他日后跻身上流社会做了很好的准备。开办塑胶厂时，李嘉诚就能流利地使用英语与外商谈判了，而他创办塑胶厂的灵感也来源于英文版的《塑胶》杂志。如果李嘉诚只会说潮汕话的话，也就很难成就“塑胶大王”的佳话了。

● 李嘉诚智慧

“不积跬步无以至千里；不积小流，无以成江海”，不从一步步出发，不可能达到千里之外，不汇集细小的流水，也不可能融成江海，也就是说任何事都得从小做起，从基础做起。如果你是一粒种子，就一定得经过埋藏地下慢慢抽芽，才有望长成大树；如果你是一棵小树苗，也必经四季轮回才能亭亭如盖。

很多年轻人好高骛远，总觉得自己是做大事情的人，不愿意做手头那些琐碎的事情，这种想法是不正确的。第一份工作是每一个人都应该珍惜并感激的，不管你是否喜欢它，它是否适合自己，但它给了我们发现自我、展现自我的机会，也是一个人积累经验的机会。这是一个体验人生，积累经验的好机会。

李嘉诚牢牢抓住了这个机会，打开了他闯入社会的第一道大门。在进入茶馆工作后，李嘉诚很珍惜这份得来不易的工作，努力想尽各种办法要将工作做到最好。茶楼是供客人休闲、消磨时间的地方，每天的营业时间特别长，李嘉诚总是第一个去，最后一个走。李嘉诚的认真负责、真诚敬业、勤勉有加被茶馆老板看在眼里，很快便赢得了赞赏，他也由此成了加薪最快的堂倌。

只为成功找方法，不为失败找借口。虽说谋事在人成事在天，可是，如果一个人没有尽力去“谋”，也就是没有尽到自己最大努力的话，那么，“成事在天”就是在为自己的失败找借口。

有这样一个猎人打猎的寓言故事。一天，猎人带着猎犬去打猎。到了野外，猎人首先给双方分配好任务：自己负责用枪打动物，打伤没死逃跑的，猎犬负责去追。很快，遇见了一只兔子，猎人一枪击中了兔子的腿，便让猎犬去追赶受伤的兔子。可是，追着追着就不见兔子的影子了，猎犬只好折回来给猎人汇报，说：“兔子跑得太快了，没有追上。”猎人很生气，骂猎犬：“你干啥吃的，受了伤的兔子都追不上！”猎犬却委屈地说：

“我真的尽力了啊，那兔子跑得实在太快了。”

受伤的兔子跑回洞中，同伴们都来看它。同伴们很吃惊地问：“你是怎么跑回来的啊？你看看你的腿都受伤了，猎犬又那么凶，没有追上你吗？”兔子得意地说：“我是尽力跑的啊，倘若有只猎犬在追你，你也会拼了命跑的。”事实上，在竞争激烈的社会，“尽力”是远远不够的，若想出人头地，必须“拼了命”地做事才行。

李嘉诚深知，仅仅是尽力而为是无法让自己在社会上立足的，只有拼了命地努力工作，才能争得一席之地。现在很多创业的人，在失败后反思时，总觉得自己各方面条件都很好，失败的不应该是自己。他们没有明白，打开成功大门最关键的钥匙不是各种有利条件，而是拼命奋斗的毅力。

没有人可以打造你的未来，只有自己知道如何把握

● 李嘉诚案例

成功没有什么秘诀可言，成功也不是遥不可及、高不可攀的，任何人都可以成功，只要付出努力，能够在失败的时候不自暴自弃，每个人都可以品尝到成功的果实。当别人在娱乐玩耍时，你能够静心发奋，成功就会是你的。将未来把握在自己手中，而不是一直等着机会来找自己。

李嘉诚 2004 年的时候在汕头大学的毕业典礼上对学生们发表了一番演讲，令在场同学都很受用。

“每当我们要展开新的一页，追求一个新的梦想，编织一个新的希望时，都是我们需要思考时。Are you ready？Do you have what it takes？当你们梦想伟大成功的时候，你有没有刻苦地准备？当你们有野心做领袖的时候，你有没有服务于人的谦恭？我们常常都想有所获得，但我们有没有付出的情操？我们都希望别人听到自己说话，但我们有没有耐心聆听别人？每一个人都希望自己快乐，但我们对失落、悲伤的人有没有怜悯？每一个人都希望站在人前，但我们是否知道什么时候甘为人后？你们都知道自己追求什么，但你们知道自己需要什么吗？我们常常只希望改变别人，但我们知道什么时候改变自己吗？每一个人都懂得批判别人，但不是每一个人都知道怎样自我反省。大家都看重面子，but do you know honor？大家都希望拥有财富，但你知道财富的意义吗？各位同学，相信你们都有各种激情，但你知不知道什么是爱？

“这些问题，没有人可以为你回答，只有你自己才知道你将会怎样活出答案。这四年来你得来的知识，可助你在社会谋生，但未必可以令你懂得如何处世。只有你知道，你将会怎样运用脑袋内的知识素材，转化为做人的智慧。生长与变化是一切生命的定律，昨天的答案未必适用于今天的问题，只有你的原则才是你生命导航的坐标，只有你的情操才是你鼓舞生命的力量。没有人可以为你打造未来，只有你才知道怎样去掌握。各位同学们，Are you ready？”

李嘉诚能够取得今天的成绩，靠的就是自己，他不断奋斗，不断努力，从不会因为困境而抱怨，也不会因为跌倒而绝望。李嘉诚在茶楼打工的那段日子，虽然每天非常辛苦，但为了能让自己有更光明的未来，而不是永远做一个跑堂的，李嘉诚一有时间就会捧起书本学习，不但学习书本上的知识，生活中任何细节李嘉诚都不放过。他细心学习一切可以学习的社会经验、为人处世的方式，等等。

后来提起这段经历，李嘉诚十分感慨：“父亲去世时，我才 14 岁，面对严酷的现实，我不得不去工作，我不得不离开我心爱的学校和教室。那时我太想读书了，可是家里经济条件非常差，为了读书我只好去买些旧书阅读。读完我就卖掉它，这样一来，我就可以少花钱多读书了。我对自己的童年还是非常满意的，因为当别的孩子玩儿的时候，我却在学习。我明白自己在一天天地进步，而他们却还是在原地踏步，这让我感到非常自豪。”

李嘉诚就是这样靠着自己，非常顽强地一步一步走向成功的，他的成功全部是因为自己的努力。只要比别人多做一点儿，那就能离成功更近一点。

● 李嘉诚智慧

很多人会羡慕别人的成功，他们总认为别人拥有比自己更好的机会，拥有比自己更好的家境，所以他们才能够成功，而自己却总是失败。这样的人一味地羡慕别人，却不知道反省自己。李嘉诚只相信自己的努力。他说：“我不看小说也不看娱乐新闻。这是因为要从小争分夺秒地“抢”学问。我的学问、我的知识都是在有限的时间抢回来的。我一直好勤力，有时间便自修，现在的人说求学问，我是偷学问。一个真正做大事、有远见的人，是看世界的潮流，估计自己未来发展的方向。事在人为，不能有志无才。你可以夸口说你的志向是摘下天上的月亮，但你知道怎么摘下？所以我说事在人为，靠自己，靠意念，还要有最新的知识及经验积累才能达到。”

回忆自己走过的路时，李嘉诚对自己的苦难表示感恩。他说正因为自己不是温室的花朵，才能在风雨中不凋零；他说夹缝中的小树根基更稳，也更有生命力。苦难是一种磨炼，淘汰掉弱者，让强者更强。走过磨难的人，也更懂得珍惜来之不易的今天。

如同建房造屋一样，做任何事情，若想成功，都得从基础做起。以前有个暴发户，仗着祖业发家，实则毫无智慧而又喜欢攀比。他见到邻村里盖了一栋漂亮的三层楼房，便找来附近最有名的建筑师，要求建筑师给自己盖一栋和邻村一样的房子。建筑师告诉他："请你放心，邻村那栋房子就是我设计的。"

于是，建筑师开始着手为富翁盖房子，丈量、挖地基、垒砖，没过多久，第一层开始拔出地面。这时，暴发户看到了，很不高兴，对建筑师说"我只喜欢那家最上面的一层，我不要下面的，请你把这底下的给我拆掉！"建筑师疑惑了，不建第一、第二层，第三层拿什么来承载呢，莫非这是让我建空中楼阁不成？

可是，愚昧的暴发户只知道他喜欢第三层，无论如何也不要第一、第二层。建筑师只好请他另请高明。最终，暴发户一辈子也没有找到能给他只建第三层，舍弃第一、第二层的建筑师，抱憾而终。

建房造屋要先打地基，再一点一点地往上垒砖，这个道理很多人都懂，但是，做事也要从点滴做起、稳扎稳打，很多人反而不懂了。急功近利之心跃跃不安，总看着别人最后的成功，却忘了应该做好现在。

目光短浅的人，往往只看到眼前的利益，而忽视为明天的壮大积攒实力。不一步一步地踏实做事，暂时的成功也是过眼烟云。如果我们想走得稳些，走得远些，取得较大的成功，就应该沉下心来，做好每一件现在需要做的事，把根基打牢。

李嘉诚曾说：年轻人一定要脚踏实地。我们在用人时非常关注一个人是否脚踏实地。不管他现在做得怎么样，如果一个人不脚踏实地，走得越远，也就越麻烦。就像一栋大楼，如果地基没打好，建得越高越危险。

打工是收效最缓慢的投资

● 李嘉诚案例

人生事“三分天注定，七分靠打拼”。一个成功的商人，在不断的磨炼中培养了敏锐的观察力。李嘉诚的梦想绝不是做一个茶楼的堂倌，茶楼注定只是他起步时积攒经验的小场所。不过，他始终对茶楼的经历和老板都抱有感激之心。这份最初的工作给了他养家糊口的薪水，并培养了他观察人的能力。

一年后，李嘉诚辞去了茶楼的工作，去了舅舅庄静庵的中南钟表公司。舅舅为了锻炼李嘉诚并没有告诉公司的人他们的关系，当然，也谈不上特别的照顾。李嘉诚来到中南钟表公司也是从端茶倒水等跑腿杂事做起的，但是，这对李嘉诚来说是极易的事。他轻车熟路，同行们都觉得这个小青年伶俐勤快，便在庄静庵的面前夸赞李嘉诚，说他做事效率高，还经常猜中别人的心思而主动帮忙。

经过观察，庄静庵发现李嘉诚在工作之余跟着师傅学习装配修理钟表，并且技艺飞速进步，对李嘉诚也刮目相看，认为是时候让他锻炼锻炼了，便将李嘉诚调往公司下属的高升街钟表店当店员。

茶楼的生活教会了李嘉诚与人打交道，在中南公司的基层生活中，李嘉诚学会了装配修理各种表，并且对各种表了解得非常透彻。到了高升街店后，李嘉诚又很快掌握了销售技术。店里的店员们回忆说：李嘉诚来高升店里，年龄最小，大家都没把他当一回事。不过，没几天他便出了业绩，销售技术熟练得像个行家。我们都觉得这个年轻人日后一定会是个出色的钟表商，没想到，他后来发展得超出人们的预想。

在高升店做销售的日子，李嘉诚细心观察和分析了香港的钟表市场，对此还有了比较成熟的看法。没多久，他就向舅舅辞职，临行前表达了对香港钟表市场的远见，他认为钟表技术当属瑞士最好，可日本人抢先开发了电子石英表新领域，所以，中档市场是当时香港钟表市场可以赚钱的领域。果不其然，香港的钟表市场凭借其物美价廉的中档产品成为能和瑞士、日本争夺市场的一个亮点，中低档表的生产也发展成为香港的支柱产业之一。庄静庵的中南钟表公司成为香港钟表界的领头羊。

可见，17 岁的李嘉诚当时已具备了敏锐的市场观察力，练就了商人分析市场把握机遇的本事。人生的巨大挫折，让李嘉诚在危难之时挖掘出了自己的潜力；父亲教给他的做人道理辅助他穿过了人生的迷雾，助他在商海里畅游。

● 李嘉诚智慧

如果你只是暂时处于一个无法展示自己才能的岗位上，你觉得这个位置离你的人生目标太远而因此觉得人生无望自甘沉沦，那么，即使你所处的平台发展壮大了，依然无法达成自己的理想。与其垂头丧气于当下，不如借机训练自己的毅力，弥补自己的欠缺，为今后施展才华做准备。处于逆境时最能挖掘一个人的潜能，看出一个人的品质；一个人对待逆境的态度和应对逆境的方式，也决定了他日后的发展空间。

现在的社会，成功的人往往一生做很多种工作。一般人由于经济形势的不稳定而变换工作。对于初出象牙塔的人来说，第一份工作是什么就显得没有那么重要，重要的是借着第一份工作你学会了什么，为今后成为什么样的人打下基础。

打工只是通往成功人生的一种过渡，不能将打工这种状态作为人生的一种常态。李嘉诚在演讲中就说过这个问题："很多人会认为打工并不是投资，是在赚钱，我强烈反对这种观念。其实打工才是最大最愚蠢的投资。人生最宝贵的是什么？除了我们的青春还有什么更宝贵？！很多人都抱怨穷，抱怨没钱想做生意又找不到资金。多么的可笑！其实你自己就是一座金山（无形资产），只是你不敢承认。宁可埋没也不敢利用，宁可委委屈屈地帮人打工，把你的资产拱手让给了你的老板。

"我们试想一下，有谁生下来上天就会送给他一大堆金钱的？有谁是准备非常齐全了、完美了再去创业就成功了？含着金汤匙出生的毕竟是极少数，富不过三代，许多伟业都是平凡人创造出来的。计划赶不上变化，特别是在如今这个信息高度快速传播的年代！我曾经问过我的一个朋友为什么不去打工？他的回答是：'说句得罪点的话，出去打工简直就是愚蠢地浪费青春！'为什么你一直是打工仔？因为你安于现状！因为你没有勇气，你天生胆小怕事不敢另择他路！因为你没有勇往直前，没有超越自我的精神！虽然你曾想过改变你的生活、改变你穷困的命运，但是你没有做，因为你不敢做！你害怕输，你害怕输得一穷再穷！你最后连想都不敢想了，你觉得自己也算努力了、拼搏了。你抱着雄心大志，结果你没看到预想的成就，你就放弃了。你就只能是一个打工仔！

"为什么你一直是打工仔？因为你随波逐流、近墨者黑、不思上进，一分钱没有、死爱面子！因为你畏惧你的父母、听信你的亲戚、没有主张、不敢一个人做决定。你观念传统，只想打工赚点钱结婚生子，然后生老病死、走跟你父母一模一样的路。因为你天生脆弱、脑筋迟钝只想做按部就班的工作。因为你想做无本的生意，你想坐在家里等天上掉馅饼！因为你抱怨没有机遇，机遇来到你身边的时候你又抓不住，因为你不会抓！因为你贫穷，所以你自卑！你退缩了，你什么都不敢做！你只会给别人打工！你没有特别技能，只有使蛮力！你和你父母一样，恶性循环！所以，你永远是一个一直在打工的打工仔！”

李嘉诚不断转换行业，并不是心浮气躁、好高骛远，而是在新机遇和新挑战出现时，勇敢抓住的表现。李嘉诚不满足于现状，他希望能够不断突破自己，做人所不能做之事。李嘉诚将每份工作都做到极致之后，从容地踏上人生新的阶梯，从李嘉诚身上可以看到成功者永远不满足、努力上进的优点。

正如李嘉诚成为世界闻名的企业家之后说的：“力争上游，虽然辛苦，但也充满了机会。我们做任何事情，都应该有一番雄心壮志，立下远大的目标，用热忱激发自己干事业的动力。”

想成功要先花 90% 的时间想失败

李嘉诚案例

李嘉诚在接受《全球商业》和《商业周刊》采访时，道出了他做生意成功的“秘诀”。

记者 :“大家都很好奇，您从 22 岁开始创业做生意到现在超过 50 年，从来没有一年亏损，而且还一步步成为华人首富。您是如何在大胆扩张中不翻船的呢？”

李嘉诚 :“想想在风和日丽的时候，假设你驾驶着以风推动的远洋船。在离开港口时，你要先想到万一悬挂十号风球（香港以风球代表台风强烈程度，十号相当于强烈台风），你怎么应付。虽然天气蛮好，但是你还是要想想，若有台风来袭，在风暴还没有离开之前，你怎么办？

“我会不停地研究每个项目要面对可能发生的坏情况下出现的问题，所以往往花 90%（的时间）考虑失败（巴菲特自述我每年有 50 个“思考周”，工作约 2 周）。就是因为这样，自从 1950 年到今天，这么多年来，长江（实业）并没有碰到过贷款紧张，从来没有。长江（实业）上市到今天，假设股东拿了股息再买长实，（现在）赚钱两千多倍。就是拿了（股息），不再买入长江（实业），股票也超越一千倍。”

记者 :“90%（的时间）考虑失败？很有趣，一般人满脑子都想怎么成功，为何您花这么多时间想失败？”

李嘉诚 :“你一定要先想到失败，从前我们中国人有句做生意的话 :‘未买先想卖’，你还没有买进来，你就要先想怎么卖出去，你应该先想失败会怎么样。因为成功的效果是 100% 或 50%，之间的差别根本不是太重要，但是如果一个小漏洞不及早修补，可能带给企业极大损害。所以当一个项目发生亏蚀问题时，即使所涉金额不大，我也会和有关部门商量解决办法，所付出的时间和以倍数计的精神都是远远超乎比例的。

我常常讲，一个机械手表，只要其中一个齿轮有一点毛病，你这个表就会停顿。一家公司也是，一个机构只要有一个弱点，就可能失败。了解细节，经常能在事前防御危机的发生。”

记者：“哪些细节你一定会紧盯观察？”

李嘉诚：“现金流、公司负债的百分比是我一贯最注重的环节，是任何公司的重要健康指针（巴菲特也比较重视这两个指标）。任何发展中的业务，一定要让业绩达至正数的现金流。”

记者：“90%（的时间）考虑失败，可以说是全方位预测风险的能力吗？为什么这件事比思考成功来得关键重要？”

李嘉诚：“可以这样说，就像是军队的‘统帅’必须考虑退路。例如一个小国的统帅，本身拥有两万精兵，当计划攻占其他城池时，他必须多准备两倍的精兵，就是六万。因战争打响后，可能会出现很多意料不到的变化。一旦战败退守，国家也有超过正常时期 1 倍以上的兵力防御外敌。”

● 李嘉诚智慧

李嘉诚在 1950 年创业，经历了几十年的风风雨雨，经受过无数波折与困难，但他与他的企业都未曾倒下。时至今日，李嘉诚作为一个成功的企业家，所取得的成就十分辉煌。李嘉诚做的生意已经不仅仅局限于香港，而是遍布全世界。在李嘉诚看来，他能够将生意做这么大，很大一部分原因是自己总是未雨绸缪，在未成功之前，先考虑失败，才使他稳步踏向成功的道路。

李嘉诚对他公司的业务了如指掌，每一个细节都很清楚，就连 2G 和 3G 移动电话不同的传播速度也了解得一清二楚。李嘉诚认为想要做成一单生意，首先考虑的不是如何去成功，而是怎样会失败。将这些失败的道路统统堵上之后，成功之路才会走得更顺畅。所以，为了将自己的生意做好，李嘉诚总是用心思考每一处细节，打量未来发展的每一个环节，力求做到万无一失，才放心。

老话说："防患于未然。"多思虑并不是多此一举的事情，很多时候，考虑周全一点儿，能够在关键时刻力挽狂澜，尤其是在竞争激励的商场中。商海沉浮，更得小心谨慎，不然一个不小心，就会损失巨大。

李四和张三是好朋友。他俩头脑灵活，一心想要做出一番事业来。李四四处借钱，注册了一家公司，红红火火地开始创业了。眼看李四的生意越做越大，张三却一直没有什么动静，面对李四几次邀请张三去他公司工作，张三也婉言拒绝了。

李四的公司越开越大，经营的项目也越来越多。一次吃饭的时候，李四对张三夸耀自己现在的成就如何了得，张三却给他泼了一盆冷水，让他不要着急扩大经营规模，要慢慢来才好。

但李四并没有听张三的，他认为张三是在嫉妒自己。几年之后，张三瞅准了一个商机，抓住了机会，也办起了自己的企业。虽然起步有些晚，但经营得也算是有声有色。一天，张三在路边遇到了好久不见的李四，李四一脸潦倒。问明原因，才得知李四跑了几个大单，资金链一下连不上，欠银行的贷款还不了，公司已经快破产了。

李四后悔当初没有听张三的话，被眼前的利益冲昏了头，没能够看到长远发展的隐患，导致了这样的下场。

在创业初期，很多经营者都会遇到像李四这样的情况，无法正确判断形势，从而做出错误的决定。李嘉诚却并没有犯这样的错误。他靠塑料花起家，之后慢慢发展，周旋于好几个不同的领域做生意，但每进入一个领域，他都提前做好准备，掌握最准确、最新的资料，不盲目为了利益或者跟风而去做。

从商几十年的李嘉诚，在眼花缭乱、险象环生的商业大战中屡屡获胜，即便是在金融危机时也能够全身而退，正是因为他总是能对失败做出预测。任何一个商家，想要生存、发展、取胜，首先要对形势做出精准的判断，将一切可能发生的情况都考虑到。一个出色的生意人，总是能够在顺境中窥见不良因素，及时将这些因素扼杀在摇篮中。

永不满足是成功向上的前提

● 李嘉诚案例

李嘉诚说：永不满足，是发财的前提。一个人如果产生了自满情绪就会停滞不前，就会松懈，就会按部就班。不想让今日成为昨日的重复，就得有赚钱的动机。一个能在商场遥遥领先的人，必是一个怀着对金钱的占有欲的人。他时刻想的就是用正确的方法将自己的产品或服务转换为金钱。

进入五金厂打工后，李嘉诚兢兢业业，干得很不错，老板也很赏识他，但李嘉诚并没有为眼前的稳定而满足，他有着更大的愿望。在五金厂虽然做得很不错，但李嘉诚志不在此，他要创建自己的一番天地，所以，他不顾老板的挽留，从厂里辞职，出来自己创业。当时李嘉诚的创业资本也不过区区5万港元，着实不多。这钱都是他平日里一分一厘积攒下来的。据他的亲朋回忆说："嘉诚从未奢侈过一日，他外出从来都是吃大众餐，他穿的衣服更是没有一件能上档次的。"

1952年，李嘉诚开设塑胶厂，取名长江。之所以取这个名字，是为了提醒自己要沉下心、弯下腰来，“长江”，取“长江不择细流，故能浩荡万里，汇聚百川，才能气势如虹、长流不息。”李嘉诚要做实业，做宏图伟业。他说：“长江之源头，仅涓涓细流，东流而去，容纳无数支流，汇成汪洋之势。日后的长江塑胶厂，发展势头也会像长江一样，由小到大。长江是中华民族的骄傲，未来的长江集团，也应该为中国人引以自豪。长江浩荡万里，具有宽阔的胸怀，一个有志于实业的人，理当扬帆万里，破浪前进，去创建宏图伟业。”

在刚创业时期，李嘉诚凭借之前的积累和诚信经商，发了几笔小财，但好景不长，过度地扩大生产规模导致了资金链的断裂，工厂经营陷入了困境。产品无法正常出厂，还有不断上门催债的原料商，那段时间，李嘉诚忙着应付各种状况，十分疲惫，眼看就要支撑不下去了。

原本信心满满、想要大干一场的李嘉诚也没有料到，自己创业会遇到这么大的瓶颈。1950 年到 1955 年这几年，是李嘉诚创业史上最为艰难的时期。不过再怎么艰难，李嘉诚也没有想到退缩、关闭工厂。他咬牙坚持着，寻求塑胶厂翻身的出路。在焦头烂额的那段时间，李嘉诚保持冷静的头脑，分析国际经济形势的变化，分析市场走向。他看到自己生产的产品在市场中已经趋于饱和状态，需要寻求更有竞争力的产品。坚持不懈的李嘉诚，寻找到了企业转轨的出路，“长江”塑胶厂终于迎来了新的生机。

李嘉诚说：“一个人若自以为有许多成就，而止步不前，那么他的失败就在眼前。我看过许多人，开始时挣扎奋斗，但在他们牺牲无数血汗，前途稍露曙光后，便自鸣得意，开始怠惰、松懈，于是失败立刻追踪而至，跌倒后，再也爬不起来。”

一个人如果觉得自己很了不起，那么失败很快就会找上门来。许多人，在起步时都努力卖命，可是收获刚刚开始，就自以为取得了整个“天下”，开始自满，开始不理性地对待商机，这时，会突然有一个打击重创得他无法翻身。所以，要时时有挣钱的心，才有动力拼搏，也不能忘了时刻坚持做人的原则——谦虚而谨慎，这样才能财源不断。

● 李嘉诚智慧

永远不安于现状，这样的人才能展翅高飞。一个农户在上山砍柴时，捡到了两只小鹰，便带回家养了起来。慢慢的，两只小鹰长大了。一只小鹰不断练习飞翔，每天摔得鼻青脸肿；另一只小鹰很不理解，觉得现在有吃有喝，生活安逸，为什么还要去自讨苦吃呢？

在不断的磨炼中，那只渴望飞翔的小鹰终于冲上蓝天，成为俯瞰大地的雄鹰，获得了自由。而好吃懒做，安于现状的那只鹰只能靠讨好主人来获得口粮。当它遥望蓝天时，很后悔当初没有学习飞翔，现在只能窝在农户家混日子。

就像这两只际遇不同的雄鹰一样，很多人会被一时的安逸蒙蔽了奋斗的心智，但也有人会认清现实，勇敢追寻理想。李嘉诚就是那只不甘寂寞、不甘平庸、努力学习飞翔的雄鹰。虽然吃了很多苦，受了很大的罪，但他最终能够展翅蓝天，拥有自己主宰的人生。

创业不是那么容易的事情，很多人胸怀创业的激情，打算放手一搏，但是在残酷的现实面前，总是无法坚持下去。迎难而上，勇于排除困难才是创业的正道，只有具备这种不顾一切、奋发向上的精神，创业才有可能成功。

张春和李丽同是名牌大学的优秀毕业生。他们才能出众，在工作领域很快都有了出色的表现。张春满足于目前高薪高职位的状态，不求上进，想一辈子就这样混过去算了。但李丽不甘心为人打一辈子工，在积累了一定人脉和经验之后，勇敢创业。起初十分艰辛，张春还嘲笑李丽自找苦吃，但不久后，李丽的企业就有了起色。很快，李丽成为商界冉冉升起的一颗新星，而张春还是一个默默无闻的打工者。

在一次接受记者访谈时，李嘉诚在谈起自己的成功经验时说："一个人所获得的报酬和成果，与他付出的努力有极大的关系。"

想要拥有和别人一样的光鲜亮丽，就一定要加倍努力。多年之后，李嘉诚在接受记者访谈时，说："生命抛来一颗柠檬，你是可以把它转榨为柠檬汁的人。要描绘自己独特的心灵地图，你才能发现热爱生命的你。有思维、有能力、有承担，建立自我的你；有原则、有理想，追求无我的你。"

不想当元帅的士兵不是好士兵，止步自满的人是无法有长远发展的！对于每个人的未来也是如此，如果只是按部就班，毫无激情和欲望地生活，那就算眼前有再好的机会，也会一事无成。

第三章

做生意要做到让生意自己跑来找你

（人际理念）

一个人最要紧的是，要有中国人勤劳、节俭的美德。最要紧的是对自己严格，对人却要慷慨，这是我的想法。顾信用，够朋友。这么多年来，差不多到今天为止，任何一个国家的人，任何一个中国人，跟我做伙伴的，合作之后都能成为好朋友，从来没有为一件事闹过不开心，这一点我是引以为荣的。

——李嘉诚

有方圆之性，做方圆之人

● 李嘉诚案例

李嘉诚天生喜欢争强好胜，遇事容易冲动，只想着超越别人。习惯成自然，因为自己总想着一定要比自己同龄人强，做什么事都要比别人快，比别人讲究效率。当年李嘉诚给别人打工时也不太愿意和他人一起行事。后来，自己开始创业时，李嘉诚认识到了不与他人打成一片势必会让自己孤立，会导致自己的人缘不好，这对一个生意人来说是大忌。

李嘉诚由一个打工仔做到跨国集团公司的一把手，主要得力于他“不择细流”的管理方法。他的跨国公司集团里，既有专业的管理专家，也有头脑清晰的财务大亨；既有爽朗豪放的中国人，也有作风严谨的西方人。而李嘉诚作为最高决策者，将他们每一个人的才华都发挥到淋漓尽致、为己所用。这些人在一起，关系融洽，情感和谐，智慧碰撞，成就了李嘉诚的商业帝国。

李嘉诚始终明白一个人的智慧是有限的，自身的有限性无法应对复杂的商业局势，就必须集他人之才为己所用。若要做到用他人之才为己所用，做到抓住一切机遇，做到广交生意伙伴，首先就要有胸怀。

胸怀，是成大事者必备的品质之一。胸怀就意味着包容，这和李嘉诚当初给自己的公司命名为长江的理念不谋而合。有容乃大，李嘉诚从一开始就做好了容纳百川的打算，他的企业也就不可能止步了。发展成了一条必然的阳光大道，这也是李嘉诚的商业目标。

事实上，李嘉诚确实做到了。在他眼里，只有对手，没有敌人。即使在一场激烈的商业厮杀后，他依然能和对手中的有志之士握手言欢，为下次合作打下基础。一个商人能有这样的心胸，广交天下的朋友，生意不过是谈笑间的好玩游戏，根本用不着钩心斗角，已在商业竞争中占了先锋。

李嘉诚总是一再强调，做人要学会变通，不能总想着拿鸡蛋去和石头碰，这样的结果可想而知。不论是做人还是做生意，都要变通着来，一味硬干蛮干，不但让自己吃亏，也会让对方有损失。所以，他认为在人际交往中要懂得方圆之道，方的不行就来圆的，以圆化方才是好办法。

● 李嘉诚智慧

李嘉诚身上闪耀着为商的智慧，通过他做事做生意的行为表现出来：首先，他从不嫌弃一桩小生意，认为小生意汇集在一起就是大生意。这样不但给了很多小企业机会，也给自己的发展铺好了路子；其次，他坚持“有钱大家赚”，做生意就是合作共荣，不独贪一时利润，让人很乐意与他合作；最后，李嘉诚认为只要有钱赚，做什么产业都没关系。所以，他的商业之路非常宽。

“变通”是一个听起来简单，做起来不易的词，很多成功人士正是了解人际关系中的方圆之道，才在成功之路上越走越通畅。李嘉诚曾说过：“做人要会变通，有方圆之性，做方圆之人。”

清朝的曾国藩正是这样的方圆之人。曾国藩在平定太平军的过程中，屡次表现出色。在第一次攻克武汉后，捷报传到了北京，咸丰皇帝非常高兴，想要给曾国藩加官晋爵，但这时就有大臣站出来说：“这样一个白面书生，如今立下这么多战功，得到这么多人的跟随，对大清国来说未必是一件好事，未必是国家之福。”

咸丰皇帝听了这些进谏后，也对曾国藩生了嫌隙之心。曾国藩当然也知道位高权重不一定是好事情，便趁着回家替父亲守丧的机会，带着两个弟弟回家，辞去了一切军事职务。但之后太平军的攻势越来越猛，清廷抵挡不住，只好再次请曾国藩出山，带兵前去镇压。

屡立战功的曾国藩一点儿也没有骄奢，依旧保持低调。虽然取得了大权，但他在平定了太平军后，放弃了一大部分权力。为了怕自己带领的军队人数太多惹人非议，曾国藩主动裁减了 4 万人。为了不让朝廷怀疑南京的防务而建造旗兵营房，请旗兵驻防南京，还给他们发全饷。

这些做法，令曾国藩在朝廷中赢得了良好的口碑，更让朝廷信任他。清廷还赏赐他太子太保衔，赏赐双眼花翎，赐一等侯爵爵位，子孙相袭，让曾国藩荣耀万分。之所以能够在仕途上走得如此顺利，就得益于曾国藩的方圆之道。他知道该服软的时候就服软，不一味强硬。

李嘉诚便是如此。在人际关系的处理上，不会因为自己占了理就强硬，非要和别人争个高低出来。李嘉诚认为做人做事不应该一成不变，而应当随着时间、局势的变化而变化，这样变通的人生才是通达的人生。

多交一个朋友就多一条财路

● 李嘉诚案例

“借法”是聪明人都会采用的做法，一个人的能力有限，如果只靠自己单打独斗，会非常辛苦，取得的效果也很有限。李嘉诚很精通“借法”。1979 年 10 月，中国国际信托投资公司在香港设立了分公司，董事长荣毅仁邀请李嘉诚出任中信的董事，李嘉诚也欣然接受了，但李嘉诚并没有参与中信多少工作，更像是名誉上的董事。

荣毅仁的儿子荣智健在 1978 年移居香港。1986 年，荣智健参加香港中信集团的工作。工作了一段时间之后，他升为香港中信的董事总经理。荣智健是个非常有理想的青年，他不满足于接手父辈打拼下来的江山，想要自己创业，闯出一片自己的天地，凭借自己的实力做出成绩。

看到荣智健有这样的雄心壮志，李嘉诚自然十分支持。两家的关系本来就很不错，年轻人有做事情的想法，身为长辈的李嘉诚自然要帮一帮。李嘉诚和荣智健都看好借壳上市，觉得这是条不错的路。所谓借壳上市是股市术语，一家公司想要上市的话，从原则上讲需要有 5 年以上的经营实绩，办正规的手续在交易所上市，这个过程是非常漫长和耗费精力财力的。所以，一些急于上市的公司，就通过收购他人的小型上市公司，也可以达到自己的上市目的，这就是借壳上市。

这些小型的上市公司资产很少，营业额也不高，因此收购它们的买家不需要动用大额的资金，这些小型的上市公司就被比喻为“空壳”，李嘉诚和荣智健在市场上多方寻找、权衡，终于决定选择泰富发展这个小公司。

李嘉诚的英籍高参杜辉廉担任百富勤的主席，为中信的财务顾问以及收购代表。1990 年 1 月，百富勤向泰富主席曹光彪以 12 港元一股的价格购买了泰富股份，并以同样的价格向小股东全面收购。泰富市值 725 亿港元，是当时股市"蚊型股"，中信没有付现金收购，而是通过一系列复杂的换股，以及物业作价的步骤来完成的。从一定程度上来讲，也是保护了泰富。

这一次的"借壳"进行得非常缜密低调，而且对双方都有好处，是一次互利共赢的公平交易。到 1991 年 6 月，泰富改组集资后，股权分配给中信 49%、郭鹤年 20%、李嘉诚 5%、曹光彪 5%。泰富正式改名为中信泰富，荣智健担任其董事长。虽然李嘉诚对促成这件事起了很大的作用，但从最后的股权分配结果来看，李嘉诚占的股权并不多，可见他做这件事情并不是为了让自己获利。

李嘉诚不过是凭借自己的商业地位和商业头脑来帮助荣智健，觉得获利多少并不重要，重要的是通过这件事情多交一个朋友。通过李嘉诚的这一次帮助，中信在香港发展的势头十分强劲，迅速崛起，逐渐形成了与英资、华资三足鼎立的局面，而李嘉诚与中信的交好，也为他们日后的合作打下了良好的基础。

全力帮助中信借壳上市，但自己获利很少这样的事，李嘉诚做过很多次，这就是李嘉诚的一贯作风。李嘉诚不会只看重眼前的一单生意，而更看重日后的长远发展。

● 李嘉诚智慧

"一个篱笆三个桩，一个好汉三个帮"，有了别人的帮助能令自己的事情完成得更加顺利。所以，人在这个社会上要多交朋友，开拓自己的人际交往圈子，这样在你遇到困难的时候，或者需要帮助的时候，就有朋友能向你伸出援手。

一个人在急匆匆赶夜路的时候，看到另外一个人远远走来，手里提着一个灯笼，微弱的灯光照亮了前方的道路。这位赶路的人非常感激地走到这位提灯笼的行人面前，对他说道："谢谢您的灯笼，照亮了前方的道路，不然我很可能就撞到您了。"那位行人微笑着说不用谢。走近了才发现，这位提灯笼的行人竟然是一个盲人。

这个人非常惊讶地问道："您是一位盲人，为什么走夜路还要提灯笼呢？这不是多此一举吗？"那位盲人晃了晃手中的灯笼："如果没有这盏灯笼，你不是就会撞到我？我提灯笼不是为我自己照亮，而是为过往的路人照亮。"

这位盲人虽然自己看不到路，走夜路根本不用提灯笼，但是他为别的行人着想，让他们能够在漆黑的夜色中看到一抹亮光，从而不会撞到自己，或者不会被脚下的物体绊倒。盲人这种一心为他人着想的态度，在李嘉诚的身上也有体现。李嘉诚在与人交往时，从不考虑自己是不是会吃亏，而总是先为对方考虑。

李嘉诚多次强调"多交一个朋友就多一条财路"。在人际交往时，他首先考虑的不是如何从对方那里获得利益，而是先以诚意打动对方，和对方建立起互相信任的关系，建立起朋友的关系，这自然就不愁没有生意可做了。

人们在步入社会后，总是急于扩大社交圈，希望能够接触不同的人，发展自己的社会资源，但越是心急，越是将社交当作让自己赚取利益的一种途径，反倒越是无法拓展生意圈子。像李嘉诚这样，做不做得成生意不是主要的，重要的是能交到朋友，在李嘉诚看来，生意是做不完的，但朋友比生意更重要。

现在很多人做生意，总认为自己人际关系广泛，应该很容易就能够谈成生意，但事实上并非如此。人际关系的打理并不是那么简单的事情，但首要的原则应该是做好自己，以诚待人、以德服人，这样才能在人际交往中得到别人的信任。

节省自己，但要对别人慷慨

● 李嘉诚案例

李嘉诚的好人缘是有目共睹的。他乐善好施、待人友好，很多人都愿意和李嘉诚交朋友，也非常信任李嘉诚。善待他人，是李嘉诚一贯的做人处事风格。他不仅对朋友和气，对竞争对手也是如此。在尔虞我诈的商场中，做到这一点实属不易。

香港《文汇报》曾刊登过李嘉诚的一篇专访，其中一个问题是这样问的："俗话说，商场如战场。经历那么多艰难风雨之后，您为什么对朋友甚至商业上的伙伴，抱有十分的坦诚和磊落？"

李嘉诚答道："最简单地讲，人要去求生意就比较难，生意跑来找你，就容易做。"李嘉诚做生意，一向讲的都是"宁亏自己，不亏大家"。和李嘉诚做生意的人都不会吃亏，他们总能赚得很多。李嘉诚照顾生意伙伴，也在工作中照顾企业的人员。李嘉诚对待身边的每个人都是如此良善，不但对他们很尊重，也很顾及他们的利益。

曾担任和记黄埔董事总经理的马世民在离职之前，每年可以在和记黄埔拿到的薪水以及分红共有 1000 多万港元。这是非常高的收入，相当于当时港督彭定康年薪的 4 倍还要多，而且马世民平时还会有其他的收入，所以，马世民在和记黄埔的收入非常之高，这就是李嘉诚慷慨的一个体现。李嘉诚对待员工从不苛刻。他不会因为自己是老板，就想尽办法从员工身上克扣工资。李嘉诚会让员工领取丰厚的薪金，让他们在自己的集团工作得非常满意和舒心。

还有，李嘉诚为了体恤下属，增强员工对集团的认同感和归属感，还经常会给他们以低价购入“长实”系股票的机会。这让员工非常满意，因为买进“长实”的股票不但能够升值，而且还很安全，会让很多员工觉得未来生活有了保障。马世民就曾经用每股 8.19 港元的价格购买了 160 多万股的“长实”股票，然后以每股 23.84 港元的价格出售，轻轻松松就净赚了 2500 多万港元。

还有李嘉诚的得力干将霍建宁。在 1995 年的时候，年薪就达到了 2100 万港元，还不包含股票和分红。对待集团的员工，李嘉诚也会给他们最好的待遇，让公司业绩 100% 和员工挂钩。这样，员工会干劲十足，更加卖力地工作。

李嘉诚不让合作伙伴吃亏，让他们赚很多利润，让自己的员工每年能赚到比在其他企业高好几倍的薪水，但他自己的薪水却非常低。他给自己开的薪水甚至还不如集团的一些管理层高。李嘉诚就是这样节省自己，却一定要对别人慷慨。在李嘉诚看来，与人相处想要得人心就要事事站在对方的角度去考虑，不要去计较得失，斤斤计较是没什么意义的事情。

李嘉诚智慧

李嘉诚这样时刻为他人着想，对待公司员工像对待自己亲人一样的老板并不是很多。有很多不负责任的老板在公司发展壮大起来之后，并不兑现他们当初对员工许下的承诺。他们会将赚得利润的一大半收入自己口袋中，只分出一小部分来给自己的合伙人或者是股东。这样的做法很伤人心，久而久之，这些老板便会失去员工的支持，失去股东们的支持，企业也就做不长久了。

还有一些老板在企业遇到问题后，首先想到的不是如何带领企业渡过难关，帮助企业的员工一起走出困境，而是想要将自己保全。他们会只顾自己的利益，而不会想到员工的利益，完全没有基本的责任感。

要做一个成功的企业家，一定是要有责任感，要对股东和合作伙伴还有企业员工们负责的。李嘉诚正是这样一位企业家，所以他的企业才能从小做大，他本人也能得到众人的尊重和拥护，他的事业也能不断发展。李嘉诚正是明白在社会这个大的人际交往场所中，如果一味地只为自己考虑，最终会不得人心，而真心为人，人们自然也会来帮助你。这之间是相辅相成的关系。

李嘉诚特别佩服在“二战”废墟里崛起的日本人。他们能忍别人不能忍的事，最终通过商战获胜。日本人认为，“忍”能帮助企业家在危急关头博采众长、冷静决断、沉着应对，做出客观的分析和合理的决策。长江实业集团上市已经超过了 30 年，业务每天都在拓展，而且在不断收购公司。李嘉诚在做每个决定的时候，都会留有余地，让自己有钱赚的同时，也让对方有钱赚。

小镇上有一个做豆腐的老人。他开了一个小小的豆腐坊，规模虽然不大，但生意却非常好，每天到他的小店里买豆腐的人排成长龙。老人的儿子不明白父亲的生意为什么这么好，便问其诀窍。

老人告诉儿子："我做豆腐的手艺并不是这里最好的，人们之所以愿意来我这里买豆腐，我想是因为我常说的四个字——不要客气。"儿子不明白，老人让儿子观察几天。经过几天的观察，儿子明白了老人的生意为什么会这么好了，就是因为老人总是对顾客很慷慨。一位顾客买豆腐没有零钱，还差几毛钱，老人就会笑着说："不要客气，这么一点儿钱就算了，下次再来。"当一位顾客忘记带钱时，老人会笑着说："不要客气，下次一起算上就好了。"老人每一次对待顾客都很大方，看起来似乎是老人在吃亏，让自己的利益受到了损害，但其实从长远来看，老人的慷慨为老人赢得了人心，大家都愿意来老人这里买豆腐，使得老人的生意一直红火。

在人际关系中，对别人慷慨，看似自己的利益受到了损害，但聪明人都能想明白其中的道理，用眼前利益的损失去换取长远利益，这才是最重要的。

善待他人，充分考虑到对方的利益

● 李嘉诚案例

李嘉诚总是为他人着想。看到有人需要帮助时，他会毫不犹豫地伸出援助之手。1991 年的秋天，李嘉诚收到了一位丁姓英国华侨写给他的信。这位华侨在信中说自己的生意非常不顺利，自己非常迷茫，感到很痛苦，觉得生活没有希望，万念俱灰。李嘉诚看到信后，没有耽搁，很快就给这位丁先生回了一封信。

丁先生：

人生起伏无常，尤其从事商业。穷人易做，穷生意难做。所以你们面临的困难，只是数千年来亿万生意人曾经面对的苦痛的一部分。但如果明白大富在天，小富在人；如果肯勤俭有效地面对现实，尽心经营，则如陆游诗中所说："山穷水尽疑无路，柳暗花明又一村。"说不定不久你们又有一个好的、新的局面。即使一切都不如意，退一步想，则海阔天空。以今日英国的工资水平，大不了，最多找一份职业，生活绝对无问题。留得青山在，不怕没柴烧！送上英镑500，请你俩一顿晚餐。想想明天会更好！想想世界上有多少更苦的人！

这封信给了那位失意的华侨很多鼓励。李嘉诚就这样不遗余力地帮助着很多人，只要是在他的能力范围内，他都会伸出援助之手。李嘉诚很明白朋友的重要性，"在家靠父母，出门靠朋友"。在社会上生活和工作，朋友是不可或缺的，尤其是在商场上，人缘好和拥有能够相互帮忙的好朋友尤其重要。

李嘉诚在处理人际关系时始终以和为贵，与人为善。不论是面对竞争对手，还是面对陌生人，他都本着善待他人的原则。有一次，一个李嘉诚很讨厌的报社记者等在公司楼下想要见他，一开始李嘉诚不想见这个记者，便直接上车离去。当他的下属告诉他这个记者已经在公司楼下等了两个多小时的时候，李嘉诚又叫司机倒车回去，他对那个记者说可以稍谈一下。

李嘉诚不忍心那名记者在楼下等了那么长时间，却没有东西可以交回去。李嘉诚就是这样时刻为他人着想，哪怕是自己不喜欢的人，他也不会刻薄对待。李嘉诚阅历丰富，在经历了人生的一番酸甜苦辣之后，李嘉诚总结出了自己的一番人生哲学。在李嘉诚做生意的过程中，他并不会单刀直入地去谈生意，而是先交朋友，建立长存真诚的友谊，那么生意做成自然就不在话下了。

● 李嘉诚智慧

在生意往来中，既要做成生意，又要和对方交成朋友，可以看到那些非常成功的生意人总是生意旺、朋友多，这二者之间是可以相互促进的。所以就会有人提出这样的观点：以商会友，以友促商，相互发展。

注重人情味和感情的投入，是李嘉诚的人际交往原则之一。李嘉诚常常帮助他人、善待他人，做事情会首先考虑他人的利益。李开复说："创业家身上应当具有'四性'：悟性，学习新事物的能力和心态；耐性，为长期愿景努力，恪守原则；韧性，失败不是惩罚而是学习的机会；人性，对他人的真心关怀，追求双赢。"

很多优秀的企业家，他们都很有人情味，懂得管理人心，令自己在公司内外都是人心所向。日本的企业家岛川三部曾对外界称："我经营管理的最大本领就是把工作家庭化和娱乐化。"

李嘉诚给员工家庭般的情感抚慰。这是企业管理中常用的"温暖"法则，温暖胜于严寒。法则要求管理者要尊重和关心下属，时刻以下属为本，多注意解决下属日常生活中的实际困难，使下属能够感受到管理者给予的温暖。这样，下属出于感恩，就会更加积极努力地为企业工作，维护企业利益。

李嘉诚给周围生意伙伴或者其他人一些关怀，会让他们对自己非常信任，会很愿意与自己来往，所以，李嘉诚不需要像有些经商者那样费尽心力地去找生意来做，自然就有生意找到他。

帮助汉高祖打天下的韩信在未得志之前，生活很是清苦。为了填饱肚子，韩信经常去乡下钓鱼，希望能够钓到大鱼，卖个好价钱，换取米粮。但韩信的运气并不总是很好，很多时候他都是无果而归。

看到经常饿肚子的韩信，一位常在河边洗衣服的老婆婆很同情他，就常带一些吃的给韩信。在韩信最困难的时期，这位婆婆送给他的干粮犹如雪中之炭，帮助他挨过了那段难过的日子。后来韩信当了大将军，发达之后，专程去看望老婆婆，送黄金千两给那位老婆婆，感谢她当年的救济之恩。但老婆婆并未接受，因为老婆婆说当年对韩信的帮助出自真心，并未想日后得到回报。虽然当年老婆婆对韩信的接济可以说是微不足道的，但在人困难的时候，伸出援手，会让人记在心里一辈子，尤其是不求回报的帮助。

李嘉诚常常不求回报地帮助他人。在与人合作时，也首先考虑的是对方的利益。正是因为李嘉诚本着交朋友的心态去做事，才令他的企业发展得越来越好。

友善交易，不要占任何人的便宜

● 李嘉诚案例

作为一名成功的商人，不光要有精明的头脑，还需要有为人处世的智慧。李嘉诚在商场之所以成功，更多的取决于他做人的成功。

在商场里摸爬滚打，人脉决定着财源。一个商人，若能做到广结善缘，才能左右逢源，才能上不得罪达官，下不失信于客户，中不遭同行挤兑，如此，财源才能滚滚不断，生意才能越做越大，才能做得长久。

李嘉诚的发家史也是他企业的收购扩张史。在每一次收购时，他都特别考虑股东的利益，特别是在收购永高公司、和记黄埔、青洲英泥、港灯等公司时都从双方的利益出发，竭力做到双方满意、皆大欢喜。

1979 年，李嘉诚看中了老牌英资财团和记黄埔的土地资源，决定收购和黄。在李嘉诚收购和黄之前，在黄埔船坞旧址上做地产生意的是和黄洋行大班祈德尊，但祈德尊不擅长做地产生意，没有赚多少钱。后来，韦理取代了祈德尊，售房时选错了时机，竟然坑苦了股东。

幸好，这块风水宝地还没有被他们全部建上房子，这给李嘉诚留下了建大型屋村的机会。1984 年，中英两国代表签订了《中英联合声明》，香港迎来了前所未有的发展机遇，恒生指数回升，地产业又开始见到春光。李嘉诚等这个机会已经很久了。在当年底，和黄准备投资 40 亿港元兴建商业中心的大型住宅区，地点就选在黄埔船坞旧址。

李嘉诚早在 1981 年就盯上了这块地。当时地产发展得还不错，若要建黄埔花园屋村和黄需补上 28 亿港元的地价，这对和黄来说是一个较大的负担。而李嘉诚故意拖延与香港政府的谈判，一直到 1983 年底，当时地产业低迷，香港政府以 3.9 亿港元的价格将这块土地的商业住宅开发权转给了李嘉诚。李嘉诚以极低的价格获得了开发权，降低了成本，算下来，屋村每平方英尺的成本还不到一百元。

这样，屋村计划还没面世，李嘉诚就赚了一大笔，和祈德尊、韦理相比真正是技高一筹。黄埔花园总面积 19 公顷，计划用于建楼的面积约 760 万平方英尺，建 94 栋住宅楼，提供的住宅单位是 11224 个，车位 2900 个，另外还有一栋170万平方英尺的商厦。黄埔花园从1985年动工到1990年竣工，共12期，是香港史无前例的大工程，在世界上也是罕见的大工程。专家估计，李嘉诚在这个项目中获利可达60亿港元。如此丰厚的利润乐坏了和黄的股东们，也让其他地产公司羡慕不已。

李嘉诚获得老牌英资财团和记黄埔9000万普通股，得到了和黄22.4%的股份。由于这些股份是从汇丰银行手里买的，很多华商港商认为李嘉诚不是凭本事而是靠汇丰的恩惠获得的，对李嘉诚能管理好这个庞大的老牌银行也抱否定态度。为了得到确切的消息，《南华早报》和《虎报》的外籍记者多次询问汇丰的老板沈弼："为什么会让李嘉诚接管和黄？"沈弼非常诚恳地说："长江实业发展得很好，信誉又好，和黄也从1975年的困境里走了出来。汇丰销售和黄的股份不是很圆满的事吗？"

李嘉诚成了和黄最大的股东，拥有的股权最多，完全可以凭自己的权力做上董事局的主席。但是，他却选择了另外一条路：他拒绝董事局给他的优惠，为和黄出差、应酬都自己掏腰包。在决策时，李嘉诚丝毫没有摆架子的态势，而是以商量和建议的口气表达自己的看法。通过自己的努力，他获得众董事和管理层的信任，也为自己赢得了董事局选举的选票。

李嘉诚不计小利，却紧抓大利。和黄公司的盈利乐观，李嘉诚就趁机增购和黄的股份，一点点地将和黄拿下。关于李嘉诚收购和黄的事，有人编了一副对联"高人高手高招，超人超智超福"，从此"李超人"的称呼便传开了。

● 李嘉诚智慧

做生意不能只想着自己赚个盆满钵满，而不管别人的利益，这样做生意的人最终会没有生意可做。“我觉得，顾及对方的利益是最重要的，不能把目光仅仅局限在自己的利上，两者是相辅相成的，自己舍得让利，让对方得利，最终还是会给自己带来较大的利益。占小便宜的人不会有朋友，这是我小时候母亲就告诉给我的道理，经商也是这样。”正是有着这样的人生态度，他的生意才能越做越大。

小王和大张是好朋友，他们合伙开了一家餐馆，生意很好，两个人很快就赚回了本钱。但时间一长，在餐馆管理等问题上，两个人的分歧越来越大。

多次闹得不可开交后，小王和大张拆伙了。他们一拍两散，小王继续经营餐馆，大张拿到了属于自己该拿的那部分钱后，跑到隔壁街也开了一个餐馆，两个人的关系从合作伙伴变为了竞争对手。

一开始的时候，为了争夺客源，小王和大张使出各种招数，今天他降价，明天他买一送一，不断降低利润，就为了能够吸引到更多的客人，但客人不但没有增加，反而越来越少。终于有一天，小王和大张坐到了一起，两个人开诚布公地谈了一次，决定不再为了击垮对方而进行恶性竞争，两家餐馆要共同生存，一起发展。

达成这个协议后，小王开始改良菜品，大张在环境上做起了文章，两家餐馆开出了自己的特色，客人自然也就多了起来。而且两家餐馆还经常联合起来做活动，使客源更加多了起来。

做生意不要总想着挤垮对方，要想着相互比拼，吸取彼此的经验和教训，共同发展。就像李嘉诚说的那样：“绝不同意为了成功而不择手段，刻薄成家，理无久享。当业中同行需要你施以援手，而你又有能力时，鼎力相助才是智者所为。落井下石，踩沉对方，的确可以少一个竞争对手，但切不可忘记，就算你真扼杀了对方，总会有新的竞争对手崛起。一个人是不可能永远独霸一个行业的。而救人于危难之中，不但可以赢得人缘和声誉，你的形象也会成为另外一笔宝贵的财富，让你受用无穷。”

一经承诺，便要负责到底

● 李嘉诚案例

“一生之中，最重要的是守信。我现在就算再有多10倍的资金也不足以应付那么多的生意，而且很多是别人主动找自己的，这些都是为人守信的结果。”李嘉诚在与人交往中，最看重的就是对别人要守信用、重承诺。李嘉诚答应了别人的事情，哪怕这件事情再小，再微不足道，他也一定会办到。

李嘉诚曾回忆过这样一件事情：“20世纪50年代，我刚做塑料花的时候，常在皇后大道看到一个行乞的老妇，四五十岁，很斯文的样子。她从不伸手要钱，但我每次都给她钱。一天，我问她会不会卖报纸，她说有同乡干这行，我便让她带同乡来见我，我想帮她做这小生意。在约好的那天，有个客户刚好要到我工厂参观。客户至上，我必须接待。交谈中，我突然说‘Excuse me’便匆忙离开。客人以为我上洗手间，其实我跑出工厂，飞车奔向约定地点。途中，违反交通规则的事差不多全做了，但好在没有失约。见到那妇人和她的同乡，问了一些问题后，就把钱交给了她。她问我姓名，我没说，只要她答应我一件事，就是要努力工作，不要再让我看见她在香港任何地方伸手向人要钱。事后，我又飞车回工厂，客户正着急。他说为什么洗手间里找不到你，我笑一笑，这事就过去了。”

虽然只是一件小事情，在面对大客户的时候，李嘉诚也会因为要遵守承诺，而认真去完成。正是因为李嘉诚这个良好的品质，才使得大家都非常信任他，愿意与他交往，而李嘉诚自己也非常看重这一点。如果有人随便答应了别人事情，最后却置之脑后，这样的人，李嘉诚是很不喜欢的。

人脉之于商人就是无形的资产，是一个潜在的资产库。李嘉诚能取得今天的成就，首要原因就是他通过做人的手段来做生意，取得了对方的信任，生意也就水到渠成了。如今社会商业化气息很浓，人们都渴望着发财，为此绞尽脑汁、想尽手段，却忘了最基本的方法，就是用做人的魅力为自己赢得成功。李嘉诚谈到商界的尔虞我诈时也颇为反感。他说："人为了成功而不择手段，首先在做人上就已经失败了。做人失败了，即使一时赚取了利润，也如朝露，很快就会被蒸发。这样做生意，是不会长久的。"

生意的达成就是建立信用的过程。如李嘉诚所言，诚实守信的人才能赢得对方的信赖，才能为做生意打下坚实的基础。否则，做生意就如无本之木。

万物有道，道法自然。经商也有经商的"道"，它如同做人之道，那就是"德"。有"德"之人必然要诚实厚道，诚实厚道就是诚信、实在、可依赖。在做生意时就要做到与人为善、爱护员工、诚信可交、体谅合作方、为客户着想，这样做生意才能基业长青。

● 李嘉诚智慧

很多人总是喜欢说："我就是随口说说而已。"用来解释自己为什么承诺之后又不履行，但李嘉诚从不会随便承诺别人，一旦承诺，就要办到。李嘉诚认为一旦承诺，就要负责到底，这是做人最基本的原则。

中华民族历来讲究做人的道理，只有先做人才能成大事也成为亘古不变的真理。历代成功的商人都十分注重个人品德的修炼，在这一方面，和李嘉诚齐名的台塑集团董事长王永庆也做得非常好。

王永庆在台湾属于跺一下脚，台湾的经济就要抖三抖的人物。被称为“经营之神”的他之所以能够成功，除了自身独到的商业智慧和商业才能外，做人成功也是非常重要的一个原因。

少年时期，王永庆就开始创业。15 岁的时候，他就已经拿着借来的钱开起了自己的米店。当时每个米店都会将杂质掺杂在米中，并一起出售来赚取利润，王永庆却反其道而行。他吩咐伙计把米中的杂质全部挑拣出来，再把干净的米卖给顾客。卖完米后，他还会叫伙计把米斗搽拭干净，以防杂质混入后倒入的米中。这种为顾客着想的经营方法也让他的生意变得越来越红火。王永庆的生意越做越大，他仍然坚持诚信经营，不做任何弄虚作假的事情，而且平素节俭的他还十分热衷于公益事业，这让他赢得了人们的一致赞扬。

所以，一个人想要获取成功，成就一番事业，商业头脑和个人能力固然重要，但如果不能以“做人”作为前提条件，那么他必然不会把握好自己的人生方向，成功的理念与道路就会发生偏差。这样的人，又如何去收获成功和财富呢？一个人在做事情之前，唯有先把“人”字高悬。做人成功了，成就伟业的道路也就不远了。

晋商是中国历史舞台上不可忽视的一支商业力量，在明清时期，晋商发展到鼎盛，他们的商号已经遍布中国各大城市，远及西伯利亚、东南亚乃至欧洲等地，以致在许多地区甚至形成了“晋商不至，产无所泄”的局面。在很多地方，晋商仅凭一张票据就可以取代上万两白银。他们之所以能够做到这一点，除了有自身拥有巨大的财富作为保证之外，还在于晋商并没有专注于“在商言商”，而是用更多的时间去践行“仁义礼智信”这五个字。做人的成功让他们在取得他人信任的同时，也赚取了巨大的财富。

榆次常家在张家口设有一个商号，名叫“天亨玉”，最后一任掌柜名叫王盛林，是山西临汾人。王盛林初任掌柜时，由于市场疲软，经济不景气，他所掌管的商号不仅没有赢利，反而亏本了。按照一般商号的做法，王盛林会被立刻扫地出门，然而常家在仔细分析了亏损的原因之后，认为商号亏本的原因在于市场，并不是王盛林无能，因此不仅没有责罚他，反而为他补足了资金，让其继续经营。三年过后，在王盛林的精心经营下，“天亨玉”便扭亏为盈了。

后来，“天亨玉”商号面临破产的危机，东家急需抽回本金用来偿还债务，王盛林并没有落井下石、抽身而退。为了保住商号，王盛林亲自登门向“天亨玉”的盟友“大盛魁”商号借银三四万两，在让东家抽回本金的同时，将“天亨玉”改名为“天亨永”，继续负债经营，直到常家衰落时，“天亨永”仍然支持着常家的日常开销。

1929年，“大盛魁”商号同样经历了破产危机，得到消息后，王盛林当即命人送去两万银元用来救急。面对王盛林的做法，有的人提出异议，认为这批款项属于“肉包子打狗——有去无回”，王盛林却说：“如果当初没有‘大盛魁’的支持，‘天亨玉’早就破产了，今天的‘天亨永’也就不复存在了。”正是由于晋商深知“与人为善”的重要性，因此他们才非常重视与盟友之间的和睦相处、诚心扶持，从而实现了共同发展，也让晋商成为中国历史上最具代表性的商帮。

在人际交往中，李嘉诚从不弄虚作假，也不会遮遮掩掩。他坦坦荡荡做人做事，令与他打交道的人都非常放心，这也为李嘉诚在商界赢得了美名。

第四章

管理者要赋予企业生命

（管理理念）

用人要看他的忠诚度、可靠程度和归依企业的程度，希望能够跟企业结合在一起的意向有多少。如果这三样东西都是对的，我们企业会给他非常大的机会去发展。所以现在为什么我们在世界、在香港的管理人员几乎可以说是大企业中流动程度最小的。现在有很多人，无论外国人、中国人，在这个企业工作已经超越30年了。他们都是身负重任，90%以上在退休前的最后一天还会在我的企业里，这对他当然是好的，但对我是更好的。这个归向的心是最难得的。

——李嘉诚

管理好自我才能管好员工

● 李嘉诚案例

英国有一句谚语“好人的榜样是看得见的哲理”。一个优秀的榜样，能够为其他人树立学习的典范，就像茫茫大海中的灯塔，为轮船指明前进的方向，使其不至于迷失在海中。同样，一个管理者如果不能以身作则，为下属树立良好的榜样，往往会导致“上梁不正下梁歪”，造成企业走向衰败。因此，从某种意义上来讲，一个管理者素质的高低甚至会影响到一家企业的成败。所以，一个管理者首先应该做好自我管理，时刻检查自己的言行举止，如果连自己都管不好，又怎么去管理员工呢？在这一点上，李嘉诚就做得非常好。

中国的企业普遍强调的管理方式是“修己安人”，李嘉诚对于“修己”是非常认同的。在一次演讲中，李嘉诚曾说：“在我看来，要成为好的管理者，首要任务是自我管理。在变化万千的世界中，发现自己是谁，了解自己要成为什么模样，建立个人尊严。”李嘉诚认为一家企业具有怎样素质的管理者，这家企业的员工就具有什么素质。因为管理者的种种思想会渗透到公司的每一个角落，不仅会被下属们效仿，还会深刻地影响到企业文化。

无论何时何地，李嘉诚都能做到言行一致、以身作则，给员工们起到示范作用。虽然李嘉诚是公司的董事会主席，位高权重，但是他和普通员工一样，每天第一个到公司上班，下班后最后一个离开公司，离开前他会仔细检查公司的每一个地方，以防有些粗心的员工忘记关闭门窗。这种勤奋的态度让很多员工十分感动。他们认为这样一个老人都还如此勤奋，那么他们这些年轻人又有什么理由懒惰呢？

李嘉诚给高层管理人员做过一个规定，那就是给下属开会的时间不要超过45分钟，一旦超过时间，就要立刻终止会议，有什么事情没有交代明白，私下里去找员工说明白。这也就保证了管理层不会在会议上说一些鸡毛蒜皮的小事，而是每次开会都会首先把重要的事情说出来。

有一次，李嘉诚和几名高层管理人员一起商讨一件事情，由于事情比较棘手，过了一个小时仍然没有讨论出结果。这时李嘉诚发现自己已经违反了规定，马上宣布散会，并向大家道歉。由于事情没有解决，并且还比较紧急，所以几名高管都劝说李嘉诚破一次例，坐下来继续开会，把事情解决掉。李嘉诚拒绝了他们的请求。他说：“大家都是公司的高层人员，公司上下数千双眼睛都盯着我们看，我们要给员工做出一个好的榜样。”

很显然，李嘉诚给员工们树立了一个完美的形象，很好地做到了“修己”，但是对于“安人”，李嘉诚并不赞同。他认为，在这个全球化竞争日益激烈的世界，想要赋予企业生命，就必须抛弃那些滥竽充数、缺乏斗志、道德水平低下的员工。因为这样的人不及时清除，迟早会拖垮整个团队，拖垮整个企业，所以一个成熟的企业，管理者不可能使每个人都开心，是无法做到既“安人”又“其乐融融”的。正是由于李嘉诚重“修己”，轻“安人”，才使得长实集团发展得越来越强大。

● 李嘉诚智慧

荀子曾说过：“官人守法，君子养源，源清则流清，源浊则流浊。”这句话的意思是，官吏要遵纪守法，君主要修养本源（仁德），源头清澈，支流必然清澈，源头浑浊，支流一定浑浊。就比如越王勾践喜好勇士，所以越国的老百姓大多能在战场上不怕牺牲、奋勇杀敌；楚灵王喜好腰细的宫女，楚国的好多女子为追求瘦身而饿死。因此，做好自我管理是一名管理者让属下信服、成大事的基本因素。

作为三国时期著名的军事家，曹操一直以治军严明而著称。有一次，曹操带领人马经过一片即将收割的麦地，突然有一群小鸟飞出，使曹操的战马受到了惊吓，等曹操把战马驯服后，才发现一大片麦田已经被战马践踏了。因为曹操曾经下令，凡是践踏麦田者，一律斩首，所以他立刻对执法官说：“我的战马践踏了麦田，请你按照军法治罪吧。”执法官闻听大惊，急忙说：“丞相身系天下安危，不应该被治罪。”曹操怒斥道：“天子犯法与庶民同罪，更何况是我，身为丞相不能以身作则，以后我还怎么服众。”说完之后，他执意让执法官按照军法处置自己。

这时，将士们纷纷跪倒在地，请曹操暂时先为天下的黎民百姓着想，从轻处罚自己。曹操思考片刻，对将士们说：“也好，但是死罪能免，活罪难逃，我自割一段头发，以示惩罚，如果再有下次，一定按照军法处置。”说完之后，曹操就拿起宝剑割了一段头发，在历史上留下了一段

“割发守法”的佳话。

曹操用自己的实际行动，为将士们树立了一个好榜样。海尔的张瑞敏曾说过：“管理者要是坐下，部下就躺下了。”优良的示范是最好的说服，以身作则的目的，就是通过管理者的示范作用，让公司的其他员工完全遵从公司的规章制度。

有一家公司的老板规定员工每天早上九点上班，但是老板却发现，这项制度很难执行，有很多员工以各种理由迟到，于是他采取了罚款、扣奖金等措施以期杜绝员工迟到的现象，但是却收效甚微，甚至还造成了员工的流失。

在一次酒宴上，他向朋友倾诉自己的苦恼。朋友问他：“你早上能够九点之前到公司吗？”

“我是老板，没有必要遵守这项制度。”

“既然你自己都不能遵守自己制定的制度，又凭什么要求员工遵守呢？不如你从明天开始按时上班，看看效果怎么样。”

一个月后，这个老板兴奋地告诉朋友，公司虽然还偶尔有员工因为特殊情况迟到，但基本上都能做到按时上班了。

孔子曾说过：“其身正，不令而行；其身不正，虽令不从。”意思是说一个管理者如果能够以身作则，起到表率作用，那么不用他下命令，下属也会行动起来。如果管理者自身行为不端，即使制定各种制度，员工们也不会服从。“自我管理”对于一个企业家来说，永远是一门重要的必修课，因为其中包含着一个企业家成功的要诀。一个不能自律的企业家，会让员工和合作伙伴产生不信任的感觉，影响企业的发展。你的企业能够发展到多大规模，财富帝国能够盖到第几层，在很大程度上取决于你是否能够自律。

管理者应学会大胆授权

李嘉诚案例

沃尔玛创始人山姆·沃尔顿曾说过："一名优秀的经理，最重要的一点就是懂得授权和放权。"一个管理者如何对待权力，反映了他的管理理念是先进还是落后。有一些管理者凡事都事必躬亲，把权力紧紧地掌握在自己的手中，束缚了下属的手脚和思想，导致他们工作效率低下，影响企业的发展；而有些管理者能够与下属分享权力，充分授权，使下属感到被重视，向心力变得更强，潜能也得到发挥，工作效率突飞猛进，企业的效益自然也就倍增。所以，一个优秀的企业家应该充分地信任员工，大胆放权，将自己手中的权力分配给下属，为他们提供一个施展自己才华的舞台。

李嘉诚对山姆·沃尔顿的观点也十分认同。他认为在纷繁多变的现代社会中，一个优秀的管理者不可能独揽一切，应该将手中的权力下放，使每一个层次的员工都能够各尽其责，而他只需要做出示范即可，不需要每件事情都去过问。那些事必躬亲的管理者，最终会累人累己，使公司的运营变得一团糟。

有一次，李嘉诚到汕头大学出席一个活动。在路上他接到分公司经理打来的电话，说有一笔生意需要他签字。经理说完后，李嘉诚直接说："这样的事情你自己看着办，可以签也可以不签，以后不要再来问我。"挂断电话后，这位经理好半天没有缓过神来，因为这是一笔 10 亿元的生意，李嘉诚竟然让自己做决定。但等他想明白之后，又对李嘉诚这种充分授权、信任员工的胸襟很钦佩，因为在以前的公司没有一个管理者会如此大胆地授权。

在日常管理中，李嘉诚将公司的业务分成几个区域，交给追随自己多年、能力出众的几个人管理，并让他们不要事事都来问他，除非是特别重大、特别紧急的事情。通过这种方式，李嘉诚能够从公司忙乱的业务中抽身出来，用更多的时间来思考公司以后的发展方向和投资方向。李嘉诚的经历告诉我们，要想成为优秀的管理者，就应该学会放下。只有懂得无为而治的管理者，才是伟大的管理者，这种无为不是无所作为和放任不管，而是大胆授权，充分信任和尊重你的员工。无为而治，看似无为，其实却彰显出李嘉诚博大的胸怀，而他的企业必然成为真正伟大的企业。

● 李嘉诚智慧

授权是一门重要的领导艺术，同时也是管理者让下属信服、提高企业效益的重要途径。如何做一个好的管理者，很有讲究。管理学大师史蒂芬·柯维认为："现代社会许多大小公司的老板、部门主管早已被信息、电讯、文件、会议压得透不过气来。几乎任何一项请求报告都需要他们审阅批示、签字画押，为此他们经常被搞得头昏眼花，根本无法对公司重大决策做出思考，在董事会议上他们很可能是最无精打采的一类人。难道这就是所谓的管理者吗？有必要要求他们过目每一份文件吗？细到内务部门发文稿这类小事，都有可能摆上他们的办公桌，而因为等待他的批阅，这项工作也许会拖到下个礼拜。直等到老板自己没有稿笺可用的时候，才会想起叫来内务总管训斥一顿。而积满灰尘的报告会使局面变得非常之尴尬、不愉快。"

在我们的身边，经常可以看到史蒂芬·柯维所说的那种管理者，他们勤勤恳恳、日理万机，不论大事小情，都要过问一番，然后由他做出决定。他认为这样公司就会变得井井有条，但结果往往事与愿违。他的公司变得越来越杂乱无章，因为一个人的精力毕竟有限，想要把所有的事情都做好，那是不可能的。

美国通用电气公司前首席执行官杰克·韦尔奇是开发人力资本和激活知识型员工的能手。他提出了精简、速度和自信原则，认为培养员工自信的办法就是放权和尊重。他曾说："我们所能做的一切就是寄希望于我们挑选的人才，而我的工作就是挑选合适的人才。"

美国投资大师乔治·索罗斯同样也是一个敢于大胆授权的管理者，这完全源于一次惨痛的教训。有一次，他出差归来，刚进办公室没多久，秘书就抱着一大摞文件来找他签字，乔治·索罗斯翻看了几份文件，就气愤地说："这些文件都是很重要的文件，已经积压了几天，为什么不让部门经理签字实行，耽误这几天的时间，会让公司蒙受巨大的损失。"

听了乔治·索罗斯的话，秘书感到非常委屈。他说："当初你定下规定说需要亲自过目每一份文件，所以部门经理才不敢签字的啊。"

听了秘书的话，乔治·索罗斯才想起自己确实在不久前的会议上说过这样的话，他懊恼地摇摇头，紧急召开部门经理会议，向所有人宣布："除非碰到你们没有办法解决的事情，否则不要耽误我打球的时间。"从那以后，乔治·索罗斯再也见不到积压很久的文件了。

在中国的企业中，海尔集团总裁张瑞敏也非常喜欢授权管理。在工作中，他习惯于提出具体的思路，至于其他细节方面的问题，就由下属独自去完成，他不会过多地过问。在海尔，集团总部会为各部门任命一名领导者，然后由其提名组建领导班子后，集团总部再任命副职和部委委员。一切配备完毕后，除了资金调配、质量论证、技术改造之类的大事由集团统一规划外，其他事情都是各部门独立运作。

对于各部门的领导者，张瑞敏十分放心，因为对于授权管理，他们已经非常习惯。充分授权之后，张瑞敏有了充足的时间来考虑战略层次的问题，从而带领海尔集团不断攀上高峰。

正如韩非子所说："下君尽己之能，中君尽人之力，上君尽人之智。"现代社会活动错综复杂，一个领导者即使有三头六臂，也不可能事必躬亲，独揽一切。管理者要成为"上君"，就必须对下属进行合理的授权。只有这样，才能激发下属的工作热情，赢得下属的信任和支持。当然，充分授权并不意味着对下属不闻不问，任其"胡作非为"，而是让员工主动承担责任、各尽其责，因此，授权是否合理是区分管理者才能高低的重要标志。

对员工的"心"要好好管理

● 李嘉诚案例

管理企业就是管理人心，管理好人心，自然能够管理好企业。"心"的作用是影响工作的根本，管理者对人员的"心"进行很好的经营管理，才能使员工将"心"完全放在企业上，与企业同心，与企业同进退。

李嘉诚十分注重在日常管理中注入感情因素，他曾说："我不是一个聪明的人，我对我的员工只有一个简单的做法：一是给他们相当满意的薪金花红，二是你要想到他将来要有能力养育他的儿女。所以我的员工到退休的前一天还在为公司工作，他们会设身处地地为公司着想，因为公司真心为我的员工着想。”

在工作和生活中，李嘉诚对待员工总是非常仁爱宽厚，关注他们的利益，因此也赢得了员工的尊敬。他们尽心尽力地为公司效力，从而为公司创造更大的经济效益。试想一下，在生意场的竞争中，一个员工们同心同德上下一致的企业和一个员工们钩心斗角、阳奉阴违的企业狭路相逢，谁会获胜呢？

在创业的初期，由于经营不善，李嘉诚的企业也曾出现危机。为了降低成本，他不得不大幅度裁员。虽然裁员对于大多数企业来说是很正常的事情，但是李嘉诚却感到非常愧疚，因为这些员工离开工厂，也就意味着暂时失去了生活来源。

李嘉诚带着愧疚向被辞退的员工和他们的家属表示了歉意，并表示等到危机过后，一定让大家继续回来工作，当工厂的经济效益好转后，李嘉诚诚挚地邀请以前被辞退的员工们回来工作，而这些相继返回的员工，也以更加努力的工作姿态来回报他。

近年来李嘉诚逐渐把投资方向转为地产和股票。但是他仍然保留着创业之初的塑料花厂。尽管这时的塑料花已经过时，保留这个厂子完全是一宗赔本买卖。对于外人的疑问，李嘉诚给出这样的答案：“一家企业就像一个家庭，他们是企业的功臣，理应得到这样的待遇。现在他们老了。作为晚一辈，就该负起照顾他们的义务。”对于李嘉诚的这种说法，长实的员工也予以了肯定。他们说：“长江大厦出租后，塑料花厂停工了。不过，老员工亦被安排在大厦里干管理事宜。对老员工，他是很念旧的。”

对于患病和离职的员工，李嘉诚同样十分关心。当他们遇到困难，李嘉诚总是第一时间伸出援手。有一个跟随了李嘉诚十多年的会计因为患了青光眼，不得不选择病退，此时公司规定限度的医疗费用已经被他全部用光，这让他感到压力倍增。李嘉诚知道这件事后，对他说："首先，我会再支持你去看病，另外不知道你太太的工作是否稳定，如果不稳定的话，可以来这里工作，我可以担保她一份稳定的工作。你太太有一个稳定的工作，你就不用担心收入和生活了。"

后来这位会计接受医生的建议，到新西兰进行治疗，李嘉诚仍然十分关心他，每当看到报纸上有治疗青光眼的文章，就会让秘书剪下来给那位会计邮寄过去，以便对他有所帮助，这让那个会计的一家都非常感激。

每当公司有员工离职时，李嘉诚总是十分愧疚地说："公司有员工辞职，是因为我们做得不够好，没能给员工充分的施展空间，希望他们都能找到一份更好的工作。"只要有时间，他一定会亲自为离职的员工举行饯别酒会，并对他们说："公司的大门永远为你们开着，只要在外面做得不开心，随时都可以回来。"

李嘉诚之所以能够叱咤商场几十年而经久不衰，与其对人才常怀仁爱之心有着巨大的关系，这也是企业做大、做强的根本。

● 李嘉诚智慧

美国著名成功学家戴尔·卡耐基在其著作《关爱人》中写道："一个能够从细微处体谅和善待他人的人，一定是一个与人为善的人，必定有很好的人缘关系，这种人缘关系就是他成功的基石。"同样，管理者要想赢取民心，就必须做到以人为本，作为管理者，只有凭着一颗仁爱之心，处处为员工着想，知道他们的困难所在，并及时予以解决，才能促使他们真正发挥自己最大的作用和能力，最大化地促进企业的发展。

国内一家调研机构曾向员工提出过这样一个问题：你最喜欢什么样的上级？大多数员工都提到一点，那就是要求上级有仁爱之心。

然而，我们经常看到的却是一些企业管理者奉行"强权即公理"的管理模式。在他们那种冷漠的强权管理下，员工们的逆反情绪变得越来越强烈，最终会使他们失去民心。

李嘉诚曾说："人才取之不尽，用之不竭。你对人好，人家对你好是很自然的，世界上任何人也都可以成为你的核心人物。"充满爱心的管理者必然有很强的人格魅力，并直接影响企业的经营运作和企业的文化氛围。在爱心的包容下，企业管理层和被管理层的关系会变得融洽和协调，其制度才会被职工自觉地维护和遵守，而上下也会齐心协力地推动企业长足向前发展。

在沃尔玛，创始人山姆·沃尔顿会把所有的上下级员工都当合伙人来看待，和他们共存亡、同利益。在山姆·沃尔顿看来，沃尔玛最大的财富不是它的资本，而是沃尔玛的所有员工。他曾经说，沃尔玛的业务75%是在于人力方面的，是所有沃尔玛非凡员工肩负的关心顾客的使命。所以，他采取了一系列措施来保障员工的权益，例如鼓励员工入股，允诺他们优惠的股份和他们离休后的待遇等，同时山姆·沃尔顿还会经常与员工进行交流，满足他们的合理需求。有一次山姆·沃尔顿结束工作回家，尽管已经是凌晨，但是当他经过沃尔玛的一个发货中心时，还是停下来和一些刚从装卸码头上回来的员工聊了一会儿，了解了他们的需要。事后为员工改善了沐浴设施，这让所有员工都十分感动。

沃尔玛这种尊敬员工、善待员工的企业文化理念，极大地激发了员工的进取心和创造性。他们为降低公司经营成本出谋划策，为商店的货品设计别出心裁的陈列，经常举办一些灵活多变的促销活动，在吸引了顾客的同时，也提高了沃尔玛的整体收益。

“互联网教父”马云也曾说：“当员工达到 100 人时，我必须站在员工的最前面，身先士卒，发号施令；当员工增至 1000 人时，我必须站在员工的中间，恳求员工鼎力相助；当员工达到 10000 人时，我只有站在员工的后面，心存感激即可；如果员工增到 50000 甚至 100000 人时，除了心存感激，还必须双手合十，以拜佛的虔诚之心来领导他们。”

很多企业的管理者不明白留住人心的重要性，认为只要拿出高薪厚职，为员工提供好的办公环境、丰厚的工资，就可以令员工死心塌地地为自己工作。其实这种想法是错误的。高薪厚职和好的办公条件可能能够留员工一时，却未必能够长久。

因为人都是感情动物，想要真正留住员工，就要留住他们的心，拉近与员工的距离，抓住他们的心。一个得人心的管理者，就算别人出再高的薪水，提供再高的职位给他的员工，他的员工也不会轻易跳槽。相反，一个不得人心的管理者，就算没人挖他的员工，他的员工也会离开公司。

重视与员工沟通，聆听到沉默的声音

● 李嘉诚案例

美国著名学者约翰·奈斯比特说过：“未来竞争将是管理的竞争，竞争的焦点在于每个社会组织内部成员之间及其与外部组织的有效沟通。”

而日本著名企业家松下幸之助也有一句名言："伟大的事业需要一颗真诚的心与人沟通。"由此可见，一个企业的管理者能否做到与员工互动沟通，对企业的发展会起到至关重要的决定作用。

李嘉诚从白手起家到创造属于自己的财富神话，其中自然离不开他在投资方面独到的眼光和准确的判断，也离不开他知人善用，建立精英团队来为公司效力，而其对与员工时常沟通的重视也是不可忽视的一个重要原因。

李嘉诚认为，良好的沟通管理可以让领导与下属同心协力，大家都能够言行一致，创造出企业的竞争优势与营业绩效。反之，沟通不良的企业，往往内部信息混乱、员工士气低落，并进一步影响公司的整体表现和绩效。优秀的企业管理者知道，创造一个开放、合作、信任，重视与全体员工分享信息的工作环境不仅可以留住杰出的员工，还可以吸引更多优秀的员工加入。

洪小莲曾经做过李嘉诚的秘书。在回忆过往经历的时候，她说："如果当年我的老板不是李先生，就没有今日的我。"

那时的洪小莲只是负责每天为李嘉诚收发文件、接打电话，工作内容非常无聊，为了消遣，她总是利用午饭时间关注报纸上的娱乐新闻。有一天李嘉诚回办公室，恰好看到洪小莲在看娱乐新闻，就对她说："你看这些东西是没有用处的，非常浪费时间。"洪小莲心不在焉地应付了几句。等李嘉诚走后，她心里说："我浪费的是我自己的时间，又不是你的，关你什么事？"

但是从那以后，李嘉诚一有空闲时间就找洪小莲进行沟通，对公司和社会上的一些事情和她交流看法，并鼓励洪小莲利用业余时间多学点知识，不断提升自己。随着不断的沟通，洪小莲也从最开始的抵触变得慢慢接受，于是开始利用下班后的时间进修，最终从一名普通的打工者，变成李嘉诚地产王国的高管，而她也被立为香港打工族的传奇典范。

● 李嘉诚智慧

管理是一门高深的艺术，也是一项非常困难的工作，而沟通更是一个管理者所面临的艰巨任务，很多管理者平时习惯于发号施令，而缺乏与员工的沟通，这就弱化了员工的向心力。一个优秀的团队必然会是一个沟通良好、协调一致的团队，因为团队如果缺乏沟通，队员们就不会达成共识；没有共识，团队成员就会站在不同的立场、为着不同的目的行动，从而影响团队的整体发挥。

相传在古代，人类的祖先讲的是同一种语言，因为语言相通，所以大家都生活在一起，他们找到一块肥沃的土地，在那里定居，形成了繁华的巴比伦城。随着日子越过越好，人们开始为他们所创建的功绩而沾沾自喜，于是决定建造一座高塔，来传颂他们的业绩。

很快，这座高塔就修建得高耸入云，这让上帝感到十分恐慌，因为他绝对不会允许人类达到自己的高度。他经过仔细观察，发现人类之所以强大，是因为他们使用同一种语言，沟通起来十分方便，于是，上帝施展法术，让世界上的语言发生混乱，导致人类之间的语言不再相通。很快，人类就因为大家都说着不同的语言而无法沟通，思想上自然也就不能统一。于是就产生了误解，随之而来的就是战争，高塔的修建自然也就半途而废。

虽然这是一个寓言故事，但是其中的寓意十分深刻，那就是沟通在团队合作中能够起到非常重要的作用，人与人之间的理解与支持关键在于沟通，沟通能够带来理解，理解才能促进合作。而沟通不良会给企业带来许多无法避免的问题，向心力不够使效率下降，品质与服务不佳使成本增加，最终造成的损失还是由企业来买单。

日本著名企业家松下幸之助也非常善于与员工沟通。他经常会问下属对一件事情的看法，并和下属交流经验。一些好的想法，松下幸之助会拿笔记在本子上。同时，他还经常到工厂去转转，一方面便于发现问题，另一方面有利于听取一线工人的意见和建议。当工人向松下幸之助发表自己的见解时，他总是能够认真倾听，并不时地与其交换意见。在松下幸之助的脑海中，从没有“人微言轻”的观念。他认为，只有主动与员工进行沟通，第一时间解决他们所面临的难题，才能真正地管理好企业。

在微软，比尔·盖茨会定期召开“头脑风暴”式的讨论会议，让公司每个产品和技术部门向他做技术汇报。通过这样的沟通，不但能让比尔·盖茨得到一些有价值的信息，同时每个产品和技术部门在准备报告的过程中也都受益匪浅。

美国前总统里根被人们誉为“伟大的沟通者”，这绝对不是徒有虚名。在里根数十年的政治生涯中，他已经深刻体会到与民众沟通的重要性。即使在担任总统期间，他也经常保持阅读选民来信的习惯，并挑出一些信件，利用晚上的时间在家里回复。

克林顿常常利用电讯与民众进行面对面交谈，这样做的目的也是想让选民们了解自己的一些想法，而他也能够了解选民的想法。即使他无法解决所有人提出的问题，但是克林顿总统亲自现身，聆听、抒发他自己的想法，本身就具有沟通的意义。

其实，里根和克林顿的做法并不是什么创新之举。在100多年前，林肯就采取了类似的做法。在当时，美国公民能够直接向总统请愿，而林肯在收到公民的信件后，经常会亲自回复请愿者。

美国的这三位总统之所以这么做，是因为他们明白，了解民意是自己作为总统的首要职责，而他们也都很愿意亲自去接触民情，与民众进行沟通。

沟通是每个人都要面临的问题，也是每个人都应该学习的课程。作为一个管理者，只有通过良好的沟通，才能拉近自己与下属之间的距离，增进双方交流，从而真正创建一个理解互信、高效运作的团队。

学会允许员工犯错

● 李嘉诚案例

作为一个管理者，应该有宽容之心，能够包容下属的过失性错误。因为人的思维有限，有些时候会考虑不周，产生过失也在所难免。如果一个管理者没有一颗包容的心，在员工犯错之后，不是将他降职使用，就是开除了事，时间长了，必然会埋没贤才，而这样的领导者也必然会成为孤家寡人，没有什么人愿意追随了。只有能够包容下属过失的管理者，才能赢得下属的追随和拥戴。

李嘉诚年少时曾在钟表公司打工。有一次趁师傅不在，勤奋好学的他自己动手修理手表，结果一不小心摔坏了手表。师傅知道这件事情后，没有责骂李嘉诚，只是告诫他下次不要再犯同样的错误，然后师傅主动承担了责任，赔偿了损失。这件事对李嘉诚产生了很大的触动。

早年的经历和多年的经商经验让李嘉诚深知，经营企业绝非易事，犯错是时常有的事。对于公司里那些犯错的员工，李嘉诚在命令其改正的同时，也会带头检讨，将责任揽在自己身上，尽量不给部下留下失败的阴影。在长实公司，越是被李嘉诚重用的员工，所挨的批评也就越多。但是被李嘉诚批评后，这些员工并不会被扫地出门，也不会受到严厉的责罚，而是会得到改正的机会。李嘉诚认为，谁都不会希望自己经常犯错，只有经历过失误，并且能够从中学会新的东西，以后才不会在同样的路上摔倒第二次，企业为员工的错误埋单也就值得了。正如李嘉诚预想的那样，经过了这样的锤炼，那些犯错的员工果然大多会有所作为。

一次，李嘉诚公司里的一个年轻经理去与外商谈判。由于外商的态度蛮横，不仅对这位经理颐指气使，还对合同指手画脚，提出了许多无理的要求。这位经理一忍再忍，最终因为忍受不了外商的咄咄逼人，而和他大吵了一架，两个人不欢而散，合同自然也没有谈成。

李嘉诚知道这件事后，叫人把这位经理叫到自己的办公室。这位经理心想：“损失掉这么大一笔生意，肯定会被老板骂一顿，开除自己也是理所当然的。”当他战战兢兢地站在李嘉诚面前时，李嘉诚却没有责骂他，而是和他讲了许多在谈判时应该注意的细节和技巧，并说自己已经和那位外商沟通过了，对方承认是自己有错在先，愿意就合同的条款重新谈判。因为这位年轻的经理已经和那位外商打过交道，对于具体事务比较了解，所以还是由他去谈判。这次，年轻的经理吸取上次的教训，把合同签了回来。

对于员工的犯错，李嘉诚始终是持包容的态度，他认为一个人会犯错误，就意味着他不是一个循规蹈矩、安于现状的人，而是一个具备开拓创新、积极进取精神的人。身为这种员工的领导者，就应该给予他们更多的支持，鼓励他们从失败的阴影中走出来。

● 李嘉诚智慧

在中国，大多数企业都只是激励成功，而不包容失败。其实，对于员工来说，管理者在其失败时向他伸出的一只手，比在他成功时管理者用两只手拍出的掌声，更容易让他感动。

有一次，楚庄王设酒宴款待群臣，有一个臣子在平时就十分欣赏王妃的美貌，在这次宴会上，王妃恰恰坐在自己身边，因此这个臣子心中暗喜，想要寻找机会逗逗王妃。

正所谓天遂人愿。在饮酒的过程中，突然一阵大风刮来，吹灭了宴会厅的蜡烛，室内顿时变得一片漆黑，这时那个臣子趁机用手拉扯王妃的衣袖。王妃被调戏后十分生气，机智的她扯下了那个臣子的帽缨，并悄悄告诉了楚庄王。

出乎意料的是，楚庄王不仅没有大发雷霆，让人尽快点燃蜡烛进行查看，反而下令让所有臣子在蜡烛没有点燃之前，把自己的帽缨摘下来扔在地上。

群臣照办后，楚庄王才命人点燃蜡烛，而那个调戏王妃的臣子也因此逃过一劫。

后来在一次战役中，这个臣子表现得勇猛异常，不仅杀敌无数，还救了楚庄王的性命。

其实，对于管理者来说，容许员工犯错是非常重要的，这不仅是领导者处理好与下属关系不可缺少的品质，而且也能够给企业带来诸多好处。

索尼的创始人盛田昭夫是一名优秀的企业家。他之所以能够把一个最初只有十几个人的小公司发展成为世界五百强企业，就在于他和李嘉诚一样，能够包容员工的错误，给员工改正的机会。

索尼公司尊重每一位员工。难免会有些员工犯一些错误，公司的观点是，只要能知错即改，引以为戒，那就还有可取余地。公司创始人盛田昭夫曾经说过："放手去做好认为对的事，即使你犯了错，也可以从中得到经验教训，不再犯同样的错误。"

曾有一次，索尼公司属下一家公司的总经理对盛田昭夫抱怨说，公司里有时会出点差错，但又找不出该负责任的员工。

听了这名总经理的话，盛田昭夫认为没有必要找出担责任的员工。因为就算找到担责的人，如果这名员工因犯错误而被剥夺升迁机会，也许就会从此一蹶不振，更别说为公司做更大的贡献。即使你把他开除了也于事无补，还得另外找一位熟悉情况的员工接替他。所以只要找出犯错误的原因，让所有员工都能够吸取教训，避免第二次犯错即可。

美国通用电气公司的一位部门经理，由于一次失误，使公司损失了几百万美元。事情发生后，很多人都认为这个经理会被开除，这个经理也感觉自己没有脸面再待在公司，所以找到杰克·韦尔奇提出辞职，但是杰克·韦尔奇只是平淡地说了一句："你走了，这几百万学费不是白交了？"从那以后，这位经理在工作中勤勤恳恳，为公司创造了巨大的经济效益。

其实，在美国也有很多大公司的管理者不仅能够容忍员工的错误，给其改正的机会，还会鼓励员工犯一些"合理性的错误"。那么，"合理性的错误"指的又是怎样的错误呢？这主要是指在工作中，特别是在竞争激烈的"经济战"中，对于要承担一定风险的经营决策，敢于开拓进取，勇于承担风险者，或因为对手实力太强、自身条件不足，或因为合作伙伴配合不好、不守信用而产生的错误和问题。而对于那些因为消极怠工、蛮横胡来而产生的错误，公司是绝对不会容忍的。

古人云："人非圣贤，孰能无过。"每一个管理人员都是从普通员工成长起来的，也都是从错误中吸取经验教训而逐渐成熟的。如果管理者不给员工犯错的机会，总是想着一手牵着走，或是沉溺于批评、抱怨当中，不管什么铁也注定成不了钢。领导者对于下属的非原则性错误，不要穷追猛打。在批评时以一种宽容的心态去教育人，而不是以一种近乎刻薄的方式去挖苦打击人，只有这样，才能赢得下属的拥戴，推动企业的发展。

作为一个管理者应当做到少说话、多倾听

● 李嘉诚案例

在古希腊流传着一句非常有哲理的话："上帝对每一个人都很公平，他赐予我们的都是一条舌头、两只耳朵，所以我们从别人那儿听到的话，可能比我们说出的话多两倍。"这句话告诉我们在日常生活中，应该做到少说话、多倾听，作为一个管理者，更应该做到这一点，学会倾听，积极采纳他人正确的意见，是一个优秀管理者所具备的重要素养。

作为一个成功的管理者，李嘉诚十分注意广开言路，非常善于吸收和听取别人的意见。他认为，要成为一个成功的领导者，不单要努力，更要听取别人的意见。李嘉诚曾说："决定大事的时候，我就算100%清楚，我

也一样召集一些人，汇合各人的资讯一起研究。因为始终应该集思广益，排除百密一疏的可能。这样，当我得到他们的意见后，看错的机会就微乎其微。这样，当各人意见都差不多的时候，那就绝少有出错的机会了。”

随着生意越做越大，李嘉诚身上的担子也越来越重。光靠他一个人的智慧，肯定不能管理好这么大的集团，因此他一直强调集思广益的重要性。在李嘉诚的身边，有一个智囊团，里边有各式各样的人，但是他们无疑都是精英中的精英，公司的每一项决策，李嘉诚都会召集智囊团进行商议，然后再做出决定。

在一次采访中，有记者问到李嘉诚当别人和自己意见不合时，他是如何处理的。李嘉诚是这样回答的："你自己应该知识面广，同时一定要虚心，听听专家的意见。我常常是这样，假如一个项目我认为是不好的话，我还是非常虚心地听。有的时候，可能90%是你认为不好的，但他讲的10%是你不知道的，那么这个10%可能就是成败的关键。”

李嘉诚不仅善于倾听内部员工的意见，对于外人的意见，他也能够虚心接受。

李嘉诚发售位于新界的别墅楼盘时，香港《明报》旗下的广告公司是其代理。有一次，广告公司派人到现场进行考察，发现别墅已经全部建好，只是周边的道路还没有修好。当时正下着小雨，导致道路非常泥泞，广告公司的人没走多久，鞋子、裤脚上就沾满了泥土。于是见到李嘉诚后，广告公司的人建议李嘉诚最好能把周边的路修好，然后再对外发售。

听完对方的意见后，李嘉诚说："你的建议非常好，我马上吩咐人去落实。”很快，别墅周边的道路被修好了，而且四周还种满了郁郁葱葱的树木，结果发售情况非常好。从那以后，每当李嘉诚再建高档别墅，都会首先把周围的环境治理好。

李嘉诚的所作所为，正体现了一个成功管理者的智慧。成功的管理者不会一味地显露自己的才华，而是善于倾听别人的意见，借别人的智慧来赚钱。

● 李嘉诚智慧

孔子曾经说过：“三人行，必有我师。”每个人的身上都有可以借鉴学习的地方，一个成功的管理者只有善于倾听，善于运用大家的智慧，博览众家之长，才不至于因为目光短浅而做出盲目的举动。尤其在现代企业管理界，很多优秀的管理者都会认真听取员工对工作的看法，积极采纳员工提出的合理建议。

1880 年，柯达公司创始人乔治·伊士曼经过多年的研究，终于成功研制出一种新的感光乳剂。随后，在其他人的资助下，他又经过 6 年的时间研制出卷式感光胶卷，即“伊士曼”胶卷。伊士曼的一系列发明，为他赢得了可观的财富，于是他顺利地成立了“伊士曼—柯达”公司，专门生产照相器材。

在成立之初，伊士曼很重视听取员工的意见，认为公司的许多设想和问题，都可以从员工的意见中得到反馈或解答。为了收集员工的意见，他设立了建议箱，公司中的任何人都可以把公司中某一环节或全面的战略性改进意见写下来，投入建议箱。公司指定专职人员负责处理这些建议。被采纳的建议如果可以替公司省钱，公司将提取前两年节省金额的 15%作为奖金；如果可以引发一种新产品上市，奖金是第一年销售额的 3%；如果未被采纳，也会收到公司的书面解释函。

这项制度从1898年开始实行，一直沿用到现在。从设立建议箱的那天开始，公司就一直不断地收到建议，一共采纳员工所提的70多万个建议，付出奖金达2000万美元。公司由于采纳员工建议而节省了1850万美元的资金，减少了大量耗财费力的文牍工作，更新了庞大的设备，并且堵塞了无数的工作漏洞，为公司避免了许多损失。

俗话说："兼听则明，偏信则暗。"一个管理者只有虚怀若谷，能够倾听采纳各方面不同的意见，才能全面客观地了解事物，做出正确的决策，带动企业向前发展，而那些一听到反对意见就大皱眉头，甚至对提出意见的员工打击报复的领导者，势必会人心背离，失去下属的信赖和拥戴，企业发展也就无从谈及。

在沃尔玛的经理例会上，与会者通常是那些经常为公司经营策略动脑筋并能提出好建议的员工。在会上，他们能够充分表达自己的意见，而这些意见往往会带动公司向前发展。在微软，也一直流行着开放式沟通，微软要求所有员工在任何沟通场合里都能敞开心扉，完整地表达自己的观点。例如，当互联网产业刚起步时，很多微软的领导者，甚至包括创始人比尔·盖茨在内都不看好它，不打算投入太多精力研究。但是，有两位刚加入微软的技术人员不断就此提出自己的意见，最终促使比尔·盖茨下决心改变公司方向，全面支持互联网技术，并且收获颇丰。

卡耐基曾经说过，敌人的意见比我们的意见更接近事实，一个人要想有所成就，就必须善于接受别人的意见，尤其是一些批评意见。善于听取不同意见的管理者，不仅有利于其进行决策与管理，而且还可以赢得下属的尊重和信任，提高员工的忠诚度。所以，如果你想要做一名人人拥戴的管理者，就学会听取他人的意见吧。

领导全心投入热忱是最大的鼓舞

● 李嘉诚案例

李嘉诚曾说：“领导全心协力投入热忱，是企业最大的鼓动力。与员工互动沟通，对同事尊重，才可以建立团队精神。人才难求，对具备创意、胆识及谨慎态度的同事，应给予良好的报酬和显示明确的前途。”一个优秀的管理者，不仅要通过高薪厚酬来留住人才，还应该给予人才必要的培训，增强其对前途的信心和对企业的归属感。

在李嘉诚旗下的企业中，每一名员工都会有一个向上发展的平台，李嘉诚制定了若干用人措施，并注意给每个人提供提升的机会，他经常对别人说：“人才招揽进来就是为了发挥他们的才干，如果放在一边不用，就像食物放久了会发霉一样。”因此，只要员工的能力突出，李嘉诚就会加以重用，确保他们能够在公司中担任管理职务。

同时，为了培养员工的业务能力，李嘉诚经常会从公司选拔一批业务骨干，把他们送到国外去学习。公司不仅负责他们全部的开销，而且在学习期间，他们的薪水照发不误。这让每一个被李嘉诚送到海外学习的员工都心怀感激。他们都说：“李先生对待我们就像一家人，是我们的衣食父母，我们能不加倍努力报答他吗？”而这些受到良好培训的人才即使因为一些原因离开公司，也会成为其他公司争相抢夺的对象，独自支撑起一片天。

在企业发展过程中，李嘉诚还给予员工以低价购入长实系股票的机会，让下属分享公司的利益，从而增强团队的凝聚力和向心力。曾经在香港税务局公布的2000年到2001年度的头10名“打工皇帝”所缴纳的薪俸税款中，李嘉诚爱将霍建宁以一年赚2亿多港元的薪酬成为香港赚钱最多的“打工皇上皇”。而李嘉诚旗下企业中的另外两名高层胡周慕芳和陆法也在10名“打工皇帝”中榜上有名。

李嘉诚曾说：“长江实业能扩展到今天的规模，要归功于属下同人的鼎力合作和支持。”因此他十分注重“人有所值”，并且“厚待人才”。这也让李嘉诚受到很多员工的爱戴，很多员工甚至以在李嘉诚旗下企业工作而感到荣幸。

● 李嘉诚智慧

在现代企业中，企业的发展离不开员工，而员工的发展同样也离不开企业，为员工提供良好的物质保障，并为其提供一个展示自己才华的舞台，增强其归属感，使其真正融入到团队中，企业才能有希望和未来。

同李嘉诚一样，马云也十分重视员工的培训，通过培训提升员工自身能力，让其对前途有着光明的憧憬。对于被聘用的员工，马云采取的是“请进来，送出去”的策略。所谓的“请进来”，就是吸纳优秀的人才进入阿里巴巴工作，所谓的“送出去”，就是指阿里巴巴会经常与国内外的一些高校合作，把员工送出去学习。为了实现这一策略，马云采取刚性的制度并投入大量的资金来实现这一目标。从公司成立之初，阿里巴巴就投入了大量的“原始资金”，在2001年互联网产业集体“过冬”的萧条时期，阿里巴巴甚至还投入100万元作为员工的培训资金。

马云之所以如此重视培训，是因为他知道，在知识经济时代，学习是最好的投资，培训是最大的福利。在阿里巴巴，每一位新入职的员工都要参加为期两周的企业文化方面的培训，无论你是普通员工还是高管，都不能缺席。通过培训能够帮助新员工迅速了解阿里巴巴的历史、现状、价值观等，培训期间学员们一起上课、拓展、游戏，从而增强他们的团队合作意识。在培训期间，只要马云身在杭州，他就一定会亲自给新人们上课。

除此之外，阿里巴巴还针对不同岗位、职位的员工设有“百年诚信”“百年大计”“阿里夜校”“阿里课堂”等培训项目，提升不同员工的业务能力。在这种“荷枪实弹”的培训下，阿里巴巴的员工快速地成长起来，阿里巴巴也日益变得强大。在阿里巴巴，一个普通的前台接待员，经过一番锻炼之后会被提拔为客服总监，宾馆的大堂经理。如果被认定为能力出众，就会被任命为副总经理……这样破格提拔的例子比比皆是。

马云曾说：“员工在阿里巴巴工作了三年，相当于公费读了三年的研究生。我希望每个在阿里巴巴待过的人，都植入阿里巴巴的DNA，将来即使离开公司也是个优秀的人才，将阿里巴巴的DNA复制并传播出去，为曾经身为阿里人而自豪。”

同时，马云也一直秉承着“只有分享，才能共赢”这一管理理念。作为一个成功的企业家，马云一直认为，在一个成熟的企业里，员工们不仅需要精神上的鼓励，更需要物质上的支持。马云曾说：“一个人捡了块大黄金，你把它藏在家里，所有人都惦记你那块黄金，这是不安全的。如果你把这个黄金打碎了送给大家，每个人有一块，你自己可以稍微留得大一点儿，就没问题，大家都愿意来帮你。企业家就应该有这样的格局才能做大。”正是基于此，马云始终相信“财散人聚，财聚人散”这一理论。

早在创业时，马云就将阿里巴巴的股份拿出来分散给创业团队的每个成员。后来随着公司逐渐做大做强，获得阿里巴巴股份的人越来越多。在阿里巴巴，创始人有股权，老员工有股权，空降的高管有股权……2007

年，阿里巴巴在香港举行的全球路演上公布了招股说明书初稿，显示目前阿里巴巴持股的4900名员工包括董事在内，共持有合计4.435亿股股份，平均每名员工持股9.05万股，以阿里巴巴目前的认购情况，市值可突破百亿美元，因此将产生近千个百万富翁。而与此对应的是，马云个人持股比例还不到5%，这出乎了很多人的预料，也让更多的人更加敬佩马云。

强烈的归属感是一个公司长盛不衰的内在动力。毫无疑问，马云的种种做法使员工感到自己成为企业真正的主人，从而对企业产生归属感，因为从被动的“为人打工”转变为“为自己打工”，员工也会更加热情地工作，从而使企业获得源源不断的生命力。

第五章

公司不是靠一个人，而是靠整个组织

（团队理念）

大多数人都会有部分的长处，部分的短处，好像大象食量以斗计，蚂蚁一小勺便足够。各尽所能，各得所需，以量才而用为原则。这就是说，一个公司需要员工共同努力，才能完成发展公司的大业。就如在战场，每个战斗单位都有其作用，而主帅未必对每一种武器的操作比士兵纯熟，但最重要的是首领亦非常清楚每种武器及每个部队所能发挥的作用。统帅只有明白整个局面，才能做出出色的统筹并指挥下属，使他们充分发挥长处以及取得最好的效果。

——李嘉诚

摆脱平庸管理，摆脱人才困境

李嘉诚案例

在管理学中，有一条著名的定理——“没有平庸的人，只有平庸的管理”。能够把每一个员工放在适合的岗位上，让他们发挥自身最大的潜能，实现人力资源的有效利用，是一名管理者的领导能力和驾驭能力的高度体现。在这方面，李嘉诚有着自己独特的方法。

在企业创业之初，李嘉诚非常需要那些能够忠心耿耿、埋头苦干的人才，而李嘉诚自己也能够身先士卒，在工厂里经常不分昼夜地设计图纸、生产制品，甚至还带着产品走街串巷地推销，为员工们做榜样。

来自上海的盛颂声和来自潮州的周千和从李嘉诚创业之初，就一直跟随在他的身边，可谓兢兢业业、劳苦功高，算得上是公司的元老。

回忆起当初的艰辛，周千和说道：“那时，大家的薪酬都不高，才百来港纸（港元）上下，条件之艰苦，不是现在的青年仔可想象的。李先生跟我们一样埋头搏命做，大家都没什么话说的。有人会讲，李先生是老板，他是为自己苦做，打工的就不是。话不可这么讲，李先生宁可自己少得利，也要照顾大家的利益，把我们当自家人。”

对于这样忠诚的一批人，李嘉诚当然十分器重，但是当他的企业发展到一定规模时，他敏锐地意识到，自己的企业开始面临“人才困境”了。建厂之初跟随着自己的这批人，文化水平普遍都很低，大多数人只有小学文化程度，这样的人自然难以担任技术管理人员。这也就导致工厂在技术管理方面人员上的奇缺。李嘉诚认为，这些曾和他一起出生入死打天下的元老虽然经验丰富，但是他们的知识结构和专业水平已经达不到目前企业发展的要求，并且他们缺乏闯劲，作风易流于保守，如果自己仅靠这样一支队伍来扩大发展，最终的结果无疑是死路一条。

李嘉诚曾说：“创业之初，忠心苦干的左右手，可以帮助富豪‘起家’，但元老重臣并不都能跟得上形势。到了某一个阶段，倘若企业家要在事业上再往前跨进一步，便难免要向外招揽人才，一方面以补元老们胸襟见识上的不足，另一方面是利用有专才的干部，推动企业进一步发展。”于是在发现问题后，李嘉诚果断面向社会进行招聘，起用了一批年轻有为的专业人员，为自己的企业注入了新鲜的血液。

对于那些老成持重、经验丰富的元老，李嘉诚也没有放弃。在进行新老交替的基础上，他制定了若干用人措施，诸如开办夜校培训在职文化水平低的员工、送有培养潜力的年轻人出国深造，并且他还以身作则，专门请了家庭教师传授知识，并自学英语。这些措施深得新老员工们的欢迎，由于都能在合适的岗位上发挥作用，也使他们更加喜欢自己的企业。

在李嘉诚庞大的商业帝国中，只要是人才，就能够在企业中有用武之地。可以说，李嘉诚在用人方面的确称得上是慧眼识才的伯乐。

李嘉诚智慧

唐太宗曾让封德彝举荐有才能的人，结果过了很久他也没有推荐人选。当唐太宗责问他的时候，他却说当今找不到杰出的人才。唐太宗因此说了这样一段话："君子用人如器，各取所长。古之致治者，岂借才于异代乎？正患己不能知，安可诬一世之人？"意思是说君子用人如用器物一样，各取它的长处。古代能治理好国家的帝王，难道是向别的朝代去借人才来用的吗？我们只是担心自己不能识人，怎么可以冤枉当今一世的人呢？

正是因为唐太宗深知"人尽其才"这一用人之道，才铸就了"贞观之治"这样的太平盛世。同样，在现代社会，"人尽其才，物尽其用"也是企业管理的一种较高的境界。在企业中，如果一个管理者能够选择适合自己企业发展的人才，并让每个人才各尽其责，发挥最大的能动作用，企业就能得到长足的发展，否则，轻则使企业发展受阻，严重的甚至会使企业分崩离析。

清朝有一位著名的军事家叫杨时斋。他认为军营中无不可用之人，并很善于把士兵放在合适的位置。耳聋的人，安排在自己身边做侍者，这样可以避免他偷听到军事机密而泄露出去；哑巴可以派他去送信，这样即使他被敌人抓住，除了信件会被搜去，敌人也无法知道更多的军情；腿脚有毛病的人，可以命令他去守护炮台，这样他就很难逃跑，能够长时间坚守阵地；眼盲的人一般听觉都非常好，可以让他担负侦察任务，在战前伏在阵前听敌军的动静。杨时斋的观点固然有夸张之嫌，但是也足以说明，在一些人眼中的短处，或许在另外一些人眼中就会变为长处，前提是他要在适合的位置上才能发挥作用。

对于一个管理者来说，不但要能吸纳人才，还要善于用人。在一个企业中，有的人适合推销，有的人适合理财，有的人适合管理，只有通过优化组合，把各种能力的人放在适合他们的土壤里，他们才能生存成长，发挥出他们的最大能动力，从而与企业获得完美双赢。

经常去寺庙的人一定知道，当我们走进庙门的时候，首先看到的是笑脸相迎的弥勒佛，在他的背后，则是黑脸的韦陀。但是相传在很久以前，弥勒佛和韦陀并不在同一座寺庙，他们分管不同的庙宇。

由于弥勒佛对谁都是笑脸相迎，所以前来上香请愿的人非常多，但是由于他心胸宽广、不拘小节、做事情大大咧咧，总是不能很好地管理自己的账目，因此自己所管理的寺庙经常入不敷出；韦陀虽然账务管理得很明白，但是由于他成天阴沉着脸，让人感觉难以接近，所以到他庙里上香的人很少，以至于香火断绝。

后来佛祖发现了这个问题，就把他们安排在同一座庙宇中，由弥勒佛在前边负责迎客，韦陀则在后边负责管理账务。两个人分工明确，各尽其责，因此整个庙宇香火旺盛，欣欣向荣。

这个故事说明了把最合适的人放在最合适的岗位上的重要性，法国著名企业家皮尔·卡丹曾经说："用人上一加一不等于二，搞不好等于零。"如果在用人中组合不当，就会失去整体优势；安排得宜，才成最佳配置。在这方面，李嘉诚以其洞明世事的眼光，使老员工得以保留，新员工得以补充，不仅化解了"人才困境"这个难题，而且将企业的发展推向一个新的高度，彰显出一个成功企业家的大智慧。

做生意不靠投机取巧，而靠一帮有才能的人

李嘉诚案例

春秋时期齐国著名政治家管仲说过："不知贤者，害霸；知贤者不用，害霸；用而不任，害霸；任而复以小人参之，害霸。"这句话概括了领导者在用人时应注意的四点，即知、用、任、信。在当今社会，这句话仍然有现实的指导意义。知人善用的前提是任人唯贤，如果一个领导者对任何外人都不信任，总是任人唯亲，那么这个企业必然不会走得长久。

李嘉诚的长实全系可谓一家庞大的"商业帝国"，而创业人李嘉诚是这个"帝国"名副其实的"君主"，但是在整个集团内部，丝毫看不出家长制作风的影子，李嘉诚也完全没有按照家族式管理方法来掌控整个"帝国"。

李嘉诚一贯秉承的是任人唯贤的原则，他经常说："唯亲是用，必损事业。"任人唯亲，是中国传统家族式管理的习惯做法，这无疑是表示对外来员工的不信任，必然会打击他们工作的积极性。20 世纪 80 年代，有很多潮州老家的侄辈亲友，向李嘉诚提出要到他的公司工作，结果都遭到李嘉诚的婉拒。在公司里，即使有李嘉诚的老乡，也没有得到他特别的照顾，所有员工都是靠实力说话。有能力，你就会得到重用和升职；没有能力，那么你就踏踏实实地做好本职工作，不要再想着擢升了。

李嘉诚曾说："在我的两个儿子加入公司之前，我的公司并没有聘用亲属的先例。我认为，亲人并不一定就是工作上的亲信。假如有一个与你长期从事相同工作的人，在你与他工作过一段时期之后，如果你发现，他

的人生方向，包括对你的感情都是正确的，同时他会认真完成每一项你交给他的重要工作，那么你便可以将这个人看作自己在工作上的亲信。反之，假如有一个具有杰出能力的人，但是你却要派出更多的人每天来看守着他，这样怎么会将自己的企业做好呢？其实，企业就像一座大厦，而忠诚就是这座大厦的支柱，尤其是那些高级行政人员。在我的公司中，无论那些行政人员是什么国籍，只要他们对公司忠诚，有归属感并且在工作上有所表现，那么经过一段时间的努力和考验之后，定能成为公司的核心人员。”

在李嘉诚组建的“智囊团”中，既有彰显出勃勃生机的年轻有为的年轻人，也有作风严谨、善于谋划分析的外国人，只要是人才，李嘉诚会毫不犹豫地将他们纳入旗下。李嘉诚曾说：“我做生意，不靠投机取巧，而靠自己的一帮有才能的人。”正因为李嘉诚唯才是举而不任人唯亲，才让他揽尽天下英才的同时又保持了团队的稳定与团结，赢得了广大股东和职员的信赖和支持，让长实集团在激烈的市场竞争中站稳了脚跟。而李嘉诚也从一个打工仔成为知名的富豪；他的企业，也从一个破烂不堪的小厂，成为庞大的跨国集团公司。

● 李嘉诚智慧

诸葛亮曾说过：“治国之道，务在举贤。”其实，治理国家和治理企业大相径庭。在人事任免问题上，作为领导者一定要光明磊落、襟怀坦荡，千万不能任人唯亲、搞小圈子，否则必然会失去大多数，而一旦失去大多数，那么失败也就是理所当然的了。

商朝末年，纣王昏庸无道，亲信小人，弄得生灵涂炭。这时，周武王起兵造反，一时间群雄呼应，在很短的时间内就灭掉了商朝，等到天下太平的时候，周武王分封功臣，姜子牙和周公因为功劳最大，所以被分到最富饶的地方，在这两个地方形成了后来的齐国和鲁国。

临行前，两个人就如何治理国家展开深谈，周公对姜子牙说："我会提拔有血缘关系的人来协助我治理国家，毕竟他们是我的宗亲，不会背叛我。"

姜子牙听了之后，微微一笑，说："像你这样治理国家，所选择的人才范围必然缩小，很难找到栋梁之材，长此以往，对国家是不利的。"

周公于是问姜子牙，他又会怎样治理齐国。姜子牙说："我必然不会任人唯亲，我将张榜挑选天下的人才，不管他出身和地位如何，只要有才能，就会得到我的重用。有他们辅助，即使百年之后，也不会为子孙后代担心。"

听了姜子牙的话，周公紧锁眉头，轻轻摇头说："你这样选拔人才，或许会找到贤能人士，但是你的子孙后代不可能都像你一样有才能。如果哪一天君弱臣强，那么就会有被篡国的危险。"

就这样，姜子牙和周公都认为自己的治国理念是正确的，谁也没有说服谁，后来，齐国任人唯贤，许多有能力的人才全都前来投奔，国力逐渐强大，到春秋时齐桓公更是成为一代霸主，号令天下。而鲁国由于任人唯亲，很多有才能的人因为得不到重用纷纷出走他国，导致国力一天天衰弱，只能靠依附其他强国才能得以苟延残喘。

在现代社会，成功的家族企业，大多数家族成员都只占有股份，而不在企业内部担任高管。高层管理人员则全部是外聘的有才华、有能力的人员，这样，企业才能更理智、更好地发展。如果一个企业管理者在进行团队建设时不能做到能者上、庸者下，那么必然会严重危害企业的发展。

说起项羽失败的原因，我们都能说出很多理由，他过于残暴，火烧了阿房宫；他过于幼稚，在鸿门宴上放走了刘邦……其实，仔细研究史料，我们不难发现，导致其最终失败的根本原因就是任人唯亲。

刘邦非常重视人才，在他的集团中，有张良、萧何、韩信等诸多人才，可谓人才济济；而在项羽的集团中，重用的是自己的亲戚项伯这样一个吃里爬外的小人。鸿门宴前，他给张良通风报信；鸿门宴上，他以剑护卫刘邦。对于没有任何才能的曹咎和司马欣，项羽也出于报恩的理由，委以重用，结果导致成皋失守，军事上陷入被动。唯一有才华的范增，也因为受到他的猜忌，负气出走。

所以说，能否做到知人善任，任人唯贤，是检验企业管理者胸怀和智慧的重要标准。聪明的管理者可以把贤人变亲人，愚蠢的管理者则会把“贤人”变“闲人”，你想成为哪种管理者？这需要你自己做出选择。

大胆起用年轻人

● 李嘉诚案例

“我劝天公重抖擞，不拘一格降人才”，这是近代著名文学家龚自珍所写的诗句，用来抒发人才难得的慨叹。在现代企业中，人才对于一个企业的成败起着至关重要的作用。如果一个企业家想要拓展事业，就必须不断招揽新的人才，大胆起用年轻人。因为只有年轻化，才能使企业有干劲、有创造力、充满活力。

在事业小有成就之后，为了能够使长实集团壮大发展，李嘉诚决定起用有才能的年轻人，为企业输入新鲜的血液。到20世纪80年代中期，李嘉诚旗下企业的管理层基本上实现了新老交替，各部门负责人，大都是30到40岁的少壮派。

在这些少壮派中，最引人注目的当属霍建宁。霍建宁毕业于香港大学，大学毕业后，他又赴美深造。1979年学成归来，被李嘉诚招至旗下，出任长实会计主任。在工作期间，霍建宁仍然没有放弃学业。他利用业余时间进修，考取了英联邦澳洲的特许会计师资格。

对于霍建宁的才学，李嘉诚是非常赏识的，1987就提升他为董事、副总经理，当时的霍建宁才35岁，如此年轻就担任香港最大集团的要职，在当时是非常罕见的。

对于那些动辄涉及数十亿资金的项目，例如长实全系的重大投资安排、股票发行、银行贷款等业务，李嘉诚都交给霍建宁策划和决策。而最终霍建宁也没有辜负李嘉诚的期望，这些项目都是赢利多、亏损少，为长实全系带来了巨大的收益，因此霍建宁也被外界媒体盛赞为一个“全身充满赚钱细胞的人”。

而与霍建宁并称为长实系“三驾马车”的周年茂和洪小莲，也是在很年轻的时候就被李嘉诚委以重任。周年茂外表看起来很像一个文弱书生，但是工作起来，却颇有大将风范，指挥若定，调度有方，因此深得李嘉诚的赏识。1985年周年茂被李嘉诚委任为长实董事副总经理时，才30出头。在这期间，周年茂负责长实全系的地产发展，具体策划、落实了茶果岭丽港、蓝田汇景花园、鸭脷洲、海怡半岛等大型住宅屋村的发展规划，深孚众望地顺利实施了李嘉诚的计划。

由秘书成长起来的长实董事洪小莲，在其全面负责长实公司楼宇销售时，也才不到40岁。她总是能够将大小事务打点得非常妥当，因此李嘉诚对她的工作能力赞不绝口。李嘉诚不拘一格，敢于重用年轻人，使长实全系充满了活力，长实集团在20世纪80年代也得以飞速发展，不断壮大。

● 李嘉诚智慧

在社会上，总能听到年轻人抱怨老板不愿接受一个没有经验的新人，使自己陷入没有经验找不到工作，找不到工作就更没有经验的怪圈中。而一些企业老总则总是怒斥年轻人的种种“罪行”，把道德的缺失、社会浮躁等问题，都归结到了年轻人身上，认为他们轻浮，不懂得如何做事。其实，企业老总和年轻人不应该互相埋怨，因为双方都有需要反思的地方。

有一家公司刚成立，很青睐应届毕业生，认为年轻人热情好学、可塑性强，因此招聘了两位应届毕业生进公司实习。

两位年轻人刚进入公司第一天，就跟老板提了要求：要求公司包食宿，住有空调的单间，每餐要四菜一汤。为了留住人才，老板答应了。可随后几天，他发现这两名学中医的年轻人竟然分辨不出药材的成色、品质，结果导致他们用高价采购了低质的原材料，加大了公司运营的成本。并且老板还发现，两个人的动手能力很差，让他们把一摞文件打印出来，再用电脑打孔装订成册，他们竟然说上大学时没学过打孔，不会做。于是，老板派一名秘书教了他们好几遍，但他们很不虚心，一边唠叨这么简单，一边漫不经心地东张西望，结果学了一天也没有学会。最终，老板不得不把两个人全开除了。

上大学时不好好学习，学校没能培养出来立即可以做事的人，而企业又不愿意做义务教员，是企业不喜爱年轻人的根本原因。但是仅仅通过一两个案例，并不能说明所有年轻人都是学习不好、动手能力差的人，对于那些专业知识过硬，基础扎实，实践能力强，具备良好职业素养的年轻人，老板们应该转变思路，给他们一个施展才华的机会。其实，对年轻人委以重任，让他们充分发挥自己的才智、热情和创造力，从某种意义上来说也是给企业一个机会，因为年轻人具有特有的思想和积极向上的朝气，会为企业带来难得的新气象，确保企业常盛、常新，不断发展。

在这一点上，马云就做得非常好，对于人才，他可谓是来者不拒。在一次校园招聘会上，阿里巴巴要招聘 50 名员工。马云对记者这样说："50 人的名额是我们人力资源部门定出来的，我还觉得太少。只要是人才，我们都要，有 200 人我也要。"

1932 年，受到美国经济大萧条影响，凯迪拉克汽车连年亏损，通用汽车公司的董事会召开会议，准备让凯迪拉克公司停产，就在董事会进行讨论的时候，凯迪拉克公司里一位名叫尼古拉斯·德雷斯塔特的年轻工程师闯进会议室，请求大家给他 10 分钟时间，让他提出一个可以在一年半内让凯迪拉克起死回生的方案。时任通用汽车总裁的阿尔弗雷德·斯隆答应了他的这个请求，当德雷斯塔特讲完他的方案后，斯隆当即决定任命他为凯迪拉克公司的主管。在德雷斯塔特的领导下，凯迪拉克最终起死回生，1934 年销量上涨到 11468 辆；1941 年，产品销量达到新高 60037 辆；1962 年，这一高利润车型的销售量接近 160 000 辆，德雷斯塔特不仅拯救了凯迪拉克公司，而且让它成为通用汽车公司的摇钱树。

在很多情况下，领导者都不会像斯隆那样刚毅果断地做出决策，他们往往重视"资历"胜于重视"能力"，总认为"姜是老的辣"，总是担心年轻人办事不牢靠，办砸了自己得担责任。确实，一个人的资历是由多年的工作积累而来的，资历高的人，一般思想成熟，比起年轻人，在技术、管理等方面经验比较丰富。但是，资历只是反映过去的工作经历，不能说明以后的发展。而且，在某些时候，一些人的资历高仅仅是因为工作时间长，其工作能力并不突出。

相对于这些人，年轻人精力充沛、吃苦耐劳。他们朝气蓬勃，最积极，最有生气，乐于学习，善于探索，勇于创新，接受信息和更新知识的能力强，对新事物最敏锐，没有保守思想。据统计，诺贝尔奖从 1901 年颁发到 1983 年，获物理学、化学、生理学和医学奖的 330 多人，其中 1/3 是 35 岁以下的年轻人。

所以说，一个优秀的企业家能够做到大胆起用年轻人，如果过分重视资历，无论什么重任都是资历高者优先，就会导致年轻有为的人才在不显眼的岗位上白白浪费青春，从而打击人才的积极性，影响其才能的发挥，降低企业的工作效率。人才长期受到压制，就会另择高枝，“以资择人”的标准也会令其他有能力者望而却步、另谋他途。如果一个企业的人才不断外流，又没有新的人才补充，就如同人体失血而没有新鲜血液补充一样，必然是缺少活力的，长此下去，就会导致企业的衰败。

中西合璧，包容人才

● 李嘉诚案例

李嘉诚十分重视在企业管理中注入中国传统儒家思想，同时也积极吸收西方的先进管理手段。他曾说：“我看过很多富有哲理的书，儒家有一部分思想可以用，但不是全部。我认为要像西方那样，有制度，比较进取，用两种方式来做，而不是全盘西化或者全盘儒家。儒家有它的好处，也有它的短处，儒家进取方面是不够的。”

正是带着这样的思想，李嘉诚在引进人才方面，能够做到不拘一格。他广泛召集世界各地的人才为自己效力，只要对公司的发展有帮助的人才，李嘉诚都会尽力地招进。在他的企业中，他不仅大胆起用年轻人，甚至连洋人也不放过。

长实集团旗下的公司分布在全球50多个国家，一共有20多万名员工，这其中就有为数众多的外国人。在李嘉诚的公司里，实行的是职业经理人制度。这些职业经理人，特别是那些外国职业经理人把西方先进的管理经验带进公司，帮助李嘉诚将公司朝更加稳固强大的方向发展。

外界有一段时间曾质疑李嘉诚雇用洋人做员工，是否带有炫耀之意？对于这样的质疑，李嘉诚予以回应说：“我并没有想过用雇用外国人来表现华人的经济实力和华人社会地位的提高，我只是想，集团的利益和工作确确实实需要他们。”

从20世纪80年代初期进军海外市场，到80年代中期，李嘉诚已经控股了数家英资企业，这让李嘉诚旗下企业中的外国人骤然增多，该如何管理他们呢？李嘉诚采取的方法是“以夷制夷”，也就是任命外国人担任主管，来管理企业中其他的外国人，由于身份的相似，不仅有利于管理者熟悉业务，也有利于他们和被管理者进行有效的沟通，同时还有利于集团开拓海外市场和进行海外投资。

李嘉诚曾说：“在我心目中，不管你是什么肤色，不管你是什么国籍，只要你对公司有贡献，忠诚、肯做事、有归属感，即有长期的打算，我就会帮他慢慢地经过一个时期而成为核心分子，这是我公司一向的政策。”

长实董事局副主席麦里思是英国人，毕业于著名的剑桥大学经济系。他是一位优秀的经济管理专家，曾任新加坡虎豹公司总裁。后来因为业务的原因，他结识李嘉诚，并最终接受邀请，加盟长实，负责长实与香港洋行及境外财团的业务往来。

在李嘉诚的洋人阵容里，英国人马世明是值得一提的。他原本效力于怡和财团，是李嘉诚的竞争对手。后来他辞职创业，开办了一家工程公司，与李嘉诚有直接的业务冲突，但是李嘉诚并没有计较这些，相反，因为欣赏马世明的学识与才干，想方设法要将其网罗到自己的旗下。为了达到目的，李嘉诚在 1984 年收购了马世明的公司，随后将其提升为和记黄埔的总经理，负责和记黄埔属下的货柜码头、电信及零售贸易等业务。不久，李嘉诚又任命马世明为嘉宏国际和港灯董事局主席。对于李嘉诚的知遇之恩和信任，马世明自然十分感激。他勤恳工作，为和黄创下许多丰功伟绩。

由此可见，李嘉诚以博大的胸怀，包容引进洋人，采取“以夷制夷”策略，可谓大获成功，硕果累累。

● 李嘉诚智慧

俗话说“宰相肚里能撑船”，在现代企业中，一个优秀的企业家必须具有容纳不同人才的胸怀，只有这样，才能推动企业快速发展，实现全球化。李嘉诚曾说：“要有同理心，能易地而处，张开心胸去体会来自世界各地不同文化、不同种族人们的所思所想，才可以超越种族、性别、年龄、文化及其他隔膜，不单要努力提升自己，更要致力于建立社会共同的尊严，否则我们在全球化的过程中要能彼此和谐相处，只是遥遥不可及的希望。”

但是，在现实生活中，很多企业家虽然非常勤奋、能力很强，但他们却不能像李嘉诚一样，做到心胸开阔。他们不能包容人才，导致人才的流失，这就为他们的企业发展带来了很大的阻碍。

张春是一家IT公司的老板，他年轻有为，短短几年时间就将公司发展得很不错。为了能够让公司拥有更好的前景，张春招聘了一批大有可为的高管。这批高管确实很能干，在他们的带动下，公司的业绩屡屡提升。

但张春此时却觉得有点担忧，他怕这些高管在熟悉了业务之后，带走自己的客户资源。他对高管中一位名叫麦克的美国人尤其不放心。麦克曾经在外企工作，能力很强，而且麦克多次表示，自己将来也是要创业的。

张春担心麦克会卷走自己的客户，每当麦克提出新的建议或者新的发展方案时，张春总是想办法打压。他希望能够压制麦克的发展势头，不让他在公司的势力过大。没过几个月，麦克就觉察出张春对自己的不满和猜忌，主动辞职了。

本来，麦克走了，张春可以松一口气，但是他发现随着麦克的辞职，公司流失了一大批刚拓展的新客户。原来这批客户是麦克拓展的海外客户，还没有发展成熟，麦克就辞职了，这批客户自然也就无人去接洽，便没能继续与公司合作。

张春的不能包容，不仅让他损失了巨大的利益，还伤害了公司员工的心。员工们会觉得自己的团队领导不够信任自己，会在公司待得没有意思。

作为企业领导，维护团队建设首先要做的就是怀有一颗包容开放的心，能够接纳不同的员工，尤其是能力超群的员工，要将这些员工的心拉到自己这里来，让他们一心一意为公司出力，而不是用猜忌和防范，将这些员工的心越赶越远。

成就事业最关键的是要有人帮助你

● 李嘉诚案例

战国时期著名思想家荀子曾说过这样一段话：“假舆马者，非利足也，而致千里；假舟楫者，非能水也，而绝江海。君子性非异也，善假于物也。”意思是说借助马匹的人，不一定是跑得快的人，却可以行千里路；借助小船的人，不一定是会游泳的人，却可以横渡江海。君子与别人不一样的地方，是擅长借助身边的事物。

荀子的这段话可谓至理名言，形象地说明了善于借用其他事物来提升自己能力的重要性，特别是在全球化迅速发展的今天，不管一个人多么有才华，能力多么强，他的智慧和才能也是会有一定局限性的，唯有借助他人的能力和智慧，取长补短，为己所用，才能收获成功。成功的企业家大多是善于借用“外脑”，把他人的智慧拿来为己所用的人，李嘉诚就是其中的一个。

在长实集团的发展过程中，李嘉诚不仅重视集团内部的人才，而且还像古代的孟尝君一样，十分重视拉拢外面的“客卿”，通过他们的出谋划策来壮大集团。李嘉诚曾说：“长江取名基于长江不择细流的道理，因为你要有这样豁达的胸襟，然后你才可以容纳细流。没有小的支流，又怎能成为长江？只有具有这样博大的胸襟，自己才不会那么骄傲，不会认为自己样样出众，承认其他人的长处，得到其他人的帮助，这便是古人说的‘有容乃大’的道理。假如今日没有那么多人为我办事，我就算有三头六臂，也没有办法应付那么多的事情，所以成就事业最关键的是要有人帮助你，乐意跟你工作，这就是我的哲学。”

在这些“客卿”中，袁天凡是一位投资奇才。他因为帮助李泽楷成功策划了盈科数码动力公司上市，因而被业界誉为“盈动军师”。袁天凡1952年出生于上海，在5岁的时候来到香港，后来于1976年毕业于芝加哥大学经济系。

大学毕业后，袁天凡回到香港，从事债券工作，在业界逐渐崭露头角，被李嘉诚发现。李嘉诚对他很欣赏，萌生了把他招揽到自己公司工作的念头。在1991年的时候，李嘉诚和荣智健等香港富豪联手收购恒昌行时，李嘉诚开始游说袁天凡出任恒昌行行政总裁。袁天凡被李嘉诚的诚意打动，答应出任行政总裁，李嘉诚给他的年薪是600万港元。但是后来因为荣智健要求向其他股东收购恒昌行其余的股份，袁天凡便愤然辞职了。他辞职之后，和老同事梁伯韬、杜辉廉创立了天丰投资公司。袁天凡占51%的股权，是大股东，还担任了董事总经理。

虽然袁天凡另起炉灶，但李嘉诚一点也不生气，反而因为爱惜袁天凡的才华，当即认购了天丰9.6%的股份，表示自己对袁天凡的支持。在1996年的时候，李泽楷想要投资高科技，但自己并不是很懂这一行，非常需要一个靠得住的专家来出谋划策。李嘉诚便想到了袁天凡，他亲自出面，邀请袁天凡帮助李泽楷。

袁天凡为人清高，但他很欣赏李嘉诚的为人，便答应出面帮助李泽楷。他公开表示：“他们（李氏父子）真的比较重视人才。如果不是李氏父子，我不会为香港任何一个家族财团做事的。”在袁天凡的策划下，李泽楷的盈科数码动力上市成功。

善于借用他人智慧的人，能够弥补自身的一些缺陷，积蓄自己的力量，等到厚积薄发的那一天，你也可以成为“超人”。

●李嘉诚智慧

钢铁大王卡内基曾经预先写好自己的墓志铭：“长眠于此地的人懂得在他的事业过程中起用比他自己更优秀的人。”在当今社会，聪明人都是通过别人的力量去达成自己的目标，借助别人的智慧解决和处理问题，而且往往能够收到事半功倍的效果。刘邦在创建西汉政权之后，曾对群臣讲起自己的成功之道，他说：“夫运筹帷幄之中，决胜千里之外，吾不如子房（张良）；镇国家，抚百姓，给饷馈，不绝粮道，吾不如萧何；连百万之众，战必胜，攻必取，吾不如韩信。三者皆人杰，吾能用之，此吾所以取天下者也。项羽有一范增而不能用，此所以为吾擒也。”

刘邦的这段话充分说明，很多成功的企业家也许在专业知识、智商等方面并不如其他人，但是他们善于借用团队成员和外人的智慧，为己所用，最终收获成功。

一个小男孩儿在院子里玩耍，看到一块大石头有些碍事，就想把它挪开，结果因为石头太重，试了几次都没有搬动。就在他准备放弃的时候，他的爸爸从屋子里走出来，鼓励他说：“加把劲，你一定会成功的。”

听了爸爸的话，小男孩儿又试了几次，依然没有搬动石头。他懊恼地对爸爸说：“这块石头太重了，我真的不能搬动它。”

父亲走到石头前，轻松地把它挪开，然后笑着对小男孩儿说：“我就在你身边，你为什么不请求我的帮助呢。”

在当今社会，很多人都想成为成功者，但是在前行的过程中，许多人都因为自身原因早早缴械投降。就像文中的小男孩儿一样，他觉得自己尽了全力，并没有看到身边的资源。放弃可以借用的头脑和智慧，恰好证明自己没有头脑和智慧。

从别人身上吸取智慧的营养补充自己，这比从别人身上获取金钱更为实惠，而对那些帮助自己的人知恩图报，则会彰显你的人格魅力。李嘉诚善于让有能力的人成为自己的“客卿”，而对于这些功臣，他也是投桃报李。为了回报杜辉廉的效力之恩，当杜辉廉与人合伙创办百富勤融资公司时，李嘉诚发动连同自己在内的 18 个商界巨头参股，为其助威。在百富勤集团成为商界小巨人后，李嘉诚等又主动摊薄所持的股份，好让杜辉廉与合伙人的持股量达到绝对的“安全”线。对于李嘉诚给予的丰厚回报，杜辉廉自然十分感激，也更加心悦诚服地充当李嘉诚的“客卿”，即使在其身兼两家上市公司主席的情况下，仍忠诚不渝地充当李嘉诚的股市高参。

第六章

做生意不是硬技术，而是软科学

（经营理念）

“好谋而成”是凡事深思熟虑，谋定而后动。“分段治事”是洞悉事物的条理，按部就班地进行。“不疾而速”，依靠着老早有很多资料，很多困难你老早已经知道。就是你没做这个事之前，你老早想到假如碰到这个问题的时候，你怎么办。由于已有充足的准备，故能胸有成竹，当机会来临时自能迅速把握，一击即中。如果你没有主意，怎么样“不疾而速”？

——李嘉诚

随时留意身边有无生意可做

李嘉诚案例

没有商机是许多创业者感到苦恼的事情，他们觉得好的机会都被别人抢先一步夺走了，自己蓄满了力量，就是无法得到发展事业的机会。这样的想法是被动的，因为生意不是等来的，而是要靠敏锐的目光去发现的。

李嘉诚曾说过："一个人能够成功，有时要看他对事物的感受能力。随时留意身边有没有生意可做，才会抓住时机把握升浪起点。着手越快越好。遇到不寻常的事发生时立即想到赚钱，这是生意人应该具备的素质。"

李嘉诚于1950年创办长江塑胶厂时，香港的塑胶厂已有300多家，长江塑胶厂不过是其中之一，并没有什么特别的竞争力。李嘉诚不甘心仅仅维持一个小厂的状态，尤其是在经营了几年之后，塑胶厂遭遇了比较大的经营危机，更加意识到要突破瓶颈。他一直在经营过程中寻求发展。

7年后，李嘉诚开始将视野由香港市场向世界范围延伸，搜集很多有关塑料产业的资料。有一天在《塑胶》杂志上遇到一个让他心动的信息：意大利的一个企业率先生产出塑料花，并大规模投入生产，准备挺进欧美市场。这家企业的眼光和雄心让李嘉诚也预感到塑料花这个行业将迎来春天，后来经过进一步的分析，确实证明了他的预感。因为，随着生活节奏的加快，人们对大自然的向往更加强烈，对于工作忙碌而无暇种养娇贵的鲜花的上班族来说塑料花不失为一个比较好的替代品。李嘉诚由此判断，塑料花的市场需求很大，所以，抢占这个商机将带来丰厚利润。

在 1957 年的春天，李嘉诚火速办好了奔赴意大利的旅游签证，亲自前往意大利考察塑料花的生产技术和流程。为了能够更加直接地接触到塑料花的生产过程，李嘉诚以工薪不及同类工人一半的待遇被招聘进了这家公司打工。李嘉诚在公司做的是勤杂工的工作，清理废品时，将塑料花的生产流程都看在了眼里、记在了心里。

每天工作结束回去后，李嘉诚就将每日观察心得记录到本子上，不但如此，他还接近某一工序的技术员，和那位技术员打好关系，探听该工序的技术要领。当李嘉诚做好准备，要离开意大利的时候，塑料花已经开始推向市场。

李嘉诚买了各种塑料花做样品。回到香港后，他不动声色地将长江塑胶厂的发展方向改为制作塑料花，并全力开拓欧美市场。

这时，一位欧洲的代理商看到了长江塑胶厂生产的产品并产生了浓厚的兴趣。李嘉诚以最快的速度和代理商妥善达成交易，这样，长江塑胶厂的产品顺利地摆到了欧美很多家商店的柜台里。1958 年，对于李嘉诚来说是个丰收年，一年内的纯利润高达 100 多万港元。从此，塑料花和李嘉诚的名字紧密地联系在了一起，被人们称为“塑料花大王”。

如果李嘉诚的目光没有打开，只盯着眼前那一点点微薄利润的生意，那他就不可能发展成日后的华人首富。李嘉诚从创业开始，就一直在认真细致地寻找机会，然后将发掘到的每一个商机都经营到最好。

● 李嘉诚智慧

罗曼·罗兰说："如果有人错过机会，多半不是机会没有到来，而是因为等待机会者没有看见机会到来，而且机会过来时，没有一伸手就抓住它。"

两个猎人前往深山打猎，看到一只酣睡的老虎。猎人甲掏出猎枪就开始瞄准，准备射杀；猎人乙却说要用弓箭去射，因为猎人甲的枪法不准。两个猎人为了争论应该用猎枪还是用弓箭耽误了时间。

老虎被他们的吵闹声打扰到，睁开了眼睛，看到这两名猎人在离自己不远的地方，便纵身离去。两名猎人看到老虎跑了，才慌忙拿起猎枪和弓箭，向老虎进攻，但可惜，老虎已经跑远了，他们白忙了一遭。

本来，在老虎酣睡之际将老虎打死，是最好的时机，但因为两个猎人没有把握住机会，所以，没有抓到老虎。人生就是这样，选择一个恰当的时候出手很重要。经常听到有人感慨：我当时真应该怎样怎样，我那时候怎么就没有怎样怎样。这些悔之晚矣的话说了也没有用，人生没有后悔药吃，有些机会一旦错过了，就抓不住了，所以，为了不让自己后悔，应该抓住机会。

正如李嘉诚曾说的那样："很多人抱怨环境不好，实际上是没有静下心来认真去找机会。中国有太多的机会，到处是金矿。中国企业家应该好好抓住这些机会。"在当今这个飞速发展的社会，想要经营好一家企业，一定要多思考，多问些"为什么"。只有勤于思考，才能在追问"为什么"

的过程中找到事物的本质规律，才能在看似渺茫的社会中，一眼发现做绝佳生意的机会。

李嘉诚不局限于做一种生意。他只要嗅到可以赢利的商机，就会着手去做，从创业开始到现在，李嘉诚是典型的“跨业大王”，他由制造业到地产业，再到港口业、电信业，最后又做零售业，涉及的行业种类繁多。虽然在每一个行业中，李嘉诚都不算是领头者，但他总能适时地超越对手，最终成为每一个行业中数一数二的人物。

比知识重要的是思维，比思维重要的是悟性。万物有法，需要用心去悟才能真正得法。经营之道也在于悟，在于对市场的灵动的悟性。观察事物的时候，一定不要主观改变其原貌，这样才能真的由现象看到本质。想要发现商机，一定不要像没头苍蝇一样乱撞，要学会思考。比如，你去咖啡店消费，不会思考的人，只会觉得“味道不错”。而懂得思考的人，会继续深究下去，询问咖啡好喝的原因，这家店的咖啡不同于别的店，其中的原因在哪儿，他们咖啡豆的选择有什么特点，是用什么煮的，煮的手法如何。如果可以的话，不妨直接和老板聊聊，学习一些煮咖啡的诀窍，然后从中琢磨出自己对咖啡的理解，加以延伸和利用。

懂得留意商机的人能够通过品一杯咖啡，开出自己的咖啡馆，而不懂得留意商机的人，就算喝一百杯咖啡，也是白喝。在这个小例子中，我们会发现懂得问“为什么”的人喝一次咖啡就获得了很多知识，这些就是其中蕴含着的商机。

在生意场中，懂得问“为什么”的人和不懂得问“为什么”的人有着很大的差异。对问题的深究会更容易抓住问题的主要原因，容易捕捉公司中存在的潜在危机，也会在与员工的相处中发现存在的问题，让自己处于主动的位置，从而掌握生意上的主动权。

立下远大目标，才有压力和动力

● 李嘉诚案例

美国著名的成功学家拿破仑·希尔曾说过：“你过去或现在的情况并不重要。你将来想获得什么成就才最重要。有了目标，内心的力量才能找到方向。”的确，当一个人树立了远大目标，他才会有压力和动力，才会去一步一个脚印地实现这些目标。始终心怀远大目标，是对自己的一种推动力，能长时间地调动你的激情，让你为实现目标而不懈努力。

李嘉诚在刚开始创业的时候，可以说是一穷二白，无论是资金还是人脉，都无法和同行们竞争，但是他却能始终坚持向着既定目标进发，永不放弃，最终带领着公司在磨炼中逐渐成长起来。

1971 年 6 月，李嘉诚宣布成立长江地产有限公司，集中大部分资金发展房地产业。在做出决定的那次会议上，李嘉诚踌躇满志地提出：要以老牌英资企业置地公司为奋斗目标，不仅要学习置地的成功经验，还要力争超过置地。

香港置地土地有限公司是香港同行业的领头军，在全球的排名也不出前三。它不仅仅经营地产，还涉及酒店餐饮、食品销售，市场已经波及亚太 14 个国家和地区。与之形成对比的是，当时长江地产仅仅拥有 35 万平方英尺的地盘物业，所以，很多人认为长江地产想超过置地公司简直是太不自量力了。事实上，李嘉诚并非做白日梦，他有着远大的目标和长远的眼光，敢声称赶超置地公司，自有他的理由和底气。

其实，李嘉诚自将目光投向地产业时就逐渐摸透了置地的底细，对于置地的成功经验和有待提高的地方了如指掌。李嘉诚认为："置地的基地在中区，中区的物业已发展到极限，不是寸金难得寸土，而是寸土尺金。长江的资金储备不足，自然还不敢到中区去拓展，但我们可以去发展前景大、地价处于较低水平的市区边缘和新兴的市镇。待资金雄厚了，再与置地正面交锋。"

李嘉诚并没有因为外界的质疑而改变目标。他曾说过："世界上任何一家大型公司，都是由小到大，从弱到强。赫赫有名的渣打爵士由英国初来香港，只是一个默默无闻的贫寒之士。他靠勤勉、精明和机遇，发展成巨富，创九仓（九龙仓）、建置地、办港灯（香港电灯公司）。我们做任何事，都应有一番雄心大志，立下远大目标，才有压力和动力。"

果不其然，长江地产在努力8年后就已经在楼宇面积上超过了置地，居于香港地产集团的第一位置。李嘉诚取胜的法宝就是规避了置地的不足，没有选择价格昂贵的土地，而是选择地广价廉的土地进行房屋建设。

李嘉诚将置地作为自己超越的目标，不惧置地公司已经发展壮大、规模成熟。他下定决心一定会超越置地，就努力去实现这个目标。置地是上市公司，那就将长江也发展为股份公司，一步一步地追赶上去，然后超越。经过几年的发展，到1979年，从拥有的楼宇物业和地盘的面积来看，李嘉诚拥有1450万平方英尺，而置地公司拥有1300万平方英尺的面积。李嘉诚最终实现了超越置地公司这一目标，成为香港名副其实的地产大王。

在一次会议上，李嘉诚问道："你开车进加油站后最想做的事情是什么？"底下众人异口同声回答："加油！"李嘉诚听了之后脸上露出失望的表情，众人又开始七嘴八舌地补充道：喝水、休息、吃东西、上厕所……李嘉诚告诉大家："开车进加油站的人，最想做的应该是早一点离开，朝着目的地继续他的旅程。"李嘉诚是想说，人做事当然有着无数的具体目的，但他们必须从属于一个远大目标。

因为一直以来，李嘉诚都有着始终不变的远大目标，他在一次又一次解决难题中不断成长，也日渐成熟自信，所以才能成就他今日辉煌的一切。如果当初李嘉诚没有胸怀大志，那么他很可能现在只是一个熟练的推销员；如果在小有成就的时候故步自封、没有继续进取，那么他很可能只是一个小厂的老板；如果他没有把目光着眼于全球，树立走向世界的目标，那么世界华人首富很可能与他无缘。一个商人到底有没有前途，取决于他的开拓意识和远大眼光。做大事者必有坚忍不拔之志，再大的困难也会输给耐心和毅力，只要能坚持不懈，很难不成功。

● 李嘉诚智慧

在犹太人中，流传着这样一句格言："希望完成自己所能的是人，希望完成自己所希望的是神。"这句格言是说，想要成就一番事业，就一定要有崇高的目标，以超越自我，取得杰出的成绩。对于企业的管理者来说，目光一定要放得长远一些，想要让企业能够长久发展，就要制定一个长远的，看似无法实现的奋斗目标，然后在压力之下产生动力，推动企业的发展。

与李嘉诚一样，马云也一直心怀远大目标。他不止一次说过："我们绝对是放眼世界的，真正做到打到全世界去。"靠着这份为了理想永不熄灭的激情，马云完成了一个又一个看似不可能完成的目标。他曾提出在2003年，保证阿里巴巴全年要赢利1亿元。当时的互联网业内，谁也不敢夸下这样的“海口”，但马云敢，他不但敢说，还敢做。当年底，这个看似不可能完成的目标被完成了。

2004 年，马云夸下了更大的“海口”，他说要实现每天赢利 100 万。当年底，这个目标又实现了。

到了 2005 年，马云说阿里巴巴每天缴纳税款要达到 100 万元。

……

时至今日，马云成功了，他成功地站到了世界的舞台上，大放光彩，阿里巴巴成为了全球人都知晓的大型企业。如果马云当初没有制定站到世界舞台的战略目标，那可能也就没有今天的阿里巴巴。

罗森沃德是一名靠服装生意起家的富豪，是美国著名零售业公司西尔斯－娄巴克的股东，同时他还是全美 20 世纪商界风云人物。

中学毕业后，由于家庭环境不好，罗森沃德不得不辍学到一家服装店做杂工，以赚钱补贴家用。工作一段时间后，罗森沃德就确立了自己的奋斗目标——当一家服装店的老板。为了实现这一目标，他在工作中留心学习和注意行业动态，并利用业余时间学习商业知识，在第一次创业失败后，他没有气馁，而是继续潜心修炼自己，一面到服装设计学校去学习，一边进行服装市场考察，特别是对世界各国时装进行专门研究。当时机成熟后，罗森沃德重整旗鼓，因为有了充足的准备，再加上他的服装设计款式多，新颖精美，很快博得了客户的欣赏，生意逐渐变得十分兴旺。两年后，罗森沃德把自己的服装加工店扩大了数十倍，最终声名鹊起。

罗森沃德的经历告诉我们，企业想要在市场中获得成功，管理者就要有大的目标。将目标当作自己奋斗的方向，并持之以恒地坚持，最终，他就一定能够收获成功。

经营企业，“知止”最重要

李嘉诚案例

每个人都有证明自己的欲望，而对于商人来说，证明自己的方式往往是把生意做大。生意做大不仅证明了自己的能力，给企业带来了利润，还会让人欲望膨胀。对于这一点，李嘉诚始终保持着一种高度的警惕。他曾说：“经营企业，‘知止’两个字最重要。我从 12 岁就开始投身社会，到 22 岁创业时已经过了 10 年非常艰苦的日子，到今天我已工作 60 多年了。在香港我看过有些人成功得容易，但是掉下去也非常快，是什么原因呢？‘知止’是非常重要的。全世界很多企业之所以失败，最少一半都是因为贪婪。”

做人要知足，做生意也要知足。俗话说，“事不过三”。如果你连续三次都获得了利润，那么第四次就不要贪心想着要赚更多，而是应该增加警惕，确保第四次不赔就是科学的做法。如若不然，反而去加大投入，以期更大的收入，这样往往会给经营埋下危机。

在生意场上，李嘉诚始终保持着清醒的头脑。他认为，做事必须有欲望才会成功，但是，欲望应该成为一种适度的动力而不能膨胀过度。从塑料花到地产，再到多元化经营，李嘉诚的公司一步步扩大，每一步扩大，李嘉诚在欢喜的同时更多的是警惕。他警惕自己不可贪心，要在稳中求胜而不可在冒进中翻船。

李嘉诚经常提醒手下：“我们已经连续三年赚钱了，如果今年还能赚钱那是我们付出了百倍的努力；可是，任何事都不可能一帆风顺，如果今年不赚钱，大家也要坦然待之，想一想，就算是赚了两年的钱，这样心里就踏实了。切不可贪心过大。”

李嘉诚的话语虽然朴实，但寓意却很深刻，包含了深刻的经济学规律。按照经济学规律，无论哪一个行业的经济曲线都会出现波动。所以，李嘉诚这样安慰员工是有大道理的。

有心的人会发现，在各大企业排行榜上，每年都有10%左右的公司被淘汰，而涌现出一批新的企业。商场如战场，在形势巨变的情况下，更是几家欢乐几家愁。

总结规律发现，那些被淘汰的企业，很多是由于盲目扩张造成的。在企业发展正兴的时候，领导人的欲望也膨胀起来，自信心和实力都被夸大，于是失去理智，见到利益就要，见到钱就想赚，甚至不惜在实力不够的情况下向规模要效益，最后往往资金链出现问题，铸成大错。

对于这一点，李嘉诚指出：“做生意要有良好的心理素质，投资时要审慎，一定要学会自制。”他还举出贪心不自制的具体危害：贪心首先会导致诚信丧失，失去合作伙伴。一个商人过于贪心时往往希望一口吃成胖子，在现实条件达不到的情况下，会不惜采用欺诈手段以牟取暴利。以次充好、以假乱真等都是目光短浅所致，短暂的赢利，却失去了原本可以长期合作的伙伴，真是得不偿失。

● 李嘉诚智慧

经营企业赚钱是一种高智商的游戏，稍有不慎便沦入陷阱，不但赚不了钱还会让自己资金周转困难。合适的发展速度是适度的投资，是对行业情况和企业自身情况熟知前提下的决策，要规模更要发展。

所以，企业的决策层一定要意识到，追求发展，但不要过分追求规模。一定要在企业能承受的范围内扩大规模，让企业每花一分钱都带来相应的利润，不然，就不要随意扩大规模，更不能急功近利，丧失了市场判断的能力。对于企业来说，能否把企业做大，并不是判断领导者能力的标准，而在外部环境十分复杂的情况下，能带着企业在稳中前进才是一种大智慧。

从前，有一对贫苦的夫妇，每天为了生活起早贪黑地忙碌，却还是难以果腹。突然有一天，丈夫发现家里养的母鸡竟然下了一颗金蛋，于是他兴奋地拿着金蛋来到市场变卖，买了一些食物回到家中和妻子大吃了一顿。

从那以后，这只母鸡每隔几天就会下一颗金蛋。凭着这些金蛋，夫妇两人的生活越过越好，他们再也不用辛勤忙碌了。

一天夜里，妻子突然对丈夫说："既然母鸡每隔几天就下一次金蛋，为什么我们不杀了它，把金蛋一次性取出来呢？"

听了妻子的话，丈夫表示非常赞同，于是他们找来一把刀，把那只母鸡杀了。但是剖开母鸡的肚皮之后，他们发现肚子里除了内脏之外，根本没有什么金蛋。等到钱都花完之后，这对夫妇又回到了从前食不果腹的状态。

在生活中，商人一定要克服贪婪的心理，不要奢求一夜暴富，否则就会像那对夫妇一样，最终得不偿失。那么怎么克服贪婪的心理呢？首先要保持冷静的头脑，克制冒险的想法。不可想着在险中取得更大的利润，为此，投资专家沃伦·巴菲特说："在别人贪婪的时候恐惧，在别人恐惧的时候贪婪。"这样企业才能在别人畏首畏尾的时候抓住机遇，在同行"头脑发热"的时候规避风险。当然，克制贪婪并不是固守在原地不发展，保持合适的发展速度对于一个企业来说是必要的，也是企业做大的重要路子。

《荀子·宥坐》中有这样的记述：孔子到鲁桓公的庙里参观的时候，看到一只倾斜的器皿，便问庙里的人这个器皿是做什么用的，那个人告诉孔子，这是君王放在座位右边警醒自己的器皿。孔子告诉弟子们，这个器皿空着的时候就会倾斜，倒入一半水便会端正，而灌满了水就会倾覆。

弟子们不相信，孔子就让他们往那个器皿里倒水。果然如孔子所言，在水灌满的时候，器皿就翻到了。弟子不明白这是何道理，孔子告诉他们："聪明圣知，守之以愚；功被天下，守之以让；勇力抚世，守之以怯；富有四海，守之以谦。此所谓挹而损之之道也。"

意思就是说高深的智慧，要用愚钝的方法来保持；功劳遍及天下，就让谦让来保持；勇武盖世，就用胆怯来保持；富裕满天下，就用节俭来保持，这是抑制并贬损自满的方法。这个器皿是为了提醒君王凡事要讲究分寸，处事有度而设的。商人们的心里也应该装有这样一个容器，在快要被利益装满容器的时候，容器就倒下来。这样就提醒了商人不要贪小利，而吃大亏。

其实，贪心不足蛇吞象，当贪心得不到满足时人会丧失理性。对于商人来说，丧失理性就等于将企业送上风口浪尖。非理性的投资会给企业带来不可扭转的危机，稍不留神，企业都有破产的可能。

经商而不沉迷于商业活动

● 李嘉诚案例

"经商而不沉迷于商业活动。"这是真正的大智慧，是有着丰富经商经历的人自在出入于商界的纯熟情感。对于成功的商场人士来说，只有赢利的生意，没有永远的生意。他们懂得物极必反、盛极必衰，任何一件事情在达到顶峰之后就会走下坡路，这时候，人就应该调整心态，接受它暂时的低迷甚至是失败，而不强求成功。

在生意场上，许多商人都坚守“不把所有鸡蛋放在一只篮子里”这一原则。之所以不要把所有的鸡蛋放在一只篮子里，是因为这样做风险很大。如果篮子被打翻了，那么鸡蛋就会全部碎掉，最终一无所有。做企业也是这个道理，如果经营单一化，那么一旦这一行业遭遇巨大的冲击，企业就会在狂风暴雨前轰然倒下，最终满盘皆输。

李嘉诚也十分认同这一原则，因此他倡导企业多元化经营。这样在市场不景气的时候，经营多种业务，还可以分摊风险，共渡难关。

在从事了多年制造业、地产业之后，从2000年开始，李嘉诚开始扩展了业务范围，不再仅仅局限在塑料花和地产业，而是进军到了IT行业。李嘉诚突围出传统的行业，并一举成功的典型事例是1999年，成功抛售英国电读Qrange 49%的股权，获得了220亿美元的高额利润。李嘉诚“低买高卖”的手法运用得极其熟练。他一般选择在市场低迷时投资购买，过了低迷期就高价抛售，赚的是这一高一低之间的差价。

李嘉诚从1999年开始就高度关注全球电信业，寻找新的发财契机。而李嘉诚抛售的英国电读Qrange第二代电话业务，到第三代时总成本要低于140亿美元，而李嘉诚则卖到了317亿美元。

李嘉诚非常看重企业家的思维，他说企业家要懂得何事该为何事不该为，何事可行何事不可行。2000年上半年，李嘉诚做出了很多人认为荒唐的事，就是在第三代电话业务发展态势正好的时候退出了德国、瑞士、波兰和法国等之间的电话经营竞标。他认为，第三代电话业务虽然发展得不错，可是，在商家的追捧中，它的竞标价已经超出了能赢利的范围，所以，自己选择退出。

事实证明，李嘉诚的判断是对的，第三代电话业务很快进入低谷。等到大家对该市场不热捧时，李嘉诚又出人意料地回到了这个领域。他以90亿美元的高价取得了英国和意大利第三代电话的经营权，意图抢占未来第三代移动电话的经营权和市场，这一举动促进了第三代电话业务的良性发展。

在IT行业，李嘉诚再次打了一个漂亮的胜仗，从最初创业时生产塑料花开始，到后来挺进房地产行业，再到投资IT行业，李嘉诚所经营的行业已经遍及塑胶、地产、股票、货运码头、通信、电力等多个行业，这正是“不把所有的鸡蛋放在一个篮子里”投资法则的具体体现，他没有局限在某一个业务上，也证明了他的视野超越了同辈许多企业家。

● 李嘉诚智慧

企业在进行经营的时候，有很大的风险，一招不慎就可能导致满盘皆输，所以精明的投资者都懂得通过分散经营来降低风险，即将资金分散在不同的投资市场里，不会集中地放在一个市场里，最终实现企业的多元化经营，在这方面，传媒大亨默多克是一个成功的典范。

靠报业起家的默多克一直对文字传播情有独钟，但是从1980年开始，他敏锐地发现，自己过去那种把资金全部投入报业的投资方式过于单一，因为在全球信息社会中，世界范围的卫星电视将来会成为未来信息传播的主流，因此他立刻转变投资方向。1983年默多克首先在伦敦买下一家卫星电视公司69%的股权，接着在美国收购了好莱坞的“二十世纪福克斯公司”的一半股权。1985年默多克又以15亿美元收购美国第四大电视集团“都城媒介公司”属下的纽约、洛杉矶、芝加哥、休斯敦、达拉斯和华盛顿 6 家地方电视台。这充分表明了默多克把经营重点从报纸转向电视和电子媒体的决心。

结果证明，默多克的投资思路是正确的。时至今日，默多克所创建的新闻集团的核心业务已经涵盖电影、电视节目的制作和发行，无线电视、卫星电视和有线电视广播，报纸、杂志、书籍出版以及数字广播等多个领域，堪称全世界规模最大、国际化程度最高的综合性传媒公司之一。默多克之所以成功，是因为他掌握了分散经营的原理。被称为“飞机大王”的霍华德·休斯是美国少有的几个享有世界声望的富豪之一。他之所以能够收获成功，正是源于他独特的经营方法——分散经营法。在进行投资时，霍华德·休斯不只是限于经营一种企业，而是同时经营多种企业，

霍华德·休斯在经营休斯机床公司的同时，开始向好莱坞的各个公司投资，并因为收益颇丰而取得了一家好莱坞制片公司的控股权。与此同时，他的注意力又转移到飞机制造业，进而开设飞机制造厂，随着规模的不断壮大，最终变成世界上有名的航空公司——环球航空公司。他也因此被称为“环球航空公司之父”。

最初对于霍华德·休斯这种做投资的方式，很多人认为是不可取的。因为如果资金过于分散，投资者的时间和精力有限，那么一些企业就会无暇顾及，最终会导致它们的衰败。

然而，霍华德·休斯却认为，多种企业同时进行，也许有一项事业可能失败，但其他事业得到机会就可能成功，生出“金蛋”，那么这样算下来，总的成功率仍然要高得多，而结果证明，霍华德·休斯的这种做法是成功的。

分散经营的好处在于风险可以降低。这个项目赔钱的话，还有其他的

项目在赚钱，从而避免了因为企业经营项目单一再加上经营不善而导致全盘皆输。分散经营，在每个市场上都有机会，投资者就可以轻松把握各个机会。

薄利多销，抢占市场

● 李嘉诚案例

俗话说："三分毛利吃饱饭，七分毛利饿死人。"三分利虽然利润微薄，但因为价格较低，就能留住顾客，在竞争中占优势，确保企业长盛不衰；七分利虽然利润丰厚，但高价出售会使顾客望而却步，导致产品滞销，资金断流，进而影响企业的下一步发展。

在经商过程中，薄利多销并不是什么"秘密武器"，但是它却是最有利的武器。它就像生意场中的一把尚方宝剑，让英雄们挥舞着它独步商界，而李嘉诚就很会运用这把武器。

1957 年 10 月 11 日，对李嘉诚来说是具有特殊意义的一天，因为这是他要在香港发起塑料花促销大战的第一天。在这之前，李嘉诚和工厂的工人们为生产能够同时大批量上市的塑料花，已经连续加班加点奋战了两个月。李嘉诚之所以要大批量生产塑料花，是为了造声势的同时，防止其他同类工厂群起效仿，抢占了塑料花市场。

然而，就在长江厂塑料花准备上市的前两天，李嘉诚忽然获悉一个不利的消息：香港最有名气的英资百货公司——莲卡佛国际有限公司已经与意大利的“维斯孔蒂”塑胶厂签订了首销塑料花 5000 束的协议，并且 10 月 15 日要在该公司所有的连锁店里同时展销，这对于李嘉诚来说无异于一个晴天霹雳，因为在当时他是无法与这个强大的对手抗衡的。但李嘉诚并没有惊慌失措，经过仔细分析后他认为，意大利塑料花因为名贵，所以在进入市场后必然会走高端路线，这也就导致它的定价会很高，很多普通消费者会因此望而却步，而如果自己走平民路线，虽然利润较低，但是却容易在短期内占领香港的塑料花市场，因此在进行详细的成本核算之后，李嘉诚最终确定了“低价位，多销点”的市场策略，并马上在香港提前四天进行盛大展销。

正如李嘉诚预想的那样，他生产的塑料花一经面市，马上显现出它特有的优势，人们纷纷抢购。等到莲卡佛国际有限公司的连锁店也随后推出意大利的原版塑料花时，市场已经被李嘉诚占领，再加上其价格比李嘉诚的塑料花要高出一倍，自然无人问津，

靠薄利迅速占领市场，很多时候会成为一个企业的制胜法宝。我们今天在超市商场经常看到的新品上市促销的壮观场面，其实也是这一法则的运作。而李嘉诚在塑料花市场的大获成功，也正是源于他当初“低价位，多销点”的市场策略。如果他不把价位走低，也许产品刚出厂便会遭到意大利产品的无情冲击。

● 李嘉诚智慧

在生意场上，几乎所有人都知道“薄利多销”的生意经。与李嘉诚“薄利多销，互惠互利”的经营理念相比，马云的做法则更加疯狂。

在与 eBay（易趣）的竞争中，马云推出了淘宝网与之抗衡，由于易趣

担心买卖双方甩开平台而独立交易，因此坚持收费服务。淘宝则从中国人的消费心理和习惯入手，鼓励买卖双方进行直接的沟通和联系，并不着急去收钱，挽回成本，而是先以培育市场为主要目的，把照顾客户的满意度放在首要位置。淘宝网面市之后，马云就高调地提出“三年内免费”的口号。

马云的这个做法让很多人觉得他太不理智了，和易趣这样的“行业老大”抢生意已经是够冒风险的了，居然还要推出免费的政策，这样做，岂不是加快迈入破产的步伐？虽然质疑声很多，但马云仍然坚持“三年内免费”，马云就是要挑战刚刚在收费上尝到甜头的易趣。虽然易趣已经做得很成熟了，但马云知道，免费是一招很有杀伤力的招数，用户会因为这一招，而纷纷转到淘宝网的网站上来。毕竟，淘宝网的三年免费，对于在互联网上做买卖的生意人来说，实在是具有很大的诱惑力。

一开始认为马云喊出“淘宝的三年免费”是在自找死路的人，逐渐发现，淘宝网犹如一匹黑马，在电子商务领域异军突起，展现出了强大的竞争力。凭着“三年内免费”的口号，淘宝网吸引了大量用户。2006 年 12 月，淘宝网与易趣这场旷日持久的竞争终于尘埃落定，eBay 撤出中国，TOM 收购易趣。继败退日本之后，惠特曼在中国市场的攻坚再次以失败告终。在这场蚂蚁与大象的较量中，淘宝完胜易趣，创造了中国互联网的一个奇迹。

世界最大的零售企业沃尔玛也深谙“薄利多销”这一道理。沃尔玛创始人山姆·沃尔顿 1962 年创立第一家连锁店时，靠的就是薄利多销来抢占市场。当年，山姆·沃尔顿对其商店的定位是中下阶层，主要经营服装、饮食以及各种日常用品，最重要的是以低于别家商店的价格出售，因而吸引了众多顾客。尽管后来沃尔玛的连锁店越开越多，但“天天低价”的承诺始终没有变，而在沃尔玛的发展过程中，其依靠“薄利多销”这一最有力的武器独霸美国、横扫世界，由此可见，“薄利多销”所带来的人气和效益，是非常惊人的。

诚然，要打市场、拓销路，单靠低价闯关是不行的。产品质量、企业信誉、售后服务等多方面因素同样具有很重要的作用。但不可否认的是，同样的产品，谁卖得便宜，谁就卖得多。价格战是一种很重要的竞争手段，采用薄利多销策略以亢进顾客的购买欲，可以刺激产供销环节的周转、挖掘产品的潜在效能，能够使企业立于不败之地。

不怕没生意做，就怕做断生意

● 李嘉诚案例

同类企业之间的竞争就是产品质量的竞争。在李嘉诚的创业生涯中这句口号被提得非常响亮。然而在李嘉诚初出茅庐时，对这一点认识得并不是很到位。由于成功的心过于急切，企业还没有稳步发展时就想向数量和规模要效益，以期在同行业中独占鳌头这一心理，给李嘉诚的塑胶厂带来了极大的风险，甚至使长江塑胶厂面临存亡危机。

李嘉诚刚刚创建长江塑胶厂时，运用了从意大利偷学过来的先进技术，一时间订单纷至，出现了产品供不应求的局面。一时糊涂，长江塑胶厂采用了降低产品质量来完成订单的错误举措，结果，客户对产品质量很不满意。先是一家客户对李嘉诚的塑胶厂制品的质量反馈很差，接着其他的客户也纷纷站出来指责李嘉诚。他们拒收长江塑胶厂的产品，还要求长江塑胶厂赔偿自己的损失。

前段时间还供不应求的长江塑胶厂，一夜之间陷入了困境，仓库里堆满了质量欠佳的产品，索要赔偿的客户纷至沓来。还有一些新客户想来做生意，但看到这种情形，二话不说扭头就走。

客户是企业的衣食父母，长江塑胶厂刚迎来好日子，就遭遇到这样严重的打击，李嘉诚急得像热锅上的蚂蚁。屋漏偏逢连夜雨，客户纷纷要求退货赔款时，银行也在得知长江塑胶厂的情况后，上门催李嘉诚还贷款。一时之间，长江塑胶厂人心惶惶，大家都陷入破产的恐慌之中。

产品的质量是企业的保证。急功近利的心境下，李嘉诚竟然犯下了产品质量不过关的失误，意识到自己的错误后，李嘉诚很是懊恼。他的母亲庄碧云看到了李嘉诚的难处，便主动开解他。她找李嘉诚谈话，问："你认识老家开元法寺的元寂主持吗？"

李嘉诚还没有回答，母亲便接着讲了下去：元寂法师老年时，想在自己的徒弟中为自己选个接班人，这两个徒弟的法号分别是一寂和二寂。元寂把一寂和二寂叫到身边说出了自己选择接班人的事，并交给他们一人一袋稻谷。到第二年秋天，谁收的谷子多，谁就是接班人。

第二年秋天，秋收过后，一寂和二寂前来接受法师的考核。一寂收获一大担子谷子，二寂却两手空空。元寂见到两个徒弟，微微一笑，当即宣布二寂为接班人。一寂很不服气，询问师父：不是谁收的稻谷多谁是接班人吗？师父怎么可以言而无信？元寂老法师看了看一寂，又看了看二寂，说：可是，我给你们的是煮过的谷子，你们怎么能种出稻谷呢？可见，二寂是诚实的人。一寂听后，恍然大悟。开元寺的众人，也都心服口服。

这时，庄碧云语重心长地对李嘉诚说：做生意如同做人，诚信不可少，有了诚信才能为人信任，有了诚信生意才能长久。听罢母亲的话，李嘉诚感到愧疚，决心改过，主动找客户和银行道歉。他的诚意感动了银行和客户，也救了长江塑胶厂。

人非圣贤，孰能无过。过而能改，善莫大焉。李嘉诚的改过之心和行动为他赢得了新的信任。

● 李嘉诚智慧

罪过再大，只要诚心改过，并不再犯，也能得到人们的原谅。长江塑胶厂之所以能转危为安，离不开李嘉诚的真心悔改。银行和客户虽然很生气，但最终原谅了他。降低产品质量来完成订单，导致企业险些送命的事，对李嘉诚来说是一个深刻的教训，给李嘉诚上了重要的一课。从此以后，他再也没有发生过失信于人的事，相反，由于时刻提醒自己要诚信经营，李嘉诚成了商界众人皆知的诚信商人。后来，很多生意自己找上门来，这和李嘉诚诚信经营是分不开的。

李嘉诚经常这样鼓励员工：我们长江要生产，就得参与竞争，在竞争中取胜；要竞争就得首先保证质量，以质量作为赢取信誉的突破。为此，李嘉诚向客户、向社会各界人士保证：我们长江要严把质量关，长江不会有次品。

产品质量的把关是个严峻的考验，李嘉诚差点因为没有顺利通过这个考验，而令自己的心血毁于一旦。他从此以后吸取教训，再也不犯同样的错误。但并不是所有的企业领导者都有李嘉诚那样的觉悟，很多企业没有通过考验，考验就成了灾难，将企业置于死地。最后的胜利者一定是那些经得起历练的人和这些人带领的企业。李嘉诚和长江塑胶厂就是这样的管理者和企业。这次考验，让李嘉诚在生意上变得更成熟，也让长江塑胶厂在蜕变后稳健发展。1957 年，“长江塑胶厂”蜕变为“长江工业有限公司”。

犯错是正常的，很多犯错的人不敢承认错误，大都害怕由认错带来的麻烦，所以往往避而不提。逃避问题会让问题进一步加深，也会引起一连串没有必要的误会，给企业的信誉带来不好的影响。人人皆有慈悲之心，慈悲意味着宽容他人，所以，面对着真诚的道歉，再铁石心肠也会动容原谅。所以，我们应该拿真心换真心，真诚地沟通，勇于承担自己的过错，也大方地接受别人的悔改。

教训用得好了就是一剂良药，悔改则是治病之根本。犯错不可怕，只要日后不再犯同样的错误。人生就是在一点一点的改错中成长的。重视自己犯下的每一个错误，在悔悟中成长；宽容他人的过错，为自己的修养加一个筹码。

第七章

只要有眼光，任何地方都有钱赚

（竞争理念）

在今天这个竞争激烈的世界中，你付出多一点，便可赢得多一点。好像奥运会一样，如果跑短赛，虽然是跑第一的那个赢了，但比第二、第三的只胜出少许，只要快一点，便是赢。

——李嘉诚

选择优秀的对手

● 李嘉诚案例

价值规律决定着做生意一定会遇到对手，但选择对手的权利却在企业家的手里，也考验着企业家的战略眼光。

一般来说，企业家喜欢选择和自己实力差不多的人做对手，而李嘉诚则更愿意选择强者为对手，就好比一个优秀的运动员，往往在与比自己强的对手同场比赛时才能发挥出潜力一样，强劲的对手往往更能激发李嘉诚的斗志。

从创业之初，李嘉诚就一直研究在香港的老牌英资企业的种种动向，并将它们视为最大的潜在对手，因此与它们有过多次交锋。

20 世纪 60 年代后期，香港经济起飞，地价开始跃升，李嘉诚自然不会放弃这个赚钱的机会。他也开始涉足地产行业，并大量收购土地。在这期间，他就曾与英资怡和财团控制下的置地公司为了争夺地铁中环和金钟站的地面建筑展开了激烈的竞争，而最终的结果是，李嘉诚的“长江实业”战胜了实力雄厚的“置地公司”。这个“小蛇吞大象”的经典战役一时间被人们津津乐道。

20世纪70年代后期，香港股市异常火爆，李嘉诚投资入市，而他首先瞄准的目标，就是英资怡和集团的“九龙仓”。在这期间，他悄悄地买入散户股权，一举夺得2000万股“九龙仓”股票，险些成为最大的股东，然后李嘉诚又在汇丰银行的说和下，为了避免汇丰与怡和联盟而对自己不利，果断地抛出，一买一抛，净赚5900万港元。

1978年，李嘉诚又把目光对准了另一家老牌英资公司“青州英妮”，很快在股市上收购了“青州英妮”25%的股票，并出任该公司的董事。紧接着李嘉诚集中火力，对英资四大洋行之一的和记黄埔穷追不舍，在股市上大量吸纳和记黄埔的股票，并最终在1979年以6.93亿港元的价格，从汇丰银行手中接管了它，从而在香港经济格局历史性的改变中，留下了壮丽的篇章。

尽管李嘉诚与这些老牌英资企业屡屡交锋，并都大获全胜，但是他们并没有因此与李嘉诚结为不共戴天的仇人。相反在每一次战役之后，他们都能握手言和，并联手发展一些项目，选择优秀的对手进行竞争，并最终与他们结成了合作伙伴，李嘉诚创造了一个“只有对手而没有敌人”的奇迹。

● 李嘉诚智慧

优秀的竞争对手是一笔财富。企业要对这样的竞争对手给予足够的重视。就如同一枚硬币，企业是这一面，那么对手就是另外一面，不可分割，而好的对手更是可遇而不可求。因此尊重对手，尊重彼此之间的游戏规则，就是尊重自己、壮大自己。

华为的创始人任正非一贯主张向优秀的企业学习，即使它是自己的竞争对手。因此从创建之初，华为的发展就始终是一种放下架子、虚心学习的过程。通过学习，华为寻找到自己与优秀企业之间的差距，从而不断地弥补自己，逐渐发展壮大。

早在 1992 年，任正非为了了解世界顶级企业是如何管理的，就曾远赴美国、德国等西方国家进行考察，并走访了阿尔卡特、西门子等在行业中处于领先地位的跨国公司，学习他们的先进管理技术。1997 年任正非又先后拜访了美国休斯公司、IBM、贝尔实验室和惠普等 4 家公司。这些近距离的接触让任正非大为震撼，也带给他很多触动和启示。任正非清楚地认识到，华为与这些跨国企业之间的差距是多么地巨大，因此他经过深思熟虑之后，开始对华为提出了一系列改造计划。从 1998 年开始，一场酝酿已久的变革在华为内部展开，所有华为员工开始进入到全面学习西方经验、反思自身、提升内部管理的阶段。

作为华为同城的竞争对手中兴通讯，曾经在很多领域与华为直接交手，甚至有的时候会争得你死我活，但是任正非看得更多的是中兴通讯的优势以及华为的劣势。他曾仔细分析过中兴通讯的优缺点，并号召所有华为人多向对手学习，以完善自己。任正非曾说："中兴公司与我们同处深圳，朝夕相处，文化比较相近。中兴在'做实'这个方面，值得我们基层员工好好学习。华为在'做势'方面比较擅长，但在'做实'方面没有像中兴那样一环扣一环，工作成效没有中兴高。"

正是因为任正非能够虚心向优秀企业学习，才提升了华为的竞争力，使得华为能够始终保持稳定的发展和旺盛的活力。

一个想要快速发展的企业必须懂得主动选择优秀的竞争对手，因为强劲的对手是进步的助推器。在大自然中如此，在人类社会更是如此。如果你周围的人都不上进，那你必然也成不了什么大气候，只有和对手在不断较量中前行，才能在人生的长跑中笑到最后。

2007 年阿里巴巴成功上市之后，有的记者曾问阿里巴巴创始人马云："在阿里巴巴成功上市以后，您的榜样和对手是谁？"马云十分谦虚地回答："其实我并不喜欢特别关注竞争对手，反而更喜欢我的榜样。在我看来，有很多值得阿里巴巴学习的榜样，如世界上最大的零售商沃尔玛，如顶尖的电子行业 IBM、微软、谷歌等。阿里巴巴上市以后还会和以前一样，把大部分精力放在客户和榜样身上，只要对全国的电子商务行业有所帮助，我们势必会全力以赴。"

当发现 eBay 在全球 C2C 市场的实力以及对中国市场的窥视后，马云立刻选择其为主要的竞争对手，在学习、分析对方，弥补和完善自身之后，最终击败对手。

其实，对于手下败将 eBay，马云并没有看轻它，而是心怀敬意。在一次答记者问时，马云就竞争问题做了以下回答："阿里巴巴没对手是很痛苦的，到处找，这个也是，那个也是，弄得自己很累。但是淘宝有对手，淘宝的对手是 eBay，我们认为是伟大的 eBay。你打拳碰到泰森，你可能会认为很倒霉，其实，你能够找到世界一流的对手，我认为是一件很好的事，如果你打球碰到乔丹，那是一辈子幸运的事，所以我觉得淘宝能够向 eBay 这样的对手学习，那是一个福气。"

李嘉诚、任正非和马云这些成功企业家的经历告诉我们：竞争并不只意味着你死我活的对抗，更意味着多了一个学习的参照者和督促者，善于向竞争对手学习乃至向一切优秀者学习，不仅可以取长补短，完善自我，而且还能够最大限度地发挥自己的优势和长处，最终超越竞争对手，走向成功。

优势互补才能双赢

● 李嘉诚案例

在当今这个激烈竞争的商业社会中，商人们已经逐渐意识到“孤胆英雄”并不是明智之举，费时费力，结果也并不如意。一个成功的企业家不会孤立自己，而是增强与外界的联系，尝试着与别人进行合作。商人之间互相合作，更加有助于竞争。联合起来，双方从对抗到合作，从无序到有序，从短暂的存在到永久的矗立，竞争力自然也就增强了，企业也就能够得到持续的发展。

李嘉诚深刻明白“合则两利，分则两害”这一道理，因此在他多年的经商生涯中，总是尝试着与他人甚至竞争对手进行合作，以实现双赢。而在牵手同仁堂药业这件事上，就体现了他的目光独到，李嘉诚巧妙地运用了优势互补这一原理，从而使自己的企业与同仁堂最终实现了双赢。

1998 年，在经受了亚洲金融危机的考验后，香港特别行政区政府为了带领香港走出经济困局，开始将经济发展的重点着眼在高科技和高增产值上，而李嘉诚自然不会放过这个机会。他非常看好香港特别行政区政府提出的一个重要发展计划——将香港建设成为“国际中医药中心”。

多年来，李嘉诚的投资遍布电力、地产等多个行业，但是却一直没有涉足医药行业。李嘉诚认为这正是长实的不足，因此为了弥补这一缺憾，李嘉诚决定在这种大好的形势下，进军医药行业。

但是与内地相比，香港在中医药方面基础相对薄弱。李嘉诚资金虽然雄厚，但是缺少技术方面的支持，因此他决定在内地寻找可以合作的中药企业，以实现两家在资源和资金方面的优势互补，最终，李嘉诚选择了同仁堂集团作为合作对象。

作为中药产业的“领头羊”，同仁堂集团对李嘉诚是有足够吸引力的。同仁堂是一家拥有300多年历史的老字号企业，在当时每年能够生产中成药1万多吨，已取得生产批准文号的中成药品种近千个，常年生产的品种400多个，并能生产24个剂型产品，每年在国内市场的销售额高达上亿元。但是就是这样一个老字号企业，外销能力却很差。根据2003年前三个季度的统计，同仁堂集团的药品在中国销售了6.76亿港元，在海外仅仅销售了2900万港元。这显然与同仁堂“站稳亚洲，迈进欧洲，渗透美洲，开辟大洋洲”的目标大相径庭。

急于开拓海外市场的同仁堂集团与李嘉诚几经接触，最终在2003年12月4日正式达成合作意向，共同合资成立了一家新公司——北京同仁堂和记医药投资有限公司。同仁堂集团与李氏旗下和记同样占股49%，余下2%的股权另由同仁堂选定的小企业出资占有。

一个是拥有雄厚技术实力的中药老字号，一个是拥有资本优势的香港首富，李嘉诚实现了自己涉足医药行业的夙愿，而同仁堂则凭借李嘉诚这棵拥有丰富国际经验的大树，加快了海外扩张的步伐，从此走上了国际的大舞台，因此，两者的合作堪称“梦幻组合”。

● 李嘉诚智慧

我们都耳熟能详的“联吴抗曹”就是诸葛亮在《隆中对》中提出的外交政策，诸葛亮根据当时的客观形势，知道与东吴合作抗击曹操的重要性，因此向刘备提出了合理的建议，并通过实施“联吴抗曹”的政策，稳固了蜀国的形势。在当今社会，“单枪匹马”奋战在商场上的企业已经变得很少，更多的企业通过与其他企业形成战略联盟来提高自身的竞争力。因此，作为企业管理者，想要成就一番大事业，就应该明白舍弃合作无法取得成功的道理。只有善于通过合作的方式来弥补自己企业的不足，增强自己的力量，才能使企业再上一层楼。

有一个食品加工商，他的产品在当地卖得不错，但就是一直打不到外地市场，顾客群仅限于当地。

在这个加工商考虑如何将自己的产品推向省外时，一位物流公司的老总找上门来。原来这家物流公司的老总听说食品加工商想将自己的产品推销省外的事情，自告奋勇，说他可以帮助实现这个目的。

“只要我们合作，我可以把你的产品运向全国各地，你可以省掉一大批运费，这笔钱可以用在你的产品营销上，一举两得。”物流公司的老总话说得很有道理，那位加工商考虑了几天后同意了。

于是，在签署了合作协议后，两家的合作便正式开始了。那个物流公司的老总说得不错，运输有了保障之后，食品加工商打开外地市场便捷了许多。没过多长时间，他的产品就顺利在外省打开了市场。

在庆功宴上，食品加工商感谢物流公司的老总，没想到，那位老总紧紧握着他的手，说：“其实，我更应该感谢你，如果不是你给了我这次合作的机会，我的物流公司也不会发展起来的。”

原来，物流公司的经营一直平平，想要寻求发展的老总无意中听说了加工商想要发展外省市场的计划，就想到了与其合作，既能借助食品加工厂的需求提升自己的业务量，也能通过这次的项目，给自己在外省打出广告。

这次的合作，可以说是他们两家各取所需，双赢互利的局面。美国的石油大王洛克菲勒就说过：“合作，在那些妄自尊大的人眼里，或许是件软弱或可耻的事情，但在我看来，合作永远是聪明的选择，前提是只要对我有利。”商界通过结盟合作而互相强大的例子多得数不胜数。在强手如林的时代，想要单打独斗站稳脚跟是很困难的，团队协作、努力合作是几乎所有成功企业，都会在经营过程中选择的一个办法。

商场中的一个战略就是相互给予、彼此互利。同样大的一块蛋糕，分的人越多，每个人分到的就越少，人们就会因此去争抢食物。但是如果我们能够联手制作蛋糕，那么，蛋糕做得越大，我们就越不会为眼下分到的蛋糕太小而感到不平了。因为我们知道，蛋糕还在不断做大。而且，只要把蛋糕做大了，根本不用发愁能否分到蛋糕。

在现代社会，如果真想要成就一番事业，就必须发扬合作精神。合作能够取得持续性的成功，因为缺乏合作精神而导致失败破产的企业，比因为其他原因而失败的公司的总和还要多。拿破仑·希尔说，在他经商的多年间，亲眼见证了各式各样的因为不懂合作而宣告失败的企业。因为无论是企业还是个人，能力都是有限的，都需要与他人合作来加强自己在这个社会中的地位和能力。这个时代需要的是能够互相包容接受的人，而不是独行侠。

不让对方知道自己的底牌

● 李嘉诚案例

庄子曾说过：“鱼不可脱于渊，国之利器不可以示人。”意思是说鱼不可脱离深渊，否则很容易死亡；而国家的有利武器（治国方略，重大决策，军事机密等）不可以轻易拿出来夸示于人。保持一种秘密状态，可作为撒手锏。这句话告诉我们，善隐的人往往最容易出奇制胜，而在商界，不轻易把自己的底牌告诉别人，才能获得商战的主动权。

李嘉诚深知，做生意的过程里充满了斗智斗勇，只有那些善于隐藏自己的商人，才能获取最后的胜利。因此他指出，做生意的过程既是钱与钱的交易过程，也是心理与心理的斗争过程。就像打牌的人，永远不想让对方知道自己的底牌一样。成功的生意人，是绝对不会把自己的腰包掏出来让人看的。

从开始创业至今，在李嘉诚的经营投资过程中，曾经遭遇过无数强大的竞争对手，但是李嘉诚总是能够从容应对。身经百战的他不会轻易露出自己的底牌，这样做不仅能够确保心中安稳，而且能够让他在竞争的最后一刻，用对方意料不到的底牌将其彻底击垮，从而稳操胜券。

1979 年 1 月 14 日，香港地铁公司正式宣布，中环邮政总局旧址公开接受招标竞投，而实力雄厚的置地公司竟然在这次投标中马失前蹄，被弱小的长实击败，导致这种现象产生的原因就在于置地公司的张扬让他们的底牌暴露无遗。他们的计划方案被李嘉诚所掌握，而李嘉诚知道自己的实力不如置地，因此他低调行事、韬光养晦，找寻对方弱点制订相应方案，最终给予其致命一击，从而赢得了胜利。

在拍卖地产的现场，当别人疯狂竞价的时候，李嘉诚总是能够做到泰然自若，并在最后的关头收获投资的决胜权。在收购其他企业的时候，他也总是能够在最后的关键时刻，将被收购企业的大部分股权控制在自己的手中。在李嘉诚数十年的投资过程中，他总是能够在最后关键时候将竞争对手击败，这就是他不轻易露出自己底牌所带来的效果。

李嘉诚的成功告诉我们，只有不让对方知道自己的弱点、自己的底牌，才能牢牢地掌握对方的命脉，在生意场上永远立于不败之地。

● 李嘉诚智慧

在竞争越来越激烈的今天，过早地亮出自己的底牌，最终的结局只能是坐以待毙，任人宰割。聪明的商人都会为自己留下一张底牌，确保自己能够在与对手的博弈中稳坐泰山，在最后关头亮出致命武器，从而将决定权牢牢地掌握在自己的手中。

相传，上帝在创造世间万物的时候，给予动物们许多本领，而那时猫的本领要比老虎强得多，于是老虎就拜猫为师，学习本领。

经过一番勤学苦练之后，老虎的本领变得越来越强，最终成为森林之王。因为害怕自己向猫学艺的事情泄露而被其他动物嘲笑，所以老虎决定杀了猫灭口，以绝后患。

一天，老虎找了一个机会，准备向猫下毒手。为了逃命，猫四处躲闪，却始终逃脱不掉。情急之下，它一下子蹿到一棵树上，而老虎因为不会爬树，只能在下边无可奈何地咆哮。受到惊吓的猫这时长舒一口气，说："多亏我留了一手，才没被你吃掉。"

这虽然是一个耳熟能详的故事，但其中蕴含的哲理仍值得我们借鉴。它提醒我们保留自己的底牌是很有必要的，为什么故事中的猫最终能够逃脱虎口？原因就是它没有亮出自己最后的底牌，留了爬树这一手没有教给老虎。因此，任何时候我们都不能轻易亮出自己的底牌，盲目、匆匆地亮出自己的底牌，常常让自己暴露弱点，让别人掌握自己的把柄，从而使我们陷入被动，成为输家。

小王的哥哥在一个大企业里当部门经理，小王也因此凭借着哥哥的关系进入这个部门。上班的第一天，小王就高调地向同事宣布了自己和部门经理的关系，所以很多部门同事为了能够得到小王哥哥的照顾，开始对小王阿谀奉承，经常送一些礼物给他，而小王也很享受这份虚荣。

但没多久小王的哥哥就因为个人原因被公司开除了。新调来的经理恰恰和小王的哥哥以前不合，因此处处压制小王。以前讨好小王的部门同事们也变得对他爱答不理。尽管小王的业绩不错，最终却也不得不辞职。试想一下，如果小王当初没有过早地公布自己和部门经理的关系，又怎么会灰溜溜地离开公司呢？

和职场一样，生意场上讲究兵不厌诈，所以藏好底牌才能为自己立起一道有力的屏障，以便在危急时候能够帮助我们转危为安。从创业开始，巴菲特就一直遵循一个原则，那就是绝不轻易亮出底牌，这个习性后来变得日益重要。因为随着名气越来越大，华尔街不断企图猜测他的最新动向，但是巴菲特在股市的动作却极少被曝光。直到今天，他都尽量让投资行动保持机密，这也让他赚取了无数财富。

自古以来，凡是成功者都不会轻易让别人看清楚自己的底牌，做到“深藏不露”其实是一个人阅历和性格的体现，更是做人的一种境界。

在竞争中抓住主动权

李嘉诚案例

在竞争中抓住主动权，这才是生意长远之道。李嘉诚抢占先机，一举占领了香港塑料花市场。可是，香港的市场只是他开拓事业的起步。欧美市场的消费量占全球的一半，若想赚大钱，欧美市场是一个巨大的诱惑。

李嘉诚期待进军欧美市场，特别是他从《塑胶》杂志上得知香港的塑料花已在欧美市场销量很大时，更坚定了决心。

然而，当时洋行垄断着香港的对外贸易，华人商行仅在内地和东南亚占有一定分量。特别是20世纪50年代，西方国家实行贸易垄断政策，香港华人企业的出口被限制在东南亚，根本无法触及遥远而诱人的欧美市场。

若想进军欧美市场，只有一条路可走，就是通过处于垄断地位的香港洋行。香港的塑料花正是通过洋行进入欧美市场的，洋行在欧美有分支机构，并有固定客户。起初，李嘉诚也进行过这样的交易，可是他发现这种交易缺乏透明度。香港的华商无法知道自己的塑料花销往了何地，由谁代理，各种交易间的差价如何，消费者对商品的反馈怎么样。这些问题对于生产商至关重要，不只关系到企业眼前的获利情况，更决定着企业能否跟上消费者需求的变化，生产出满足消费者需求的产品。

恰好这时，一家洋行提出包销长江公司的全部塑料花。这对于发愁销路的企业简直就是天上掉下来的馅饼，肯定二话不说就会应诺。可是，李嘉诚却谢绝了对方的好意。他意识到如果让洋行包销，自己的企业在生产方面日后就要听命于洋行，一切按照洋行的条件办。这无疑是将自己生产的主动权交给了对方，自己成了洋行的一个加工厂。洋行也肯定会从交易中收取差价。如果自己直接和欧美的客商交易，这中间的差价就是双方的利润，自己也掌握了主动权。

李嘉诚决定抓住主动权，直接和欧美客商联系。不久他就发现，其实欧美的客商也愿意跳过洋行以节约交易成本和时间。舍弃了和洋行的合作，李嘉诚直接派遣销售干将前往欧美主动寻找客商合作。此外，他自己在香港时刻关注着往来的客商，抓住和每一个前来香港做贸易的商人合作的机会。很多次，李嘉诚直接带着长江企业的产品和他们洽谈，与很多客户顺利签了合同。

功夫不负有心人。经过一段时间的努力后，李嘉诚终于将洋行甩掉，自己直接和欧美的商人进行交易，大量的订单纷纷而至，对于自己的产品在外的销售情况以及消费者对产品的反馈也了如指掌。没有洋行的中间克扣，李嘉诚企业的利润也上去了不少。

李嘉诚决定在竞争中主动出击很重要，这样自己很容易掌握主动权。掌握主动权的竞争，自己就不会吃亏。失去主动权的公司早晚会成为别人的附庸，无法独自前行。

● 李嘉诚智慧

《汉书·项籍传》："先发制人，后发制于人。"战争中的双方，谁先出手，谁就能站于主动地位，而后出手的那一方，会被先出手的制约。商场也是如此，在竞争激烈的市场环境下，谁主动出击，谁就能抢先占领市场，后出手的那个，只能望其项背。

20世纪初期，英国卜内门公司独霸了我国的碱市场。当时，我国的民族化学工业被冲击得很厉害，可以说是如履薄冰，经营上险象环生。如何能够将我国民族化学工业发展下去，成为当时的首要问题。

1918年，我国第一家制碱企业“永利制碱公司”挂牌成立。这家公司的总经理范旭东十分有信心，觉得通过努力，一定能够打破英国人对碱市场的垄断地位，为我国民族企业争得立足之地。但已经占得市场的卜内门公司岂会任由市场被他人夺取？他们不会放任永利公司的发展，所以，利用技术上的优势，对制碱技术进行了封锁，不让永利公司的生产技术得到提升。

在范旭东去卜内门公司考察参观时，卜内门公司的负责人对他一点儿也不尊重，还将他带到了锅炉房，对他表示轻视，说中国人根本不配来参观。从卜内门公司回去后，自尊心受到伤害的范旭东发誓，一定要打破英国人的技术封锁。

在此后的8年时间里，他带领技术人员，克服了无数困难，终于在1926年独立研制出了优质的“红三角”牌纯碱。一经推出，就在市场上受到了广泛的欢迎。这是英国人没有想到的事情。他们十分愤怒。为了阻止范旭东，他们想了一条计策，调集了一大批纯碱，用超级低的价格向我国市场进行疯狂倾销，妄图靠着自身强大的经济实力，打价格战来挤垮刚刚起步的“红三角”牌纯碱。

这个计策很恶毒。如果永利也降低价格，实力远不如卜内门公司，根本无法与之对抗，但如果任其这样下去，公司积压的产品就会越来越多，好不容易赢来的一点儿市场，就会被英国人再次占领。

横竖都是死，干脆置之死地而后生。范旭东痛下决心，捍卫国内市场，不让英国人占领。一天，他打听来一个消息，得知卜内门公司在日本的纯碱销售量更大，收益也更多。这给了范旭东一个启示。既然英国人可以用低价格的纯碱来占领中国市场，那他也可以用低价格的纯碱去占领日本市场。

打定主意后，范旭东没有声张，想要杀对方一个措手不及。范旭东立刻暗中调集了一批优质“红三角”牌纯碱，东渡日本，用低价格打击英国人在日本的纯碱销售。这一招果然有效，很快抢占了日本的纯碱市场。

还在得意的英国人得知这个消息后大吃一惊，他们没有想到范旭东会来这一招。狼狈的英国人为了挽救日本市场，急忙应对，但日本市场的纯碱价格已经大跌，卜内门公司再怎么挽救，也难逃损失惨重。而范旭东投入日本市场的纯碱分量很少，损失自然要小得多。

在这一次的竞争中，卜内门公司元气大伤，不得不与范旭东谈判。范旭东规定：永利纯碱公司在中国市场占有55%的份额，而卜内门公司不得超过45%；如果卜内门公司想要在中国市场进行碱价变动，必须事先征得范旭东的同意。

这份协议签署后，范旭东的能力赢得了英国人的赞赏，而范旭东也使自己的企业得到了极大的发展。1927年，“红三角”牌纯碱在美国万国博览会上夺得金奖，从此永利的产品远销国外。

经商就像一场没有硝烟的征战。在激烈的商场竞争中，谁能将主动权控制在手中，谁就能赢得制胜的先机，掌控自己的命运，从而无往而不胜。

第八章

用正确的方式对正确的时机进行分析

（投资理念）

20 岁以前，所有的钱都是靠双手辛苦劳动换来的，20 至 30 岁之间是努力赚钱和存钱的时候，30 岁以后，投资理财的重要性逐渐提高，到中年时如何赚钱已经不重要，这时候反而是如何管钱理财比较重要。

——李嘉诚

投资要有创新思维

● 李嘉诚案例

进入21世纪，新技术层出不穷，市场变化极快，这就要求投资者不仅要对新事物敏感，而且要好学并善于学习。随着互联网热潮席卷而来，许多人都从中赚了第一桶金。比尔·盖茨更是凭借这一机遇赚取了数百亿美元，成为全球首富。由于新经济时代的兴起，以李嘉诚为代表的那些靠地产、航运、港口致富的传统型富豪普遍不被经济评论家们所看好，认为他们迟早会被这个时代淘汰。

但是李嘉诚却再次用事实证明，他们的判断是错误的。在生活中，李嘉诚时刻关注着科技发展，把握着科技进步对现代商业的影响。李嘉诚曾说："时代不断进步，我们不仅要紧跟转变，还要有国际视野，掌握和判断最快最准最新的资讯，靠创新比对手先走几步。不愿意改变的人只能等待运气，懂得掌握时机的人更能创造机会。幸运只会降临到那些有世界观、胆大心细、敢于接受挑战，但是又能够谨慎行事的人身上。"

正是因为李嘉诚有着这样的思想，所以当互联网技术兴起时，李嘉诚就敏锐地捕捉到这一机遇，决定要将其作为自己公司投资和经营的新方向之一。

在他的支持下，1999 年 10 月，李嘉诚的长子李泽钜宣布通过长江实业、和记黄埔来共同投资网络，并提出要为中国的网络业洗牌的口号，先期预计投资就高达 10 亿美元，而网站的主攻方向是综合性的门户网站。

同年 12 月 7 日，李泽钜花费近 2000 万港元购得 www.tom.com 这一域名。16 日，该网站正式推出，短短两个月时间，注册人数就迅速激增到 4 万多人。2000 年 2 月 23 日，是网站递交认股申请表的最后一天，有超过 40 万的香港人涌到香港上海汇丰银行 10 家分行递交认购表格，一时间人流涌动，导致许多道路出现拥堵，店铺无法正常营业，人群排起来的长队甚至长达数千米。

李嘉诚不仅用自己的网络概念感染了整个香港，而且还以利益的驱动令香港万人空巷。由此可见，他确实是引领时代潮流的卓越企业家。

在随后的几年时间里，李嘉诚靠着网络概念，赚了足足 2000 亿港元，这个不被经济学家们看好的传统型富豪，俨然成为亚洲高科技产业的新霸主。自 2000 年开始，被奉为华人首富的李嘉诚就不再以地产商或其他类似的面目出现，而是摇身一变成为 IT 时代的新资本家。

● 李嘉诚智慧

李嘉诚曾说：“身处在瞬息万变的社会中，应该求创新，加强能力，居安思危。无论你发展得多好，时刻都要做好准备。”的确，在这个变化莫测的世界中，几乎每天都在发生着改变。未来通常是变化不定、难以预测的，这就需要投资者必须顺应变化，驾驭变化，应对好变化的挑战。

陶师傅一辈子都在小镇上待着，他经营着一家豆腐作坊，以此为生。但是最近几年，陶师傅发现豆腐作坊的生意越来越难做了，人们开始不上门来买豆腐，就连以前的老主顾也不再光顾他这里了。

这天，因为没有多少生意，陶师傅早早地关门，去街上遛弯。他走到一处地方，发现在一家店铺前挤满了人，大家都在排队买那家店铺的东西。陶师傅感到好奇，也走过去看一看，到底是什么让大家这么喜爱。

没想到，那居然是一家卖豆腐的店铺。陶师傅看到排队的人中有不少是自己以前的老主顾，生气地走上前质问："他家的豆腐有什么好？难道比我做的手工豆腐还要好吃吗？"

看到陶师傅不高兴了，那些老主顾一边安慰他，一边给他介绍这家新开的豆腐店如何厉害。听他们说得那么好，陶师傅很不服气，也买了一块豆腐，拿回家去看看到底有什么高明之处。

仔细品尝之后，陶师傅发现这家卖的豆腐果然很好吃，比自己做的豆腐是要强很多。他找到那家店主，去讨教做豆腐的秘方。那家店主指着墙角放的一个机器说道："我没有什么秘方，不过是这台豆腐机器的功劳。"

陶师傅一直认为豆腐就应该是手工制作，按照祖上流传下来的手艺制作，没有想到早就出了专门做豆腐的机器，可以将豆腐做得又快又好。在新豆腐店的冲击下，陶师傅的豆腐店很快关门了。

李嘉诚曾说："做生意有三种方式：一是创新，二是改进，三是跟风。创新吃的是'一招鲜'，虽然不易，一旦使出来，却费力少而收获大；改进是在别人的基础上做得更好，虽不易造成轰动，后劲却很足；跟风是跟在别人后面亦步亦趋，这样做起来较容易，风险也较小，但跟吃别人的残羹冷饭差不多，收获有限。"世间万物每天都在变化，世界上没有一成不变的东西，日升日落，斗转星移，变化是时时刻刻存在的，所有的事物都在变化。如果没有新思路、新创意，很容易被淘汰，只有具备了敏锐的嗅觉，具有“变”的观念，才能够永远前行，处于不败之地。

在一个偶然的机会，马化腾在互联网上接触到了由以色列人发明的ICQ。这种集寻呼、聊天、电子邮件于一身的软件让他非常着迷。他想，如果在中国推广一种类似于ICQ的软件，应该会有很多人喜欢。

有了想法后，马化腾找到大学同学张志东，与他合开了一家公司，带领研发团队辛苦研究了很久，终于研发出了一款基于互联网的网上中文ICQ服务——OICQ，也就是现在很火爆的聊天工具QQ。刚开始时，马化腾让QQ用户免费使用，没想到异常火爆，不到十个月的时间，注册用户就已经达到100万。随后，经过融资，马化腾开创了腾讯帝国，成为利用科学技术创业的领军人物。

被誉为“世界第一CEO”的杰克·韦尔奇在一次访谈中曾说过：“商业并不是严肃的、枯燥的、毫无乐趣的事，商业是一场游戏，是我们每天都想打赢的一场游戏。有人要在游戏中打败你，有人要把你的饭碗抢走——这就是我们为什么每天都要创新的原因。”

有人曾做过这样的统计，在20世纪初的世界大型企业中，至今仍能位居世界500强之列的只有3%左右。很多公司在经历了风风雨雨之后，最终销声匿迹，导致这种现象出现的原因固然有客观环境等因素存在。但是我们不能否认，在同样的环境下，有的企业能够主动顺应潮流，顺应变化，持续不断地得到令人赞叹的成绩，有的企业却因为不能持续创新，不肯变革而被挤出了主流的舞台。

正如李嘉诚所说：“为了适应时代发展变化的需要，也为了企业自身的生存和发展，企业必须以市场为导向、以创新为手段、以效率为核心，重建企业形象。”生意场上的变化风云莫测，每一天甚至每一分钟都在发生着变化，所以作为社会财富阶层的商人更要紧随时代的发展，适当调整自己的投资策略，在这个多变的时代中找到属于自己的发展空间。那些一成不变的商人终将会被这个社会淘汰，而那些能够把握商场脉搏，永远站在时代前沿的商人，才会是最后的赢家。

审时度势，超前意识不可少

● 李嘉诚智慧

李嘉诚之所以能够出类拔萃，成为商界富豪，与他未雨绸缪、思考未来的性格特征有很大的关系。

李嘉诚说过："现在社会变化的确是非常非常快，但是我相信有些知识是永远有用的。宋朝的一个画家范宽，我没有机会看到他的真作，是通过电脑来看的。范宽有一句话“师古人不如师造化”。我知道那里边有几个故事。他一个人去深山野林，一两个月就看看天气的变化，其中水、树木的颜色都随不同时间有不同的变化，这样一来他看到的东西都已经装在自己的脑子里。等想画画的时候就想起在那个地方看到的景色就可以了。我也是这样，做生意时一通百通，不是每一样都要学，有的事一通其他的也通了。最紧要的是要追求最新的知识，最新的商业动态。这些东西每天都在变，谁不思考未来，谁就没有未来。”

具有超前意识，是那些成功的企业家所具备的共同特质，在生意场中，他们能够不跟随他人的脚步，而开辟另一条道路，并且赚得盆满钵溢。对于李嘉诚来说，具有超前意识更是他在商海中获胜的重要法宝。在瞬息万变的信息中敏锐地捕捉到投资的方向，造就了他的神话传奇。

20 世纪 40 年代中期，塑胶行业在欧美发达国家兴起，并因此带动了一股塑料花热潮。李嘉诚这时果断地从自己非常熟悉且干得不错的五金行业抽身而退，转投到塑胶行业。1950 年，李嘉诚创立长江塑胶厂，并开始大量生产塑料花，最终在这股热潮的带动下，李嘉诚赚得了数千万港元。他所创办的长江塑胶厂也一跃成为世界上规模最大的塑料花生产工厂，李嘉诚因此也被称为“塑料花大王”。

随后，有很多人都步其后尘投入到塑胶行业，一时间生产塑料花的工厂如同雨后春笋般遍地开花。李嘉诚这时预感到这个看似兴隆的行业将来会出现很大的危机，因此他当机立断，放弃了当时还盈利颇丰的塑料花业，开始进军玩具行业。果然，没过多久，火爆的塑料花业就由畅销转为滞销，那些跟风兴起的塑料花工厂大多都赔得血本无归，而这时的李嘉诚已经在玩具行业中赚了数千万港元。

1958 年，香港的房地产业处于低谷，当时的香港地价下跌 70%、房价下跌 30%，许多生意人都对房地产业避而远之，但是李嘉诚却认为香港人多地少，房地产业的不景气只是暂时的。随着经济的逐步发展，人们对房产的需求会越来越大。地产业在日后一定会大有作为，因此他迅速决定将投资重心转向经营房地产以及物业上，投入大量资金进军房地产业。几年过后，他所购置的地皮都上涨了数百倍，而他也最终成为香港的“地产大王”。

20 世纪 70 年代，李嘉诚预见到未来旅游业将成为热门行业，到时一流的宾馆将会有很高的出租率，全香港的酒店在未来两三年内租金会大幅增加，于是他迅速收购了拥有美国资本的永高有限公司 56% 的股权，然后又收购了其他股东的股权，从而掌握了永高公司位于香港中区的主要产业——希尔顿大酒店。正如李嘉诚所预想的那样，没过多久，香港就迎来了旅游业的黄金时代，而李嘉诚也因此大赚了一笔。

同样还是在 20 世纪 70 年代后期，李嘉诚预感到香港股市将会大热，因此他又迅速投资入市，第一笔就净赚 6000 万港元。李嘉诚就这样不断凭借自己的超前意识一步步迈向香港首富的宝座。

● 李嘉诚智慧

对于一个生意人来说，赚钱的机会其实是无处不在的。但是这些机会不会主动找上门来，这就需要你具备超前意识，在其他人没有发现它的时候提前抓住它。所以有的时候，在生意场上不是缺少商机，而是缺少发现商机的超前意识。

比尔·盖茨在总结自己的成功秘诀时曾这样说："我之所以真正成为世界首富，除了知识、除了人脉、除了微软公司很会行销之外，有一个前提，是大部分人没有发现的，这个关键就叫作眼光好。"

在微软成立之前，比尔·盖茨还是一个贫穷的大学生。有一天，他的好朋友保罗·艾伦到学校里找他，在学校的一家报刊亭中，保罗·艾伦无意中看到一期《大众电子学》杂志的封面上印着一幅牛郎星（阿尔塔）8800 计算机图片，并且有一句广告语是这样说的：突破！世界第一台微型电子计算机，敢与商用型媲美！

看到这条广告，保罗·艾伦脑中突然灵光一现。他立刻买了一份杂志，找到比尔·盖茨后，兴奋地说："计算机的普及势必到来，我们应该领导起这一场计算机革命，否则我们就会失去历史赋予我们的机遇。我们将遗憾终生，甚至被后人责备。”

最终，经过几天的思索，比尔·盖茨决定放弃学业，和保罗·艾伦一起开办计算机公司，并将公司开发的项目定位在计算机的灵魂——软件上，于是，微软公司就这样成立了。

就像比尔·盖茨一样，商业的发展和个人的发展，都需要具有超前意识，把握机遇。如果当初比尔·盖茨没有预测到计算机未来的发展前景，没有放弃学业，而是继续苦读，也许他现在会是一个在硅谷辛苦工作的“码农”，也就不会有日后的微软帝国了。

第二次世界大战结束后，战胜国决定成立联合国，以促进各国在国际法、国际安全、经济发展等方面的合作，最终决定选址在美国的纽约。但是由于刚刚成立的联合国机构囊中羞涩，很难在寸土寸金的纽约买下一块地皮，因此联合国对此一筹莫展。得知这一消息后，美国著名的家族财团洛克菲勒家族经过商议，马上果断出资870万美元，在纽约买下一块地皮，并将这块地皮无条件赠予了联合国。

对洛克菲勒家族这一出人意料之举，许多美国大财团都感到不能理解，因为受到战争的影响，当时美国的经济非常低迷，而洛克菲勒家族却将870万美元无条件拱手赠出了，这无疑是一个疯狂的举动。

面对别人的质疑，洛克菲勒家族并没有理会，而是在赠出地皮后，迅速将毗连这块地皮的大面积地皮全部买下。等到联合国办公大楼刚刚建成，四周的地价便立刻飙升起来，而洛克菲勒家族也因此赚取了巨额财富。

洛克菲勒家族的超前思维所带来的财富，最终让曾经嘲笑他们的人目瞪口呆。一个成功的投资者在投资的过程中要培养自己的超前意识，把握未来投资市场的发展趋势，获得常人不能获得的信息，才能在投资的路上越走越顺利！

引领电子商务潮流的马云总是走在互联网的尖端。马云的嗅觉似乎比常人更敏锐，总是能发觉先机，在别人还未动时，他已经先动了起来。马云在做支付宝时，就瞄准了支付平台这个商机。他果断下手，抢占了市场份额，截至 2005 年 7 月，已经有超过上千家购物平台加盟了支付宝，而马云的超前意识，令后来看到商机想要跟进的商家，已经无法和他竞争了。

眼光独到，具有超前意识，那么你就可以掌握生意发展的最大趋势。因为竞争对手少，你的生意就会顺应趋势，做得风生水起，而你离成功致富也就越来越近了。

知己知彼，才能百战不殆

● 李嘉诚案例

如果将市场比作一辆疾驰的火车，将商人比作乘客，想在准点赶上火车，乘客就需要在上车前做好充足的准备。所以，对于商人来说，交易之前的准备往往比达成一项交易需要更多的时间和精力。李嘉诚曾说："在未下决策之前，我们会多方面搜集材料，认真仔细地分析，重要的决策还要召集高层人士一起商谈。这个过程可能需要一些时间，但只要定下决心就一往无前、全力以赴。"

1977 年，随着香港经济的好转，当时的香港开始大规模修建公共工程。其中最大的工程当属地铁工程，整个工程计划用八年时间完成，总投资高达 200 多亿港元。当时的资金来源，主要是由港府提供担保获得银行的各类长期贷款，地铁公司通过证券市场售股集资，地铁公司与地产公司联合发展车站上盖物业的利润充股。

在建的地铁线路中，中环站和金钟站是最让众多地产商眼馋的，因为这两个站点是地铁先期建设的线路中最重要也是客流量最大的停靠站。谁承建了这两站，谁就可以在上面建成地铁全线盈利最丰厚的物业。这样一个赚钱的机会，颇具经商头脑的李嘉诚自然不会放过。

由于很多大地产商、建筑商都纷纷争夺这两站的建设，“狼多肉少”，所以大家纷纷施展各种手段进行较量。当时才是一家中型企业的长实，如何才能在这场角逐中脱颖而出呢？这是李嘉诚时刻思考的问题。

经过大量的调查，李嘉诚列出了置地、太古、金门等几个英资大地产商、建筑商，认为这些企业将会对自己造成威胁。而在当时的香港商业界，有一句话非常流行，叫作：“撼山易，撼置地难！”所以自己的企业参与投标，就必须把置地作为头号对手，而以当时长实的实力，无疑是“以卵击石”。

但是李嘉诚并没有畏惧，他认为正因为置地财大气粗，自然会认为自己势在必得而不去研究合作方，也不会去迎合合作方，这正是它的薄弱环节，那么自己为什么不在这方面做一做文章呢？

经过调查后，李嘉诚得知当时的香港地铁公司是一家直属港府的公办公司，而在香港，公办公司的一切消费并不是全部由政府包揽。除了少许政府允许的专利和优惠外，地铁公司的资金筹集、设计施工、营运经营，都得进行市场化运作。

用作修建中环、金钟两站的地皮香港政府估价 2.5 亿港元，然后以估价的原价卖给地铁公司，但是在购地支付问题上，地铁公司与香港政府产生分歧，地铁公司希望用部分现金、部分地铁股票支付购地款，但是香港政府坚持要地铁公司全部用现金支付。

李嘉诚认为，地铁公司之所以希望按他们的方式支付购地款，说明地铁公司目前现金严重匮乏，而地铁公司以高息贷款支付地皮，说明现在急需现金回流以偿还贷款，并指望获得更大的盈利。

因此，在投标书上，李嘉诚列出了两个吸引人的条件，一是由长实一方提供现金做建筑费，这样就满足了地铁公司急需现金的需求；二是在两站上建设综合性商业大厦，建成后全部出售，所获利润由地铁公司与长实分享，并打破对半开的惯例，地铁公司占 51%，长江实业占 49%。

竞标的结果自然可想而知，长实最终打败置地，上演了一出“以小搏大”的好戏，而李嘉诚经过这次投标的成功，也带领着公司走上了一个新的台阶。

李嘉诚案例

《孙子·谋攻篇》中说：“知己知彼，百战不殆。”意思是说，在军事战争中，不仅要了解自己，还要了解敌人，这样才能战无不胜。这一智慧被古今中外的军事家所推崇，其实，这一决策制胜方略同样适用于社会生活的各个领域，尤其是经济领域。事实上，许多成功的企业家都是极为善于运用这一谋略的。

与李嘉诚一样，股神巴菲特在投资时也非常注重研究投资对象。他曾说过：“我会让自己沉浸于想象之中：如果我刚刚继承了这家公司，而且它将是我们家庭永远持有的唯一财产，那么，我将如何管理这家公司？我应该考虑哪些因素的影响？我需要担心什么？谁是我的竞争对手？谁是我的客户？我将走出办公室与客户谈话。我会从这些谈话中发现，我这家企业与其他企业相比，具有什么样的优势与劣势？如果你进行了这样的分析，你可能会比管理层更深刻了解这家公司。”

有一次，股神巴菲特要收购一家公司。当这家公司的负责人和巴菲特谈判时，这位负责人惊奇地发现，巴菲特竟然比自己还了解公司。

还有一次，巴菲特与一位保险行业的专家闲聊。当这位专家对巴菲特发表了一些他对保险行业的看法后，巴菲特竟然也提出了一些自己的看法。这位专家一听，说：“我再也不在巴菲特先生面前高谈阔论了，他比我对保险行业的了解深刻得多。”直到后来，这位专家才知道，巴菲特管理着好几家保险公司，有着比他更多的实际经验。

在这个竞争日益激烈的商业社会，无论你是街头小贩，还是行业巨头，要想在生意场上游刃有余，要想在事业上取得令人瞩目的成就，就要在衡量自己的同时审视对手，对对手的情况了如指掌，只有这样才能运筹帷幄、百战百胜。

美国斯图·伦纳德奶制品商店的经理斯图·伦纳德有一个习惯，那就是他经常挑选一个与自己商店的经营有相似之处的竞争对手作为拜访对象，每次拜访，他都会带上15名下属一同前往。

在整个拜访过程中，斯图·伦纳德禁止下属提及任何自己比被访问者干得更好之类的话题，只为了能够让下属们都能至少找到一处竞争者比斯图·伦纳德商店干得好的地方。

对于自己的这种做法，斯图·伦纳德解释说：“给别人挑一点儿毛病是很容易的。例如发这样的议论：‘这些家伙根本不知道该做这个或那个。’可这种做法对我们来说无异于陷阱，一不小心就会掉进去。因此，我们定了一条规矩，不允许说这种话，你应当尽量找出一件竞争对手比我们干得好的事。很可能那只是一些小事，但是只有这样你才能不断改进自己的工作。”

一个成功的投资者在做生意时不会打无准备的仗。他们会事先做好充足的准备，认真分析生意成功的各个要素，了解竞争对手，了解其经营战略，从而发挥优势，弥补不足，取得最后的成功。

放长线才能钓大鱼

● 李嘉诚案例

经商可分为短线和长线两种投资策略，而李嘉诚尤其擅长运用后者进行投资，他曾这样谈起自己的投资策略：“好景时，绝不过分乐观；不景气时，也不过度悲观。在衰退期间，大量投资。我们主要的衡量标准是，从长远角度看该项投资是否有赢利潜力，而不是该项资产当时是否便宜，或者是否有人对它感兴趣。”在生意场中，李嘉诚使用“放长线钓大鱼”的策略，使长江实业集团长期雄踞香港企业王位。

水泥是建筑行业必须用到的重要材料，但是曾经有一段时间，在香港只有一家名为青州水泥公司的生产厂家。由于这个工厂设备陈旧，所以生产出来的水泥品质也十分次，许多开发商不得不舍近求远，从内地甚至国外运进水泥。有的时候由于种种原因，会出现工程已经开工很久了，水泥还没有运到的情况，导致工期延误。李嘉诚看准时机，毅然把这家水泥公司收购下来，然后把所有生产设备都更新换代，这样生产出来的水泥制品不仅保质保量，还能为自己公司的建筑工程所使用，省下了一大笔开销。

水泥厂原来是在郊区办厂，对居民的生活没有什么影响。但是随着香港经济的发展，外来人口逐渐增多，十多年过去后，水泥厂周边已经建起了许多社区，这给居民的生活环境带来了严重的污染。李嘉诚抓住时机，一方面要求香港政府为自己在远郊拨地，以方便自己搬迁水泥厂，解决污染问题，另一方面申请补地价，在水泥厂的旧址上建设住宅区。香港政府同意了李嘉诚的请求，就这样，水泥厂原来占用的那一大块价值低微的地皮，在改变用途之后，为李嘉诚带来了大量的财富。

从 20 世纪 80 年代，李嘉诚就开始专注于海外收购。1989 年，李嘉诚注资 5 亿美元收购 Orange，发展电信事业。在投资初期，由于长期处于亏损状态，李嘉诚受到业界内外的批评，甚至有人认为李嘉诚在英国的这项业务会将他的公司拖垮，但是李嘉诚坚持己见，不愿意放弃这项业务。他始终认为凭着自己对未来趋势的正确分析和把握，这项业务会给自己带来巨大的收益。

结果正如李嘉诚所料，随着个人通信网络逐渐被消费者们所接受，到 1998 年，李嘉诚出售 Orange 4.3% 的股份，套现 54 亿港元，加上当年被并购后交易所得的 200 亿港元现金、220 亿港元票据以及 650 亿港元的德国电讯公司股票，仅仅过去 10 年，李嘉诚在这项不被人看好的业务上的收益已超过当初投资的 10 倍。

李嘉诚说："我们历来只做长线投资。如果出售一部分业务可以改善我们的战略地位，我们会考虑这一步骤。除了考虑获取合理的利润以外，更重要的是在取得利润之后，能否在相同的经营领域中让我们的投资更上层楼。

对于李嘉诚“放长线钓大鱼”的经营策略，他的儿子李泽钜深有感触。他谈到，做生意的时间规划是5年、10年，不是一年、两年，长实有些项目也是7年才有收成。

● 李嘉诚智慧

现在大多数的投资者，都有一个不好的习惯，就是总想着怎样才能把钱快速地赚到口袋里，不去理会长远的利益。这种只顾眼前小利益，而忽视了长远的心态就是典型的“一鸟在手，胜过百鸟在林”。

这样的投资者永远只是热衷于短线投资，比如他们买了股票，不会长期将股票拿在手里等着它们升值，而是只要觉得价格好，哪怕上午才买进，下午就会卖出。对他们来说，只要赚了钱就行，不考虑那么长远。

其实，很多成功的投资大师，他们投资大多是长线持有，例如股神巴菲特。他不在乎那点蝇头小利，总是将一只股票持有几年甚至几十年，期间冷静地分析市场的动态，把握机会，这样放长线钓大鱼，往往是成功的。

1999年，靠着和团队凑起来的50万元，马云正式创建了阿里巴巴。然而，这50万元相对于需要巨大资金投入的互联网行业来说，简直就是杯水车薪。尽管马云处处节省，但是随着阿里巴巴的不断发展，支撑了几个月之后，公司还是陷入到弹尽粮绝的境地。当时马云甚至困窘到需要借钱来给团队成员发工资的地步。

与马云的困窘相比，当时整个互联网行业却在飞速地发展。互联网经济深受国际资本的青睐，而此时的中国互联网也正在享受着来自风险投资的盛宴。以著名的老虎基金、高盛和软银为代表的风险投资商纷纷进入中国市场，与阿里巴巴同一时期的三大门户网站和一些电子商务、娱乐网站全都获得了大量的风险资金，而处在起步阶段的阿里巴巴，自然也引来了无数投资商的关注。

但是，尽管当时资金匮乏，马云却出人意料地拒绝了 30 余家风险投资公司的合作意向，只因为这些投资者全部来自国内。马云的心中有着他的小算盘。他深知这些国内投资者无一例外地是想要通过注入资金，获得阿里巴巴的股份，然后在短时间内实现套现获利，而这必然会给阿里巴巴带来巨大的隐患。马云希望能找到海外的策略投资者，在获得投资的同时，还能得到比资金更重要的附加价值，如进一步的风险投资和其他的海外资源。

最终，马云等来了自己想要的投资者。1999 年 10 月，在高盛的牵头下，富达投资、InvestAB 等多家一流的基金公司参与，联合向阿里巴巴注入 500 万美元的风险投资。至此，阿里巴巴获得了其历史上的第一笔“天使基金”。

在以后的经营中，马云对于那些目光短浅，只追求眼前利益的小投资者的态度是一概拒绝，而对于那些追求长远利益的策略投资者，则来者不拒。在一次采访中，马云说：“对于风险投资，阿里巴巴当初创业就耍了个‘阳谋’，只找大型风险投资商，比如投资雅虎的孙正义，他们有本钱‘玩儿大的’。我不找那些小投资商，一个人只有 10 元钱，你借走 9 元，他当然天天坐你家门口要账了，但你向有 100 元钱的人借 3 元，那人当然会很有耐心等。”

不论是李嘉诚的成功还是马云的成功，他们的例子都告诉我们，一个成功的企业家应该把目光放长远一点儿，而不是只注重眼前的利益。他应该明白投资是一种过程，长线投资所经历的每一件事都是过程的一部分，而不是结果这个道理。明白了这个道理，他就一定会取得成功。那些热衷于短线投资的人永远只能做个朝不保夕的投机者，而着眼于未来的人才是胜利的投资者。

眼光放在世界的是大商人

● 李嘉诚案例

李嘉诚曾说：“眼睛仅仅盯在自己小口袋的是小商人，眼光放在世界大市场的是大商人。同样是商人，眼光不同，境界不同，结果也不同。”20世纪的八九十年代，全球化是世界经济的大趋势。经过多年的发展，李嘉诚已经在香港积累了庞大的家业，需要为手头的巨额资金寻找增值的出路，因此他看准这个机遇，开始将目光放眼全球，为此，他开始了大规模的行动。

20世纪80年代中期，在得到和黄和港灯后，李嘉诚便开始了他的远征计划。李嘉诚认为：“舞台越大，机会也就越多，跨国投资能让自己迅速加入到世界经济的体系中去，可以将自己的企业在全球联系起来，在全球范围内相互援助。形势好时就能迅速扩大，形势不好时也便于规避风险。”

1986年，石油价格走低，石油股票也低迷，李嘉诚却看到了石油工业的潜力。由加拿大帝国商业银行作为中介，李氏家族及和黄通过合营公司Union Faith，买下了加拿大赫斯基石油公司52%的股权，大赚了一笔。这笔交易不但轰动了加拿大，在香港工商界也引起了很大的轰动。后来，李嘉诚不断购买赫斯基石油的股权，到1991年，李嘉诚个人在赫斯基拥有的股权达到了46%，和黄与嘉宏一共拥有49%股份。至此，他们投资额达到80亿港元，一共占去了赫斯基石油公司95%的股份。

同样是在1986年，李嘉诚花费6亿港元购入英国皮尔逊公司近5%的股权。该公司拥有世界著名的《金融时报》等产业，并在伦敦、巴黎、纽约的拉扎德投资银行拥有股权。为了避免李嘉诚进一步收购股权，控制整个公司，他们组织了反收购。见形势不妙，李嘉诚迅速抽身退出，半年后他抛售股票，赢利1.2亿港元，

1988年，李嘉诚带着其占股份10%的加拿大帝国商业银行和李兆基、郑裕彤一起将“1986年温哥华世界博览会”会址旁一块204英亩的黄金地皮以32亿港元拿下，他们预计用10至15年在这块宝地上建加拿大规模最大的商业中心和豪华住宅区，整个工程预计需费用至少100亿港元。李嘉诚拥有这个项目50%的股权，其他的股东们一起占50%的股权。李嘉诚因此成了加拿大的投资英雄。他一人就投资100亿港元，激活了经济疲软的加拿大。

媒体声称，李嘉诚迷倒了加拿大的一位商务官。他将李嘉诚的肖像挂在自己的办公室内，逢人便夸赞李嘉诚是他的偶像。

这位商务官多么希望李嘉诚能在魁北克省投资，随便买下一座皇家住宅、一个造纸厂或者一家餐厅都可以。只要李嘉诚愿意，魁北克省就会成为李嘉诚的商业舞台，其他的香港富商也会蜂拥而至。李嘉诚的儿子都加入了加拿大国籍，他本人也于1987年成为加拿大会所的会员。

1992年3月，李嘉诚与另一位香港商界巨头郭鹤年通过香港八佰伴超市集团主席和田一夫的牵线搭桥，带着60亿港元亲赴日本札幌发展房地产业，两位商界巨头的到来，引起亚洲经济巨龙日本商界的震动。

经过数年在内地和海外全力开疆拓土，李嘉诚积累了许多经验，眼界也变得更加开阔，而他旗下的企业也越变越强。

● 李嘉诚智慧

在一次媒体的采访中，李嘉诚曾对全球化做出了这样的诠释："'全球化'是国与国的资金、科技及资讯互相结合，与当地文化、地域、传统及民生产生拉力。全球化要面对的是在不同层次的全球性竞争。例如，面对开发中国家，必须与其低廉的劳工竞争；面对发达国家，又必须与其教育水平、贸易、税制及市场竞争。全球化不是一蹴而就的，新经济不会只是短暂的现象，而是一个持久的方向。"在一些企业家眼中，事业的发展一般还是以本土较为稳妥，但是，在这个世界经济一体化的时代，眼光只局限于本土，舞台未免太小了。成功的企业家都会将自己的企业打造成跨国集团，加入到更大的经济竞争格局中去。

2006年，华为技术全年销售收入达到了656亿元，海外销售额所占到的比例非常大，超过了65%。其中，在移动网络、固定网络、业务软件和IP等业务领域所表现出的良好增长态势逐渐显现出来，得到了许多世界一流运营商的认可。在2007年1月，华为服务于"全球电信运营商50强"中的31家，打进了很多国家的市场，并取得了骄人的成绩。

任正非认为："华为这艘目前不大也不强的战舰已经驶向国际商战的汪洋大海，经历着国际竞争的惊涛骇浪。"国际化是任正非奋斗多年的目标，他希望华为能够走出国门，站在世界的市场舞台中央，但任正非也清醒地认识到，华为的国际化并非是出于管理者的虚荣心，也不是为了追赶当下企业都要走国际化路线的时髦想法。华为要走上国际化的道路，这是生存和发展的必要举动。

全球化是不可避免的。早在1995年，任正非就清楚地认识到了这一点，国内通信骨干网络已经基本铺设完成，国内电信基础设施大规模的投入期也即将过去。到时候，国内的市场很难支撑华为这么大规模的企业再继续良性发展。想要寻求新的突破，维持企业的运作，华为就必须寻找新的发展空间，国际市场就是华为要踏足的新舞台。

任正非表示："华为不可能回避全球化，也不可能有寻求保护的狭隘民族主义心态，因此，华为从一开始创建就呈全开放的心态。在与西方公司的竞争中，华为学会了竞争，学会了技术与管理的进步。"对中国很多企业来说，从国内市场迈入国际市场都是理想的道路，但这条道路走得会非常辛苦和艰难，途中会遇到各种各样的困难。华为之所以能够成功打入国际市场，就是因为任正非敢于竞争，敢于面对挑战。他表示面对全球化趋势时，不要封闭自己，要打开自己。向西方学习的同时，也要和他们竞争。

想要在全球的市场上占有地位，在很多方面都要做到与时俱进。华为在管理上一直都要实现与国际巨头看齐的目标，技术开发也要和国际巨头企业看齐，甚至要超越他们，在人才的招揽方面也是如此。方方面面的追求，令华为成功抢占到了国际市场。华为的国际化是以拥有自己的核心技术为前提的。华为以自主研发的设备抢占了国际市场，赚取了核心技术所带来的巨大利益。

任正非明白，想要在国际市场上立于不败之地，那就要独立强大起来，不能依靠国外的先进技术。华为要有自己能拿得出手的技术和设备才行，这样，华为和国际上那些大公司的合作才能处于一个平等互惠的关系，才能实现优势互补。

也可以说，华为的国际化是中西结合的国际化，是具有华为特色的国际化，华为之所以能稳扎稳打进入国际市场，就是因为任正非在对华为的管理上，一直都是高要求，要与国际上的大企业缩短距离。随着华为越来越国际化的发展，原本的差距越来越小，到现在，已经是那些企业与华为有差距了，是他们需要追赶华为了。

与李嘉诚、任正非一样，默多克也十分注重企业的全球化。默多克是美国著名的媒体经营者，大学毕业后就在英国伦敦的《每日快报》上班。父亲去世后，他继承了父亲的家业，到澳大利亚继承了父亲留下的一家地方报纸——阿德莱德《新闻报》。

默多克不甘心只经营这一份地方报纸，他为报社制定了跨国经营的战略目标。1963 年，他购买了香港亚洲杂志公司 28% 的股份；1964 年，又购买了新西兰惠灵顿的《自治报》；1968 年，拥有了美国历史上最悠久的《世界新闻报》集团 49% 的股份；1989 年，接管了柯林斯出版公司。默多克在全球掀起了热潮。

如今的默多克，建立起了横跨五大洲的传媒帝国，他本人也站在了世界的舞台上。作为企业的管理者，一开始就要有一个雄伟的目标，心中装着世界舞台，只有这样，才能带动企业良性发展。

第九章

人弃我取，人取我弃

（舍得理念）

人面对力所不及的事时，往往逞一时之气，显一时之威，到头来，只能是自己打落了牙往肚里咽，自己酿的苦酒自己喝。我们常常就缺乏这种进退自如的状态，为了某些既得利益拼命争取，就算力所不及也毫不在意。到头来甘苦自知。与其那时来收拾残局，甚至造成亏本，倒不如从一开始就克制一些。对本身力所不及，又面临强大竞争对手，可能使己受损的，不妨以“和”的心态来面对，求“合”即双方合作、双方受益。

——李嘉诚

好景时决不过分乐观，不好景时也不过度悲观

● 李嘉诚案例

一个成功的企业家往往具备审时度势的能力，他知道在什么时候出手，在什么时候放弃。在投资的过程中，最失败的投资方式就是跟风，一个没有独特眼光的商人，永远成不了大气候。真正精明的商人，能够反其道而行，走别人不敢走的路，虽然会有风险，但是带来的收益也是巨大的。李嘉诚就是这样的人。在没有找到合适的机会时，他会把持资金，稳中求进，但是一旦机会来临，他就会进行灾难式投资，采取人弃我取的投资策略，为自己的财富帝国再添砖加瓦。

20 世纪 60 年代中后期，香港的房地产业仍然十分疲软，没有回升的态势。李嘉诚在这个行业已经投入许多资金而没有获得多少收益，许多先前将资金投入房地产业的人都因为信心不足，纷纷抽回资金，改投其他行业。一时间，香港的很多地皮都开始低价抛售。

这时，李嘉诚并没有跟风抛售自己手中的地产，相反，他经过深思熟虑之后，决定继续将大部分资金投入到房地产业。他甚至公开宣称：“你

们大拍卖！我来大收买！以后，你们有追悔莫及的那一天！”就这样，李嘉诚用手中剩余的资金，以极其低廉的价格收购了一块块地皮，并且大兴土木，在上边建起了一栋栋高楼大厦，大厦落成后用来出租回笼资金。

事实证明，李嘉诚这种灾难式投资是正确的。从 70 年代开始，香港的房地产业开始回暖，这也导致香港的地皮和房价持续攀升。李嘉诚将手中的部分地皮和大楼高价抛售，获得了成倍的利润，而他也成为这次房地产灾难中最大的赢家。

在随后的投资生涯中，李嘉诚也曾多次在石油危机和经济萧条时期，趁楼价下滑，采取人退我进、人弃我取的战略入货。结果在楼市大升时获得巨利，使手上的资金暴增。

2007 年中国经济持续高速发展，这也导致股票和房地产市场的双重利好。人们纷纷投身股市，希望能从中赚到第一桶金，然而李嘉诚却在这时对包括中国远洋、南方航空及中海集运等 8 家企业的股票进行了明显的减持。2007 年末，李嘉诚更是公开表示，近期港股仍会波动，建议投资者谨慎小心。在李嘉诚密集减仓后，恒生指数果然持续下跌，2008 年初更是从 2007 年末的 31 638 点跌落到 25 000 点。这也让许多投资者血本无归，但是李嘉诚却在这场投资中毫发无损，并且大赚了一笔。

人生有舍才有得，李嘉诚告诫大家：“要永远相信：当所有人都冲进去的时候赶紧出来，所有人都不玩了的时候再冲进去。”

● 李嘉诚智慧

逆向投资是一种策略，也是一种智慧，如果一个项目 100% 的人都看好它，认为有利可图，那么你最好不要再参与进去；如果只有 50% 的人看好它，那么你可以尝试一下，但是你必须要付出比他人多出百倍的努力；如果只有 1% 的人看好它，那么你完全可以放心地参与进去，不久的将来，你或许会大赚一笔。

第二次世界大战爆发后，很多城市因为战争而变成废墟。人们流离失所、无家可归，自保都成问题，就更别说想着如何赚钱了。

有两个年轻人看到战区的人民因为忙于逃难，又不忍心白白浪费辛苦赚来的家产，因此纷纷低价抛售。其中一个年轻人从中看到了商机，他认为战争终有结束的那一天，到时候人们必然会回到正常的生活轨道上。这个时候低价买入难民们抛售的家产，等到战争结束后再高价卖出，必然会让自己大赚一笔。

他把自己的想法和另外一个年轻人说了，但是他的同伴却认为，一旦买入这些家产，运输会是难题。如果在运输过程中碰到敌军，不但这些物品会被没收，恐怕连生命都会丢掉，因此他拒绝了同伴联合收购的建议，跑到安全地区避难去了。

第一个年轻人没有因为同伴的退缩而改变主意，他一方面大量收购人们抛售的物品，一方面冒着风险将这些物品运到安全地区保存好。几年后，战争终于结束，这个年轻人立刻抛售手中的物品，大赚了一笔，成为一个富翁，而他的同伴仍然只是一个碌碌无为的普通人。

经商的道理有时候很简单，敢于抓住别人不敢去抓的机会，敢于走别人不敢走的路，做到人弃我取、人取我弃，那么你或许也可以成为一代企业大家。

戴维·德瑞曼是美国著名的逆向投资者，他著有一本名为《逆向投资策略》的书。在书中，他指出，“二战”以来，美国市场经历 11 次危机。如果在危机发生 1 年后投资，投资者将有 10 次赚钱，只有一次亏本，且只亏 3.3%，平均收益为 25.8%，其中收益最高可达 43%(1969 年到 1970 崩盘后的)。危机后将股票持有两年的获利是惊人的，买家在11次的危机中都将赚钱，两年的平均收益约为38%。而在1973年至1974年的下跌后，买入股票收益将高达66.5%。因此他认为在恐慌中买入并持有做逆向投资是投资制胜的策略。

其实，很多投资大师都有逆向投资的经典案例，例如1982年彼得·林奇收购了处于困境中的克莱斯勒公司。他认为这样一家濒临破产的企业，在行业逐渐回暖的时候，会成为弹性最大的公司。果然如他所料，到1987年，仅仅5年时间，克莱斯勒公司的产值评估上涨了50倍，而同期的福特汽车只上涨了17倍，通用汽车仅仅上涨了3倍。

2008年，由于受到金融危机的影响，高盛集团向投资界发出优先股融资计划，股神巴菲特率先购买了高盛的优先股，并同时得到相应的一批优先股权证。在随后的几年里，巴菲特每年仅仅因为股息收入就高达5亿美元。随后，巴菲特又用他的4350万股高盛（GS）的认购权证换取1000万股高盛的股票，这相当于其不花一分钱就成为高盛的大股东。

在这个世界上，每个人都能够成为商人，但成功的并不多，所以，与其跟在大多数人的身后亦趋亦步，还不如培养自己的眼光和胆量，然后另辟蹊径，这样就能帮助我们更快地达到成功的彼岸。

进退之间，方得大天地

● 李嘉诚案例

有一年，香港特区政府为了改善财政状况，想要将中环海边康乐大厦所在的那块土地拍卖掉。这块地皮面积很大，而且处于黄金地段，很有升值价值，是非常值得投资的地方。这个消息传出后，很多商人纷纷想要购得这块地。就连不在香港的商人听了这个消息，也纷纷赶来参与投标。

但参加投标的人多，真正有实力能够购下这块地的只有香港李嘉诚的长江实业有限公司和英国的渣打银行。香港政府不想让香港以外的人士购买这块地，有意让这两家中的一家获胜，便采取了暗中投标的方式。

李嘉诚虽然对这块地皮很中意，但他也有自己的考虑。他在心中给自己设置了一个底线，如果超过底线，那就算把地买回来也是亏本，不值得这样做。可是渣打银行却一心要得到这块地，便拼命抬高价钱。渣打银行之前也和长江实业有限公司竞争过，但都败给了长江实业。为了挽回面子，渣打银行这一次非常想要中标。

李嘉诚报了他心目中的价钱 28 亿港元，但渣打银行不了解，他们认为李嘉诚可能会为了得到这块地而报高价，于是渣打银行报了高价，足足有 42 亿港元。这样高的价格，最终自然是渣打银行赢得了这次的投标。

本来，渣打银行觉得这一次能够胜利，是件非常高兴的事情，可正当渣打银行上下举杯欢庆胜利时，得到消息的员工回来说李嘉诚的报价比他们少了 14 亿港元。这个消息让渣打银行的高层大吃一惊，他们的总裁惊得连杯子都掉在地上摔了个粉碎。他们万万没想到李嘉诚会报这样的低价。

李嘉诚没有被眼前的利益蒙蔽双眼，冷静思考之后，做出了理智的选择。他经受住了黄金地段的巨大诱惑，果断抽身，将这块地留给了渣打银行。如果李嘉诚一心想要赢得这块地，拼上身家，没准也能赢过渣打银行，但那样做，完全是为了赢得竞标而去做，就没有实质性的意义了。

不是每一个生意都要做成。李嘉诚不论是做生意还是做人，都会留有余地，不会为了达到目的而不顾一切。在李嘉诚的人生观中，有进去就有后退，进退之间，才是人生的大天地。一味地进去，最后只能逼得自己不留一寸之地，得不偿失。

● 李嘉诚智慧

老话说得好："退一步海阔天空。"一个真正掌握了人生哲学的人，不会一味地争强好胜，而是在必要的时刻，宁可退后一步，也不会盲目向前，会做出一点牺牲来给日后更大的迈步做铺垫。不懂得退让的人，迟早会吃亏的。

一条小鱼在河里游得欢快，一心要游到大海里去。可是当它游到一座桥下时，不小心撞到了桥柱子上，被撞得眼冒金星。这条小鱼本来只要绕道游行就可以了，但偏偏觉得是这个柱子挡住了它的去路，非常生气，一定要把柱子撞断不可。它撞了一次、两次……直撞到头昏眼花，柱子也是纹丝不动，反倒是小鱼精疲力竭。这时一条大鱼游了过来，小鱼没了逃跑的力气，就被吃掉了。

生无谓的气，结果只能让自己吃亏，不去改正自己的态度，反倒去怨恨周围的环境或者旁人，势必会被环境所淘汰。松下幸之助说过："人们对于进退的事情，往往不容易看得开，但有时因为情况需要，却要有所决定。或者，即使并无情势逼迫，也必须决定自己的进退事宜。"

一个初入职场的青年工作努力，能力也很强。他觉得自己一定能够在公司有一个好的发展。在工作了一年之后，这个青年有了一次升职的机会，他觉得自己的希望很大，但却偏偏被另一个年纪稍长的人夺取了机会。这个青年很是不满，觉得公司偏心，觉得自己是新人，所以不信任自己。

正在这时，另一家公司想挖这名青年跳槽，薪水可以翻一番，青年一时之间有些心动，觉得跳槽或许比在原公司发展得更好，而且刚刚在职场上的失意，也让这位青年对原公司心生离去之意。

但这位青年在递交辞职申请时，他的上司对他的一番话让他冷静了下来。上司对他说为了眼前的一点得失就轻易放弃，不是明智的举动，做任何决定前都要仔细考虑一下，看得长远一些。

在上司的劝告下，这位青年暂时收回了辞职信。他仔细考虑了两家公司的利弊，虽然第二家公司给的薪水多，但要说起长远的发展来，确实不如自己现在所在的这家公司，而且静下心来想一想，自己的能力的确不如之前升职的那位同事。想清楚之后，这位青年留在公司继续工作，几年之后，他不但升职加薪，能力也得到了很大的提升。他很庆幸当时没有一时冲动离开公司。

人生的事情就是这样，在取舍的时候要考虑清楚、考虑长远，不能因为眼前的一点儿小利就看不到未来的发展。遇到问题时，有时候“退”要比“进”更有力量。

互惠互利，是能得到双赢的好事

● 李嘉诚案例

罗素说：“合作是解救人类的唯一途径。”做生意离不开与他人的合作，可是，合作是一门大学问，必须建立在诚信的基础上。在商界，李嘉诚的合作理念颇为人称道。

李业广是“胡关李罗”律师行的股东之一，又持有英联邦的会计师执照，有两把刷子，在业界的名气很盛。有人却说李业广是李嘉诚的专用律师，李嘉诚解释说：“哪有？我可没有那么大的本事，能让李业广为我自己所用。”

李嘉诚也不是自谦，李业广确实在香港颇有名气。他身兼 20 多家香港上市公司的董事，相当于兼任着香港 1/4 上市公司的董事。此外，他还是香港许多有钱人的高级参谋。有着这样身份的李业广，虽然不是见钱眼开之人，但是一般的大亨还真难请到他。不过，他却在长江上市时就做了首届董事会董事；长江做大后，他做了长江旗下所有上市公司的董事，就凭这一点，足见李嘉诚会用人并懂合作之道。

李嘉诚比较务实，他不会玩虚张声势的伎俩。虽然自己的名气比李业广大，但也不拉拢名人给自己任董事，看中的是李业广的才华。两李合作之后，为长江实业制订了很多扩张计划。

李业广向来为人低调，一般都在幕后为李嘉诚卖力。直到 1991 年，李业广做了香港证券联合交易所主席，才声名大噪。在李业广之前做香港证券联合交易所董事局主席的都是香港的知名人士，如：金银会创始人胡汉辉，股坛的大人物李福照，慎生银行的主席利国伟。

李业广做联所主席的消息一传出，各大报纸关于李业广的消息铺天盖地。在介绍他时是这样说的：“胡关李罗”律师行合伙人，长江实业集团多家上市公司的董事。由此可以看出，公众对李业广对长江的贡献极为认可。

证券专家杜辉廉，是一位出身于伦敦证券经济行的英国人。70 年代，杜辉廉作为惟高达证券公司的代表来到香港，并与李嘉诚相识相交。1994 年，惟高达被万国宝通银行收购，杜辉廉便留在了万国宝通银行的证券部。

李嘉诚在打股市的收购战时，多次请教杜辉廉。杜辉廉也经手了长江实业和李嘉诚家族的股票买卖，被称为“李嘉诚的股市经纪”。

杜辉廉是长江实业智囊团里唯一不支干薪者，李嘉诚也曾多次邀请杜辉廉做董事，但都被杜辉廉拒绝了。他拒绝参与长江实业的股权结构、股市集资、股票投资，为此，有情有义的李嘉诚总感觉亏欠杜辉廉。

1988 年底，杜辉廉和好友梁伯韬开办了百富勤融资公司，而杜梁二人只占了 35% 的股份，剩下的股份给了由李嘉诚带头的 18 位商界巨头。

杜辉廉是百富勤的主席。在 18 位富商的帮助下，百富勤发展态势极好，很快就收购了广生银行和泰盛银行。不久，百富勤又分出百富勤证券公司。4 年后，百富勤年盈利达到 6.68 亿元。

待到百富勤在香港成为小巨人之后，为了让杜梁二人的股份额处于安全位置，李嘉诚主动将自己的股份分给了杜梁二人一部分，自己仅留了 5.1%。李嘉诚对百富勤的投资简直是公益性质的，完全是出于报杜辉廉曾经效力长江实业的恩。不过，百富勤发展很好，成了大家争相购买的热门股，李嘉诚手里的百富勤股份还是给他赚了不少钱。

身兼两家上市公司主席的杜辉廉后来一直在给长江实业做顾问。90 年代，李嘉诚与中资公司的每一次合作，都向杜辉廉进行了专业咨询。当被《明报》的记者问到自己的智囊团有多少人时，李嘉诚说了实话：“数也数不清，比如你们集团的广告公司就是。”

● 李嘉诚智慧

李嘉诚说过：“大家合力就能办更大的事，为彼此带来更大的利益。

许多人为争一时之气与人失和乃至势不两立，处处与之为难，这样做从长远考虑是得不偿失的。因为你在不给对方机会的同时也断送了自己的机会。以和求发展，双方均受益才是更高境界。”

一个人不明白天堂和地狱的区别是什么，上帝就带他到一个房间：“看看吧，这就是地狱。”

在那个房间里的正中央放着一口大锅，锅里煮着香喷喷的肉汤，但围着锅的一群人却个个一脸饿相，瘦骨嶙峋。他们每个人手中都有一个可以伸到锅里的汤勺，但是汤勺的勺柄太长，他们自己没办法把汤送到嘴里，只能眼睁睁地看着锅里的肉汤挨饿。

上帝又领他去到另一个房间：“这一次，让你看看什么是天堂。”

在这个房间里，也是房间中间放着一锅肉汤，但这个房间里的人个个气色都很好，每个人都是欢乐的表情。虽然他们的手中也是一个勺柄很长的汤勺，但他们每个人都能喝到肉汤，原因就是他们会用自己的汤勺喂别人。

同样的条件，一些人能够身处天堂，一些人只能身处地狱，关键就在于你是独自霸占资源，还是共享利益。如果真想成就一番事业，就必须发扬合作精神，合作能够取得持续性的成功，因为缺乏合作精神而导致失败破产的企业，比因为其他原因而失败的公司总和还要多。拿破仑·希尔说在他经商的多年间，亲眼见证了各式各样因为不懂合作而宣告失败的企业。无论是企业还是个人，能力都是有限的，都需要与他人合作来加强自己在这个社会中的地位和能力，这个时代需要的是能够互相包容接受的人，而不是独行侠。

李嘉诚也是很明白这个道理的，所以他一直与人为善，在人际交往中有着良好的口碑。他认为不论是经商还是做人，独来独往，得不到别人支持和帮助的人，走的路不会太长，也不会太宽，只有互惠互利，才能相互将路走宽。

“我一直奉行互惠精神。当然，大家在一方天空下发展，竞争兼并，不可避免。即使这样，也不抛掉以和为贵的态度。商业合作必须有三大前提：一是双方必须有可以合作的利益，二是必须有可以合作的意愿，三是双方必须有共享共荣的打算。此三者缺一不可。抓住机遇，强强联合，优势互补，就能带来双赢的良好局面。”李嘉诚正是坚持这样做，才在商海中打下了一片天地。

发展中不忘稳健，稳健中不忘发展

● 李嘉诚案例

地产行业是一大块肥肉，商人们都想尝一口，因此竞争也就十分地激烈。李嘉诚开展的产业正是在这样一个竞争十分激烈的背景下进行的。作为一个新入行者，李嘉诚十分冷静。当时地产业的代表霍英东被利润冲昏了头，一心想着加快资金运转，赚更多的钱去开发新的地产，大张旗鼓地售楼花。急功近利的地产商紧跟其风，售楼花一时成风。

李嘉诚却发现如果售楼花的话，地产商将和银行一荣俱荣，一损俱损。受制于银行，这是他不愿意的。虽说高风险高收益，可是，李嘉诚决定稳中求进，资金再少也绝不卖楼花或按揭建房，尽量做到不在银行抵押贷款，以免客户挤兑。这样不但有损企业声誉还可能将企业带入险境。不久，香港廖创兴银行便出现了挤兑，这次挤兑竟然将有着“西环地产之王”的廖宝珊逼得脑溢血猝死。这证实了李嘉诚的理念是正确的。

李嘉诚曾说过：儒家精神最简单地讲就是“过犹不及”，这是孔子讲的。还有老子讲的“知止不败”，这两个哲学是非常有用的。“过犹不及”，过度地扩张，容易出毛病；过度地保守就不容易跟人家竞争。任何企业，任何一个行业，过度扩张都是不好的，所以知道什么时候应该停止，知道什么时候应该扩张，这都是很重要的。怎样从小型企业到中型企业、从中型企业到大型企业，步步为营，这是一个学问。

李嘉诚总善于从前辈身上取经和吸取教训，在地产业稍经搏击便看到了地产与银行的风险。他很想赚钱，却也时刻提防着一夜暴富后的朝不保夕。地产界和股市的规律是如此相像，李嘉诚始终保持着稳健的步伐前进。

在 2008 年的那场金融海啸中，香港很多富豪的财富都大缩水。当很多富豪都被这场金融海啸打垮的时候，李嘉诚却幸免于难，避开了这场股灾。很多人都好奇李嘉诚为什么能够没事，其实李嘉诚面对金融危机的应对办法很简单，就是谨慎保守。李嘉诚也曾多次在新闻发布会上说明，他在股票投资方面特别谨慎保守，紧紧把握着基本信息。

李嘉诚的谨慎作风可以从一个微小的细节中看出。在长江中心 70 层的会议室里，摆放着一尊别人送给李嘉诚的木制人像。这个人像是一个中国旧时打扮的账房先生，其实手里原本还握着一杆玉制的秤，但是李嘉诚觉得这个秤很精致，怕被人不小心打碎了，就收了起来。从这个细节可以看出，李嘉诚是一个考虑很周到，做事很细心，时刻注意风险的人。

李嘉诚在 2008 年的时候，大手笔减持手中的中资股，回笼了上百亿的资金，避免了巨额的损失。其实，早在 2007 年的时候，股市走向正高，全民都在炒股时，李嘉诚就冷静地提醒大家要注意风险。

在稳中求胜的大方针下，李嘉诚始终坚持以眼前利益换取长远利益，不能一味地贪心，被眼前的利益套牢，那到将来出现危机的时候再想跑就来不及了。

李嘉诚智慧

有“舍”才有“得”。李嘉诚把中国文化中的舍得精神运用到极致，以物业上的负利润给自己企业在地产界做了一次很好的宣传，改变了企业形象，实则利润无可估价。从长远来看，赚的钱远远超出当初的亏本，这就是所谓的人生大智慧吧。

一个孩子出去玩儿，看到他爷爷在果园里修剪果树。这个孩子看到爷爷把很多树枝都剪了下来，觉得有些心疼，就问爷爷：“爷爷，这么好的树枝，您都不要了吗？”这个孩子捡起一根树枝，指着上面嫩绿的叶子说道：“它们长得多好啊。”

爷爷笑着回答：“傻孩子，把这些树枝剪掉，是为了让果树长得更好啊！如果这些树枝留在树上，分走了果树的营养，那果树结的果子就少了。”听了爷爷的话，孩子若有所思地放下了树枝。

剪掉树枝的果树能够成长得更快，吸收更多的营养，有舍才有得。《金刚经》有文：“法尚应舍，何况非法。”这就是有大智慧的人才能做出的选择。舍也好，得也好，就是在遇到选择时，权衡了各种利弊做出的一种判断。看透人生的人能够选择舍，继而拥有大得；而看重眼前的人，则会选择得，却不知道未来会失去更多。

李嘉诚说：“放弃机遇的人并不知道自己放弃的是机遇，而求索机遇的人恰恰知道机遇或许就要降临。这一直是我们集团投资的原则。在衰退期间，我们总会大量投资。我们主要的衡量标准是，从长远角度看该项资产是否有赢利潜力，而不是该项资产当时是否便宜，或者是否有人对它感兴趣。”

生命的高度，是能取能舍，在该取的时候取，毫不犹豫；在该舍的时候舍，非常果断。

一个聪明好学的年轻人想要成为大学问家，但苦学多年，在学术界依旧默默无闻，感到很苦恼。听别人说，山上住着一个非常有智慧的禅师，这个年轻人便上山去找禅师请教问题。

当年轻人对禅师道出自己的困惑后，禅师并没有马上给他解答，而是邀请他一起上山顶欣赏风景。沿途的风光很美，尤其是山路上各种晶莹剔透的小石子非常漂亮，这个年轻人想捡一些回去收藏。

他一路走一路捡，越捡越多，口袋里塞满了，可是前面还有很多漂亮的石头，但他不舍得把口袋里的石子扔掉。这时，禅师递给他一个大袋子让他装石子，很快，这个年轻人便捡满了一个袋子。

山路陡峭，背着沉沉的袋子，年轻人累得气喘吁吁。他问禅师还有多久才到山顶，禅师说这才走了一半的路。年轻人嚷嚷着说走不动了，怕是没力气上山顶看风景了。禅师开解他说负担太重，自然走得累，卸下负担，才能轻松登上山顶。在一番犹豫之后，年轻人扔掉了那一袋子石头，果然觉得轻松了许多，不一会儿就登上了山顶。

看到山上的好风景时，年轻人明白了做学问不能什么都研究，什么都想研究透彻，要有侧重点。回去之后，他选择了自己最擅长、最喜欢的一门学科专心研究，没过几年，他便成为那个领域的大专家了。

人生重在选择，不能什么都想要，有舍才能有得，果断的舍弃不代表放弃，而代表另一种拥有。

第十章

以勤劳、忍耐、意志作为进取人生的战略

（下一代教育理念）

如果子孙是优秀的，他们必定有志气，选择凭实力去独闯天下。反言之，如果子孙没有出息、享乐、好逸恶劳、存在着依赖心理，动辄搬出家父是某某，子凭父贵。那么留给他们万贯家财只会助长他们贪图享受、骄奢淫逸的恶习，最后不但一无所成，还可能成了名副其实的纨绔子弟，甚至会变成危害社会的蛀虫。如果是这样的话，岂不是害了他们吗？

——李嘉诚

年轻人有自己的理想，要学会尊重

● 李嘉诚案例

李嘉诚有两个儿子——李泽钜和李泽楷。这两兄弟有“小超人”之称，比起哥哥的稳重斯文，李泽楷要大胆得多，行事开放，思想活络，很有李嘉诚年轻时的作风。李嘉诚一手打造的长江实业对李泽楷没有什么吸引力。他想要创造出完全属于自己的事业，要开拓出另一番天地。对于李泽楷的特立独行，李嘉诚没有阻止，而是给予了支持。

李泽楷从小就显露出聪明灵敏的特性，很有才气。在他 13 岁的时候，李嘉诚送他去加拿大读书学习，在国外的日子，李泽楷虽然年纪还小，但他开始自食其力，外出打工来赚生活费。到了 1983 年，17 岁的李泽楷进入美国斯坦福大学学习自己喜欢的计算机工程。虽然从继承家族企业来看，李泽楷应当读商科，但李嘉诚认为年轻人既然做出了自己的选择，那就一定有自己的道理。所以，李嘉诚并没有反对。

早先，李泽钜在斯坦福大学读的是土木工程系，李泽楷如果读法律或者管理类的专业，能够和李泽钜的专业相辅相成。李泽楷不读这些专业，反而选择了计算机专业，在当时的人们看来也是不能理解的。当时的电脑还没有在全球普及，这门专业毕业后，看起来前途似乎并不乐观。

但是，不管怎么说，李嘉诚选择了支持儿子的做法。4年过去后，21岁的李泽楷从大学毕业。大学毕业后，李泽楷没有继续深造，也没有进入相关的行业工作。他去了加拿大，加入李嘉诚有投资的加拿大投资顾问公司哥顿资金公司从事电脑工作，成为一名打工的白领。

工作了几年之后，李泽楷选择回到香港发展。回港不久，他便抓住了一个机会赚得了人生的第一桶金。

李泽楷回到香港后正赶上卫星广播有限公司成立，李嘉诚家族和和记黄埔各占一半股权。卫星广播有限公司打算向亚洲卫星公司所拥有的“亚洲卫星一号”租用线路，和记黄埔占有亚洲卫星公司1/3的股份。李泽楷对这个项目非常感兴趣，积极参与，被任命为卫视的董事兼副主席。

走马上任后，李泽楷全心全意投入精力在这个项目上，付出了很多的辛苦和努力，最终使得卫视运营走上了正轨。两年的发展之后，卫视覆盖50个国家，拥有了一个广阔的市场。成功之后，李泽楷并没有继续维持发展自己辛苦建立起来的这个卫视王国，而是选择将其出售。李泽楷选中的买家是世界传媒大王默多克。在和默多克的谈判中，李泽楷沉着应对，富有技巧，最终以5.25亿美元出售了卫视63.6%的股权，为集团带来了30亿港元的收益，而他自己则净赚4亿港元。

在1993年8月底，李泽楷被提升为和记黄埔的副主席，但李泽楷的志向并不在此，他一心想要撑起自己的一片天地，在荣升和记黄埔的副主席之前，李泽楷就宣布成立了私人公司“盈科拓展”。所以，在李泽楷做了和记黄埔副主席后，很多人就纷纷猜测，李泽楷会一心接手家族企业，还是会致力于自己的事业。

最终，李泽楷选择了打拼自己的事业。对于儿子一路走来的做法，李嘉诚表示了支持和理解。他显得很豁达：“年轻人有自己的理想，那是好事。和黄管理层有足够人手，我不会勉强他做。”

李嘉诚智慧

作为企业家，李嘉诚成功地将一家企业从小做大；作为父母，李嘉诚对下一代的教育也是很成功的。李嘉诚以自己的宽容和支持让儿子走上了自己选择的人生之路，让儿子的人生之路没有留下遗憾。李嘉诚并没有因为自己是成功的，就将自己的人生经验强加在儿子身上，没有压制儿子个人的自由和个性的发展。

对于李泽楷来说，李嘉诚作为一个父亲，无论是事业还是做人，都是非常成功的。如果想要超过父亲，那就只能尽力做得更好。李嘉诚并没有对儿子的选择做出过多干涉，他对儿子的人生有着足够的尊重。

鲁迅先生在教育下一代方面，也有着足够的尊重和理解，鲁迅说：“如果不先行理解，一味蛮做，更大碍于孩子发达。”

有一次，鲁迅在家中请客吃饭，儿子海婴作陪。在吃到鱼圆的时候，客人们都说鱼圆新鲜好吃，但只有海婴说鱼圆不新鲜。他嘀咕了一句：“妈妈，鱼圆是酸的。”鲁迅的妻子认为儿子胡闹，赶忙责备了他几句。受了委屈的海婴很是不高兴。鲁迅见状，夹起一块鱼圆尝了尝，发现鱼圆果然不新鲜了，便感慨地说：“孩子说不新鲜，我们不加以查看，就抹杀是不对的，看来我们也得尊重孩子说的话啊！”

对子女要抱有足够的尊重和宽容，才能让子女成长得更加健康。李嘉诚在对待子女教育问题上是这样，很多成功人士在教育自己的下一代时，也不会为了让他们变得更优秀而对他们施加压力。

一位名校毕业的高才生，在进入社会后工作顺利，在职场发展得如鱼得水，很快还创下了自己的事业，当上了老板。周围的邻居很羡慕这位高才生的父母，纷纷向他们请教教子成龙的经验。但是没想到这位高才生的父母说自己并没有刻意地做什么，而是让孩子顺其自然地发展。

邻居不相信这位高才生父母说的话，认为这其中一定有什么秘诀。被大家追问得实在没办法，高才生的父亲想了想，说道："如果说秘诀的话，那就是我尊重我孩子的理想，不会去对他所做的事情指手画脚。"

尊重就是最大的鼓励，很多父母觉得自己为儿女倾注了无数心血，但儿女就是不能成才，让他们痛心疾首。但这些父母从来没有问过儿女，他们心中最想做的事情到底是什么。所以说，尊重子女，让子女朝着自己想要走的道路去发展，才是对子女最大的帮助和爱护。

太多的物质反而有害

● 李嘉诚案例

李嘉诚在子女教育方面很有一套。他虽然有很多财富，即便两个儿子什么都不做，也足够生活。但李嘉诚对儿子绝不溺爱。他在两个儿子还很小的时候，就培养他们的独立自主精神。有一次，刚学会走路的李泽楷不小心碰到了一块大石头，李泽楷立刻号啕大哭起来，一边哭一边看大人，希望大人能过来哄哄他。

但李嘉诚不但自己不去抱起儿子，还不让身边的人去抱李泽楷。他希望通过这样的小事情，培养李泽楷凡事都靠自己的意识。在李泽钜和李泽楷八九岁的时候，李嘉诚就要求他们两个列席公司的董事会，两个小孩子根本听不懂大人们开会在说些什么，但李嘉诚就是不许他们离席。李嘉诚这样做，是希望两个儿子从小就明白做生意不是容易好玩的事情，挣钱也不是那么简单的事情。

“带他们到公司开会，目的不是教他们做生意，而是教他们明白做生意不是简单的事情，要花很多心血，开很多会议，才能成事。”李嘉诚对儿子的教育很严格，但毕竟还是两个小孩子，在董事会上一坐就是几个小时，让李泽钜和李泽楷很是受罪。李嘉诚的夫人心疼儿子，便劝李嘉诚：“孩子太小，等他们长大了再跟你们学习也不晚。”

面对夫人疼爱儿子的心情，李嘉诚虽然表示理解，但依然坚持自己的做法。他对夫人说：“是的，他们年龄小还不懂事，但是我想早一点儿对他们进行启蒙教育，让他们从小就知道父辈创业的艰难，学习父辈顽强拼搏的精神，长大了才能成为栋梁之材。如果现在放松了对他们的早期教育，他们成了只知道吃喝玩乐的纨绔子弟，再教育就迟了。”

正是因为李嘉诚有这样未雨绸缪的意识，李泽钜和李泽楷长大后，并没有像其他一些有钱的公子哥一样，成天只知道挥霍父辈积累的财富，而是努力工作，认真做人做事，这和李嘉诚早期对他们的教育是分不开的。

两个儿子读大学的时候，李嘉诚给他们的生活费不多，如果想要有其他的花销，就要靠自己劳动去赚取。李嘉诚并不是吝啬，而是想通过让儿子打工来提前接触社会，学会如何与不同的人打交道。李泽楷为了赚零花钱曾在高尔夫球场当过球童。李泽楷后来提起那段打工经历，说正是因为做过球童，不但锻炼了身体，培养了自己吃苦耐劳的精神，更提高了自己与人交往的能力，尤其是如何与上流社会的人打交道。

谈到对两个儿子的“苛刻”，李嘉诚提到两个儿子上大学时的一件事情。他一位朋友的孩子去外地读书，那位朋友给孩子买了一辆最新款的敞篷车，但是李泽钜和李泽楷只有两辆单车。“直到有一天，我在9楼公寓等他们回家吃饭，看到一辆单车冒雨在车群中‘之’字型穿梭，险象环生，骑车的就是我儿子。他到家时已浑身湿透，还背着几十磅东西。这时，我才叫他们第二天去学车，买一辆坚固的车。”

李嘉诚这样做并不是不疼爱儿子。他说道：“是否疼爱不是靠金钱或物质去衡量的。儿子在外地读书时，我给他们开了两个银行户头，一个他们绝对不能动用，但已经准备足够他们完成博士课程的费用。至于使用另一个户头的金钱，他们必须写信给我报告，我会在24小时内回复。后来因为他们功课太多，才接受他们要求改用电话说明。这才是有用的疼爱，我个人认为太多的物质反而有害。”

● 李嘉诚智慧

温室中长出的花朵是不可能经历得住风雨的打击的。想要成长为参天的大树，就要在它还是小树苗的时候，让阳光雨露滋润，让风雨吹打。只有经历了苦难和磨砺，才能在大自然的各种环境下长成不怕风雨的大树。“十年育树，百年育人”，李嘉诚对自己两个儿子的教育也是从小抓起。

虽然李嘉诚是大集团的老板，但他凡事都让自己的两个儿子亲力亲为。他不会给他们太多的物质享受，正是担心过多的物质享受会扼杀了两个儿子艰苦打拼的精神，成为温室里弱不禁风的小花。李嘉诚可不希望自己的两个儿子将来长大后成为不能经受风雨吹打的弱苗子。

小兰的妈妈是一家大公司的老板，因为小兰从小体弱多病，而且在小兰很小的时候妈妈就和爸爸离婚了，一直觉得没有给她一个完整的家庭愧对女儿，便非常溺爱和娇惯小兰。只要是小兰想要的，妈妈都会满足，渐渐地小兰养出了一身的“公主病”。

每当小兰发脾气、闹别扭的时候，小兰的妈妈就给她买各种奢侈品让她开心。小兰大学毕业后，需要到社会上去历练了，但小兰却非常不愿意出去。她总是和外人处不好关系，也没有什么工作能力，这让小兰妈妈很是头疼。

看到女儿二十多岁了，还是每天没什么正经事做，小兰的妈妈非常着急。她知道自己不能照顾小兰一辈子，希望小兰能够早日独立，可小兰的表现却总是差强人意。一遇到不如意的事情，就躲回家里发脾气，让小兰妈妈不知道该怎么办。

小兰的妈妈就是在女儿小的时候，一味惯着女儿，顺从女儿的心意，也不注重培养女儿的能力，导致小兰在成长过程中没能改掉身上的毛病，长大后，才会无法在社会上立足。如果小兰妈妈还不明白问题的根源在哪儿，小兰也无法做出彻底的改变。

很多父母在教育自己的孩子时，认为给孩子用最好的、吃最好的就是对孩子好，其实真正让孩子学会面对生活才是最重要的。李嘉诚从小吃苦耐劳，明白吃苦对一个人成长的重要性，所以，他同样要求自己的两个儿子也要有吃苦耐劳的精神，在任何压力下都能够挺得住。

果然，在李嘉诚的成功教育下，他的两个儿子成长得非常健康，能力也都很强。他们虽然是富家子弟，但却没有一点儿富家子弟纨绔的习性，反而非常有韧性，也很能应对各种突发状况。不但令李嘉诚的事业后继有人，还为社会做出了很多贡献。

树大招风，保持低调

● 李嘉诚案例

中庸之道是儒家思想的精髓，也是传统儒家修身的法宝。一个精明的商人，在为人处世的时候，往往会持中庸之道。他们从不张扬，低调做人，因为只有不过分地彰显自己，才能够避免招来更多的敌意，从而也让别人摸不清你的底牌，确保你在处世中游刃有余、进退自如。在低调中修炼自己，看似平淡，实际上是一门高深的处世哲学。

有人曾做过一个形象的比喻，认为金钱就像流水一样，从高处向低处流，流到最后，覆盖的面积也就是整个流动过程中最大的，赚钱就是这样，一个始终保持低调的人，金钱就会顺势向他流去。对于这一观点，李嘉诚是非常认同的，因为很多人都曾向他请教过赚钱的秘诀，而他给出的答案往往只有一个，那就是保持低调。

成名之后，李嘉诚的经商策略被人们奉为经典，人们争相效仿，渴望能够一夜成名。但是对于李嘉诚低调做人的观点，很多人是不能接受的。

认为用自己辛辛苦苦赚来的钱使自己过得奢华一点儿，没有什么不好，但是不管别人怎么评说自己，李嘉诚依然保持自己一贯的低调作风。

当年李泽钜举行婚礼的时候，李嘉诚破例让记者进入自己的家中参观。李家住宅并不奢华，只有区区三层，李嘉诚本人住在第三层，李泽钜和新婚妻子则住在第二层。面对蜂拥而入的记者，李嘉诚自嘲说：“一层才 2000 平方英尺，不算大呀……长实集团公司起码有 100 个职员，他们住的地方不比这里差……你们记者去过多少富豪家宅，好多都靓过我这里。”

李嘉诚不仅时刻告诫自己要保持低调，而且也经常告诫自己的两个儿子，为人处世不要过分张扬。当李泽钜自立门户开始创业的时候，李嘉诚赠送给他的第一句话就是：“树大招风，保持低调。”

经商做生意，为人处世做人，李嘉诚都认为低调是重要的品质。他说：“我做人的宗旨，在过去、现在、未来都是这样，就是不说能力可及以外的话，不吹牛，实实在在做事。保持低调，才能避免树大招风，才能避免成为别人进攻的靶子。如果你不过分显示自己，就不会招来别人的敌意，别人也就无法捕捉你的虚实。”

在筹建汕头大学时，有的人建议李嘉诚以自己的名字命名这所大学，这本是一个很出风头的行为，但是李嘉诚却拒绝了。他说：“这个名呢，真的是……如果你建起一个大学，太多股东的名字，这边一个，那边一个。我自己好像是感到有不好的地方。有的人希望最好自己的名字更大一点，更醒目一点。但是，一个人有一个人的人生观，我的人生观就是我做的都是自己认为对这个国家民族有利的，只要能这样做下去的话，那么没有我的名字是不要紧的，只要做好这个事业。”

李嘉诚就是这样一直低调做人，从不在乎自己的名望高不高，在李嘉诚看来，虚无的名气不但无益于事业的进步，反倒可能成为事业发展的绊脚石。所以，李嘉诚在教育自己的两个儿子时，为了不让他们膨胀，一再告诫他们，做人要低调，一定要靠自己的实力取胜，不能靠被吹嘘起来的名气，只有实力才是保证成功的重要因素。

● 李嘉诚智慧

古人曾说过：“地低为海，人低为王。”意思是地不畏其低，方能聚水成渊；人不畏其低，故能孚众为王。以低求高，以曲求直，是一种姿态，一种修养，也是做人的一种品格。正如明朝杨慎著的《韬晦术》中所说“谋大者无形，音大者无声”，真正的伟大往往存在于普通、谦逊之中，是无边无界、浩然无极的。

英格丽·褒曼是好莱坞著名的瑞典籍电影演员，在获得了两届奥斯卡最佳女主角奖后，1975 年她又因为在电影《东方快车谋杀案》中的出色表演而斩获当年的奥斯卡最佳女配角。在她领奖的时候，她并没有喋喋不休地叙述自己的成就与辉煌，而是衷心地称赞起落选的另一位角逐者弗伦汀娜·克蒂斯，认为她的演技要超过自己，这个奖项应该颁给她，并诚恳地说：“原谅我，弗伦汀娜，我事先并没有打算获奖。”一个人在获得巨大荣誉的时候还能够如此低调，并能够尊重自己的对手，实在是令人敬佩的风度。

老子曾说过一段话：“不自见，故明；不自是，故彰；不自伐，故有功；不自矜，故长。”

这段话翻译成现代文，大概的意思是说一个不自我表现的人能够与众不同；一个不自以为是的人能够超出众人，一个不自夸的人能够收获成功，一个不自负的人能够始终成长。从某种意义上来说，低调做人是一个人成熟的标志，因为只有阅尽了世事沧桑的人才会懂得低调做人的重要性。低调做人同样也是生存的大智慧，因为过分地彰显自己，就会像暴露在外边的椽子一样，在饱受风吹雨打之后，最先腐烂。

所以，李嘉诚说："我不喜欢树大招风，喜欢默默地踏实去干。"李嘉诚看尽人世浮华，明白踏实做事是最重要的。他在教育后代时，也是这样教导他们，让他们不要被眼前的光怪陆离所迷惑，而是要定下心来，踏实做事、踏实做人。

有一天，居里夫人的一位朋友来到她家里做客，看到居里夫人的小女儿正在玩一个奖章。他拿起来一看，惊讶地发现这竟然是英国皇家学会刚刚颁发给居里夫人的金质奖章，于是他惊讶地问居里夫人："这枚奖章是英国皇家学会颁发的，代表着极高的荣誉，你竟然不珍藏起来，反而给小孩子随便玩。"

居里夫人笑着对朋友说："我是想让孩子从小就知道，荣誉就像玩具，只能玩玩而已，绝不能看得太重，否则就将一事无成。"

所以，不论你想取得什么样的成功，低调做人都是必要的品质，只有懂得低调做人，你才能在社会这个大舞台中扮演好自己的角色，你才能在人生的旅途上，平稳地走好每一段路，你才能拥有一颗平凡的心，才不会被外界所左右，才能够变得冷静，变得务实，最终确保你到达成功的顶峰，演绎精彩的人生。

行为低调好做人。李嘉诚说过："我做事喜欢低调，不爱宣传。表面的权力，我向来都认为不重要，最好让别人（领导）做，而实际上要清清楚楚地有所表现。眼光要放远，做好自己的工作，最重要的是充实自己，这样很多本来不可能的事情，也可以变为可能。"

必须给合作伙伴留足够的利润空间

● 李嘉诚案例

“一定要给合作伙伴留有足够的利润空间。”这是李嘉诚一直强调的合作精髓。只有你弄明白了“合作伙伴”这几个字的意思，你才懂得了“合作伙伴”对自己有什么用，也就知道这样做的原因了。

无论哪个行业，如果能有几家关系好的合作伙伴，这对谁都是极其有利的。“双赢”是合作伙伴长期合作的基础，因此，合作双方都要为对方的利益考虑。如果，由于私心而自己占便宜让合作伙伴吃亏的话，这种合作关系将难以长久维持，最终双方的利益都会受损。

合伙人之间是一种相互补充、相互扶持的良性关系，只有充分发挥了每一方的优势才能为双方都带来利益。如果双方将利润平分，合作关系就会很好地保持下去。因为，各占一半，都心服口服。但是，如果一方愿意吃亏，让对方拿60%利润，而自己只要40%，从短期看自己肯定吃亏了，可是，从长远来看，吃亏的一方却永远获得了合作伙伴的信任和好评，为企业赢得了良好的信誉。良好的信誉将会为企业赢得源源不断的利润，是企业基业长青的法宝。

李嘉诚常常教育自己的儿子。他说：“做人要留有余地，不要把事情做绝。有钱大家赚，利益大家分享，这样才有人愿意合作。假如拿10%的股份是公正的，拿11%也可以，但是如果只拿9%的股份，就会财源滚滚。”

这个看似简单的道理，却是好多人不明白的。李嘉诚很早就看透了这一点，所以，他结交了无数商界朋友，赢得了广大股东和员工的信赖，同时也为自己赢得了无数的商机。

李嘉诚深受传统文化的影响，对“道义”和“金钱”的关系理解得很透彻。他也一贯坚持自己做个正直的人的原则，对于子女的培养也更注重美德方面。他经常告诫儿子，不要贪图别人的便宜。李泽楷曾说：“我父亲教会我们很多做人的道理，他特别强调要做一个正直的商人，并且要处理好与合伙人的利益关系。”

● 李嘉诚智慧

让别人先获利，这是李嘉诚主张的一种大商人的经商理念，李嘉诚认为商人之间的交往应当本着平等自愿的原则。如果商人一味地追名逐利，不肯放弃手边的任何一点儿利益的话，那这个生意就做不长久。

俞敏洪在做演讲时，说到关于分享的一个话题：“比如说现在你有六个苹果，你有两个选择。第一，你一口把它们全部吃掉，但你也可以自己吃一个，给别人分五个。表面上你丢了五个苹果，实际上你一点儿也没丢，因为你获得了五个人的友谊。当你有困难的时候，他们就很愿意来帮助你。我吃了你一个苹果，当我有橘子的时候，无论如何我要分你一个橘子。你用这种方式收集了另外的五种水果。”

这是一个简单的道理，但很多企业家却并不能看到其重要性，在利润红利面前，很多人都想多拿多得，根本不想和别人分享。可独享的后果就是与伙伴斤斤计较，最后吵翻。一位成功的企业家，在经历了十几年的奋斗后，终于将自己的公司做上市。

但在面对股权如何分配的问题上，他和他的合伙人产生了分歧。这个企业家认为自己的功劳最大，是自己把公司一手做起来的，理应拿 75% 的股份，剩下 25% 的股份给余下的五位合伙人分。

但那五位合伙人认为企业家所占股份太多，不公平，应当重新分配股权。本来公司上市后，应当继续将公司做大做好，可几个股东纠缠在股权的问题上，无心管理公司，使公司的经营开始出现问题，企业家将责任怪在那几个合伙人身上。

几个人之间的裂隙越来越大。最后，与企业家一起打拼的五个合伙人离开了公司，又去开了一家新的公司，还带走了公司很多客户。公司的业务一下子掉了下去，企业家着急救火。他许诺谁能拉到大客户，谁就能分到公司的股票，但他之前与合伙人之间的股权之争已经在公司传开了，大家都不相信他能够分享股权。最后，公司经营陷入困境。

这就是独享财富，不肯分享的结果。企业家不肯分享成果，最终，自己也没有享受到好成果。马云不独享公司的财富，将其分享给公司的员工，他明白只有帮助别人赚到钱，别人才能更多地帮助自己赚到钱。马云说过："阿里巴巴发现了金矿，那我们绝对不自己去挖，我们希望别人去挖，挖了金矿给我一块就可以了。很多人喜欢牢牢守住金矿。我们去帮助别人发财，别人发财，我们才能发财，因为我们所需的并不多。"

摒弃自私贪心的行为，与别人一起享用自己拥有的，看似付出，其实也是得到，分享的过程中，能够找到我们需要的更多东西。李嘉诚与人合作，不会为了自己多得利益就和合作伙伴争起来。他总是会让合作伙伴赚得足够的利润，让自己的合作伙伴和自己合作愉快。这也是李嘉诚教给儿子们的人生道理：一个人不要为了钱而迷失自己的理性，在与人合作时要先考虑别人。

家和万事兴，一家人幸福最紧要

李嘉诚案例

李嘉诚非常重视家庭和睦，他和妻子庄月明的爱情故事一直为世人津津乐道。李嘉诚很爱自己的妻子。他曾说过如果没有庄月明对他的默默支持，他肯定不会有今天的成绩。正是因为有了一个和睦美满的家庭，才能令李嘉诚没有后顾之忧，全力投身于事业上，做出一番成绩。

所以，李嘉诚一直认为家和万事兴。他很重视家庭，珍爱自己的家人，要求儿子们也要顾家，有家庭责任感。只有有家庭责任感，能够照顾好家庭的人，才能担负起事业的担子。在李嘉诚的身边，一直保存着一张非常珍贵的照片，是 1989 年 4 月李嘉诚获得英国女皇颁授 CBE 勋衔时，一家人的合影。李嘉诚的妻子和两个儿子脸上都带着幸福的笑容，一家四口非常幸福。

庄月明是李嘉诚舅舅庄静庵的女儿。在投奔舅舅时，李嘉诚见到了比自己小 4 岁的庄月明，二人相处得很好，聪明伶俐的庄月明虽然从小出生在富裕家庭，但对于穷苦的李嘉诚一点儿也不嫌弃，还常常帮助他，照顾他。庄月明会教李嘉诚一些粤语和英语，李嘉诚会教庄月明一些中国的传统文化，比如古典诗词等。

二人青梅竹马，两小无猜，后来李嘉诚的父亲病逝，为了养家，李嘉诚外出打工。他拼命努力，为的是能够取得事业上的成功，最终配得上出身名门的表妹。庄月明以优异的成绩在香港大学毕业后，又在日本明治大学留学。李嘉诚也一直在努力，不断提升自己，为的是和庄月明能够更般配。

李嘉诚创业之后，事业一步一步趋于稳定，开始向上升期发展。他和庄月明的婚事一开始遭到了舅舅和舅妈的反对。他们认为自己的女儿应当找一个家境更好、成就更好的人，但李嘉诚锲而不舍的态度和庄月明的一番深情，令舅舅和舅妈最终同意了他们的婚事。李嘉诚的事业也不断做大，让舅舅看到了李嘉诚的能力。

在 1963 年，已经 35 岁的李嘉诚迎娶了庄月明，二人幸福地踏上了婚姻的红地毯。李嘉诚斥资 63 万港元买下一栋花园洋房，为的是让自己的妻子能够住得舒适，这栋房子也就是李嘉诚一直在居住的深水湾道 79 号。庄月明不但是贤妻良母，更是李嘉诚事业上的得力伙伴，为李嘉诚的事业发展提供了很多帮助。

可惜的是，庄月明在和李嘉诚走过 27 个年头后，因为心脏病突发而去世，这个变故令李嘉诚难过不已。事业如日中天的李嘉诚，在爱妻辞世后，突然陷入了人生的低谷，拒绝了一切娱乐活动，于元月四号为庄月明举行安葬仪式，葬于柴湾佛教坟场。此外，特意在家乡为爱妻举行了超度仪式。

长江实业（集团）公司董事李业广致悼词道："李夫人庄月明女士艰苦创业，敬业乐业，对公司做出卓越贡献。在家中，相夫教子，支持鼓励李先生为社会做出巨大贡献。她在年富力强的时候离开人间，实是无法弥补的损失……

李夫人同李先生结婚后，立即参与长江实业，共同推动公司业务进一步向前发展。显然长江实业当时已具备了相当的规模，但由于李夫人全力协助，长实在 1972 年就在股票市场正式上市，业务蒸蒸日上，一日千里。

在家庭方面，李夫人尽心尽力相夫教子，栽培泽钜、泽楷两位公子长大成材。两位公子在李夫人的教导下，奋发好学，在很短时间内就完成了大学教育。担负相当大的责任……”

庄月明去世后不久，李嘉诚向早年妻子就读过的香港大学捐赠了 3500 万港元，还成立了庄月明专项基金，以表达对爱妻的悼念。

● 李嘉诚智慧

李嘉诚丧妻时刚刚 60 出头，身体健康，身边围绕着很多美女，但李嘉诚却从不动心。他坚守着对妻子的爱孑然一身，私生活非常透明。同那些绯闻不断的富豪不同，李嘉诚对妻子的爱情始终忠贞如一，这也是他以身作则，教授给儿子们重要的一点，做人要重情义、不忘恩。

庄月明逝世两个月后，汕头大学举行落成庆典，盛情邀请李嘉诚。李嘉诚依然在失妻的悲痛中，本想拒绝参加庆典活动，但几经考虑，从大局出发决定带着爱子出席汕大的庆典活动。后来，李嘉诚回忆说：当时我真的无心参加庆典活动，但考虑到不能因妻子的去世连累其他人，才决定节哀出席的。

为了求得内心的平静，表达对亡妻的悼念，李嘉诚后来一直告诫自己“尽力为国家、社会和周围的人做些善事”。因为庄月明是香港大学的文学专业毕业生，李嘉诚捐赠了 3500 万港元给香港大学兴建“庄月明楼”，就是香港大学本部校建的第四期工程，也是香港大学各期建设中规模最大的工程。

占地面积 6100 平方米的“庄月明音乐楼”，主要包括两栋主要教学楼和一栋文娱活动楼，其中一栋教学楼还设有拱形顶的天文观测室。主体教学楼高 8 层，总共 59 间，其中 4 间是可容 200 人的教室，另外 55 间是可容 750 名学生的实验室，为香港大学提供了 7477 平方米的教学场地。

“庄月明文娱活动楼”高 5 层，主要有餐厅、休息室、宿舍、放映室、游戏室、影印室、超市和银行，共 20 多间。单餐厅就能容纳 600 人。文娱活动楼设计别致，中间通道连接荷花池和中心广场，配以拱形屋顶，显得独特优美。

庄月明楼动工于 1991 年 3 月，于 1994 年全面完成，并在当年 12 月 13 日举行开幕礼，李嘉诚出席了剪彩仪式。

“李嘉诚夫人基金会”也多次拨款资助香港大学举办有关香港的讲座。讲座分两个系列，第一个系列的标题是“十年过渡记录”，第二个系列的标题为“香港与亚太区的未来”。这些讲座为香港的回归以及政权的交接和过渡做了很多工作，并取得了很好的反响。

从李嘉诚身上可以学习到一个成功男人不会因为自己拥有了财富和地位，就放弃对家庭对家人的关怀和爱护。

第十一章

对其他有需要的人贡献，乃真财富

（财富理念）

富和贵不是一回事。“富”虽然在一定程度上表现为对于金钱财富的占有，但有了钱的人不一定就真正拥有了财富，因为财富是身外之物，生带不来，死带不走。只有把财富变成使更多人快乐的一项事业，并使之代代相传，才会有其自身存在的价值，掌握财富的人也才能称得上是财富的拥有者。钱是有用的东西，但一个人一生中用不了多少钱，多了就是浪费。只有把钱用在更多人身上，帮助他人，才能让钱发挥出更大的作用。

——李嘉诚

要学会处理自己的金钱，明白金钱得来不易

● 李嘉诚案例

宋朝的司马光曾说过一句至理名言："由俭入奢易，由奢入俭难。"有很多人在创业初期能够保持着节俭的作风，然而等他们小有成就之后，往往会变得不思进取，挥金如土，过上奢华的生活，他们所创造的些许财富也就快速地流失，过不了多久，他们就又回到了起点。对于李嘉诚来说，事业上的成功，并没有让他抛弃节俭的作风。他坦言自己是喜欢节俭生活的人："我的生活标准甚至还不如 1962 年的生活标准，我觉得简朴的生活更有趣。"这并非李嘉诚在故作姿态，而是他真实的生活状态写照。

1950 年，李嘉诚开始创业，并创建了"长江塑胶厂"。由于是创业初期，人手不够，他一个人就要担任厂长、会计、技术师傅等数种职务。他每天和工人们吃住在一起，和工人们同甘苦、共患难，一起体味创业的艰辛。

凭借着这种节俭作风，李嘉诚的事业开始有些起色。他苦心经营，最终成为香港首富，进入世界超级富豪之列，但是创业初期保持的节俭风格

仍然是他的美德和习惯。

李嘉诚的西装多是穿了很多年的旧衣服，鞋子也是如此。他不讲究衣服和鞋子的牌子，只要得体、整洁、干净就可以。在吃饭方面，李嘉诚给自己定的标准是一菜一汤，或者两菜一汤。在宴请宾客的时候，他一般不会饕餮浪费，而是根据客人的人数和爱好来选择菜肴。

李嘉诚的办公室、会客厅里面，几乎没有什么太值钱的装饰和摆设，一个普通的皮座椅他一坐就是二十年，并且从来没有要求更换过。

作为十余家公司的董事长或董事，李嘉诚每年能够拿到丰厚的董事酬金，但是他把这些钱都归入到公司的账上，而他自己全年只拿 5000 港元。多年来，李嘉诚一直过着普通人的生活，他的消费水平甚至还不如打工的白领。

生活简朴这一点，李嘉诚是承认的，他说："我喜欢有自己比较宁静的内心世界，因为我对物质生活没什么要求。我个人的生活很简单，我吃的东西简单到你都不相信。如果我一个人吃饭，一般只煮一碟青菜、几条小猫鱼。最近穿着去北京的这双鞋，其中一条饰带烂了，我索性就剪掉它，变成一只带饰带而另一只不带饰带，但是照样穿。我穿的鞋多数穿到换底。"

● 李嘉诚智慧

李嘉诚对于自己的生活并没有太高的要求，虽然他身价很高，可他并不会因为自己有钱就去过奢侈的生活。李嘉诚说："我这个人对生活要求并不高，简单的生活是我的愿望。如果有一天我老了，不用工作了，我还是希望过简单的安定生活。"

李嘉诚认为节俭是成功之根本，他说："要在商场上获得成功，首先，要善于处理自己的金钱，要懂得金钱来之不易，要好好地爱惜它、保管它，禁忌花天酒地，花个精光。否则它不会和你久处。因为金钱本身也好像有灵性似的，你不理会、不爱惜它时，它会无情地和你翻脸。"

正如一位理财专家所说："不要以为明天一定要和今天一样，唯一的保障来自于你自己。"这就要求我们学会节俭、学会守住财富，其实节俭并不是丢人的事情，事实上很多投资者都跟李嘉诚一样十分勤俭。这不仅仅为他们带来了好的名声，同时也增加了他们的人格魅力。

美国石油大王洛克菲勒年轻时经常研究怎样才能使自己快速致富，但是尝试多次都以失败告终。有一天，他在报纸上看到一则广告，是宣传一本发财秘诀的书。洛克菲勒非常兴奋，急忙给对方邮去了购书款，过了几天，书邮来了，洛克菲勒急忙打开书开始翻阅，哪曾想书上仅仅印有"勤俭"二字。在大骂作者是个骗子之后，洛克菲勒开始深思，越想越觉得该书言之有理，觉得想要致富，确实必须依靠勤俭。就这样，他开始不知疲倦地勤奋创业，并十分注重节约储蓄。五年后，洛克菲勒以节衣缩食的节俭精神，积存了 800 美元。有了资本之后，再根据自己多年的观察，洛克菲勒最终确定了自己的创业目标：经营石油。经过几十年的奋斗，他终于成为美国石油大王。

同李嘉诚、洛克菲勒一样，比尔·盖茨作为世界上最富有的人之一，也十分节俭。比尔·盖茨的生活信条就是："一个人只要用好了他的每一分钱，他就能做到事业有成、生活幸福。"有一次和朋友到希尔顿饭店开会，因为没有普通停车位，朋友就建议比尔·盖茨将车停放在饭店的贵客车位。比尔·盖茨没有同意，因为贵客车位需要多支付 12 美元，他认为那是超值收费。

也许有的人会说：“‘今朝有酒今朝醉’，我自己赚取的财富，凭着我的努力，以后金钱会源源不断地来到我的手中，只要让自己得到享乐就行，没有必要为了给自己留足过冬的粮食而节俭。前世界拳王泰森或许就是这样一种人，在他处于职业巅峰的时候，一场比赛就能够赚取数千万美元，因此被媒体夸张地称为“世界上最棒的印钞机”。由于金钱来得过于容易，在台下他忘乎所以，成为“散财童子”，把自己的全部金钱都花在几个与他有染的美女身上。结果，当他过了职业的巅峰期后，生活水平立刻一落千丈，变得穷困潦倒，甚至一度沦落到靠在街头卖唱来赚钱果腹。

所以说，能够正确对待金钱的人，才能够事业有成。因为他们明白钱真正的用途是什么，他们能够将钱用在最该用的地方上。很多人常常怕自己因为没钱，而被人看不起，所以打肿脸充胖子，花钱装点面子，这是很没有必要的。人们从心里尊重的是那些物尽其用，有着正确价值观和金钱观的人，而懂得节俭的人、懂得克制自己对金钱欲望的人，会拥有更多的财富。

我首先是一个人，再而是一个商人

● 李嘉诚案例

在一次采访中，李嘉诚这样说道：“大家常称赞我是一个成功的企业家，对于这些支持、鼓励，我内心是感激的。很多时候传媒访问我，都会问及如何可以做一个成功的商人，其实我很害怕被人这样定位。我首先是一个人，再而是一个商人。每个人一生中都要扮演很多不同的角色；也许，最关键的成功方法就是寻找到导航人生的坐标。没有原则的人，会漂流不定，有正确的坐标，我们做什么角色都可以保持真我，挥洒自如，有不同程度的成就，活得更快乐更精彩。”

李嘉诚表示自己不仅是君子爱财取之有道，更是要用之有道，这样才是社会更全面的动力。他说：“有许多生意，法律上允许而且可以赚钱，但如果我觉得不好我都不做。我勤力赚钱，着重股东利益，但同样勤力花钱，基金会许多项目都由同事很努力地想出来。”他认为，自己有福才会做善事，不可以说是施恩惠。“慈善”的称谓，不如“公益”更加平和，“慈善”总是带有一些施舍的意味，有时会让接受者心里不舒服，但“公益”这个词更加平等一些，使得帮助者与被帮助者之间的关系比较对等。

从 1980 年开始，李嘉诚就不断为公益事业投入大量财力和精力，成立了李嘉诚基金会，主要在教育、医疗、文化、公益事业几方面进行有系统的资助。他陆续斥资 18 亿元，在中央政府和广东省政府的支持合作下，创建了汕头大学；后来在 1994 年又捐资 1100 万元，帮助家乡潮州贫困地区，建了 50 所基础教育学校；1997 年，捐资 1000 万美元，为北京大学建新图书馆；2000 年，捐资 2400 万美元，参与国家互联网 InternetII 发展计划，在清华大学建设国家未来互联网技术研究中心等。

根据基金会网站公布的数字，这么多年下来，李嘉诚的基金会陆续捐出的款项和已经承诺要捐出的款项已经达到约 76 亿港元。这个数字还在不断增加。李嘉诚曾在 1993 年就明确表示过：“我现在的事业，是有比较大的发展，但对我来说，我最看重的，是国家教育和卫生事业的发展。只要我的事业不破产，只要我的身体还好，脑子还清楚（他指了指自己的头），我就不会停止对国家教育卫生的支持。”

李嘉诚在他所做的慈善事业中，有一个项目是让大家非常感动的宁养服务，是对那些患了肿瘤疾病的病人做临终关怀的一项服务。李嘉诚坦言：

“我在香港有不少朋友因为肿瘤病过世了，过世之前受过不少痛苦。照我看，如果一个女人分娩的痛苦是50%的话，最痛苦的时候是60%，但是这个肿瘤的病症是可以达到100%的。我去医院看望这个朋友之后就想，在内地也应该有这样的病症。假如家庭环境不好的话，用什么去关怀他呢？我去跟大学的医学院说，我希望在汕头建试点，如果好的话，两三年之内，在全国推广这件事。他们提议用‘临终关怀’，我说这个名字用得不好，你跟病人医疗的时候，说是临终关怀，是不行的。

“现在的宁养服务全国共有20家。坦白来讲，这是完全不够的，就是加100倍，也是不够的。但是，我不能够将所有的精力放在这个问题上，最要紧就是希望大家一道努力，那么这力量就大了。单凭我这个人，是做不大的。

“所以，现在我还是鼓励我基金会的同事。他们也真的是尽心尽力，每天工作非常重。我都是告诉他们一句话，用最好的医药、最好的办法，能够送到病者的手里，给他医。我说，假如一个药减轻病痛是90%，价格是50块钱，但是一个可以减轻99%，要100块，我情愿买100块的，就是尽量令病人的痛苦可以减得越少越好，这是我自己心底的想法。”

李嘉诚经营的慈善事业帮助了很多人，这些人可能99%都与李嘉诚素未谋面，永不可能相识，但这并不妨碍李嘉诚为他们伸出自己的援助之手，在李嘉诚看来，自己所经营的慈善事业、公益事业也是生意，不过这样的生意与他平时做的生意不同，一般的生意是付出精力与智慧，赚取物质上的财富；而慈善事业所能带来的却是满满的精神财富，是可以让人享用一辈子的。

李嘉诚智慧

老子《道德经》里提到："上善若水。水善利万物而不争，处众人恶，故几于道。居善地，心善渊，与善仁，言善信，正善治，事善能，动善时。夫唯不争，故无尤。"

李嘉诚认为自己赚得的财富是社会给予他的，他当然也要将财富回馈给社会，用自己的财富帮助社会上更多的人。他说："当然，在商人的行列里，也有满脑袋只知道赚钱、不惜在道德上有所亏欠、干出恶劣行为的人。他们伤害到企业本身及整个行业的形象。也有一些企业钻营于道德标准和法律尺度中的灰色地带。今天商业社会的进步，不仅要靠个人勇气、勤奋和坚持，更重要的是建立社群所需要的诚实、慷慨，从而创造出一个更公平、更公正的社会。"

作为一名成功的企业家，必须要讲良心，要具备一定的社会道德感和社会责任感，否则他办不了企业。李嘉诚很明白自己首先是一个社会公民，其次才是一个企业家，所以，他时时刻刻都不忘记要回馈社会，用自己的能力帮助社会解决一些问题，诸如资助教育事业、投资医疗建设，等等。

在一次演讲中，李嘉诚讲述了自己看待慈善的态度："我一生中有两个关键时刻。一个是我 11 岁的时候，一个天真、充满幻想的小孩子跑到香港，见到一个不是我所希望的世界，我转眼之间就变得成熟了，非常努力，不怕辛苦，充满责任感。第二个应该是我二十七八岁的时候，那个时候我可以说‘贫穷，我永远不会再见你了’，也就是说以后都不需要做事了，可以退休了。但是骤然间你发现，财富在一路增加，可你有什么特别快乐的地方？没有。

“有的人，他虽然非常长寿，但是，人家也没有得他的益处，所以他这一生是有一点儿浪费了嘛。如果有的人虽然年纪非常轻就去世了，但是他对我们这个社会有非常好的贡献，所以，他虽死犹生。我觉得最要紧的是内心的富贵。一个人有了衣食住行这个条件之后，应该对社会多一点儿关怀，或者说义务，或者说责任。

“所以人家说，李嘉诚这么有钱，根本花不完，所以拿出一点儿去关怀关怀社会。拿钱出来可以说简单，但付出时间去做，可不简单。几十年来，我都是夜以继日地做，一天工作十六七个小时。马不停蹄地在做，晚上到凌晨两三点都在做。

“希望我们的世界有越来越多的李嘉诚，越来越多的李嘉诚基金。最要紧的是有一个好的前途。去年我们给 7 万个没有下肢的残疾人做了一个‘长江万里行活动’。帮他们之后，他们不仅可以站起来，还可以工作，也可以提高他们个人的信心。

“很多事只是你想不想去做，想做就可以有办法去做。其次，做这类的事，我对时间什么的都无所谓，自己就是喜欢这样做。最困难的是，有的时候看到他们家人为这些病者劳累的时候，我会吃不消。一般我演讲需要一个稿子，但如果讲到教育、医疗、残疾工程的话，我什么稿子都不需要，就可以分析得非常清楚，这个可以说是由衷的。”

现在有越来越多的企业家开始意识到了社会责任感的重要性。他们纷纷帮助社会上那些需要帮助的人，就像李嘉诚说的那样：“从商的人，应更积极、更努力、更自律，建立公平公正、有道德感、自重和守法精神的社会，才可以为稳定、自由的原则赋予真正的意义。虽然没有人要求我们，我们自己要愿意发挥我们的智慧和勇气，为自己、企业和社会创造财富和机会，大家可以各适其适。”

要愿意发挥我们的智慧，为社会创造财富和机会

● 李嘉诚案例

“最近我看到一段故事《三等车票》：在印度，一位善心的富孀，临终遗愿要将她的金钱留给同村的贫困小孩儿分批搭乘三等火车，让他们有机会见识自己的国家，增长知识之余，更能体会世界的转变和希望。‘栽种思想，成就行为；栽种行为，成就习惯；栽种习惯，成就性格；栽种性格，成就命运。’这不知道是谁说的话，但我觉得适用于个人和国家。”

在《奉献的艺术》演讲中，李嘉诚道出了自己做慈善、做公益的初衷与想法。被慈善与公益事业改变的不仅仅是那些接受捐助的人群，还有捐献者。通过慈善事业的连接，通过将爱心付出给需要接纳的人，会令整个世界充满爱与和谐。这不仅仅是个人思想的提升与进步，也能令整个社会更加和谐地发展。

李嘉诚做了几十年生意，他明白取于社会，奉献于社会的道理。有人说，李嘉诚的事业有两个：一个是赚钱的事业，一个是花钱的事业。在接受香港《亚洲周刊》杂志的采访时，李嘉诚将他创立的李嘉诚基金会称作自己的第三个儿子，他对公益事业的这种上心程度甚至超过了他挣钱的念

头。李嘉诚对待财富的态度就是这样豁达。他的大儿子李泽钜曾这样评价李嘉诚：“爸爸很懂得用钱，懂得用钱是指他知道生命中，哪些事情对他重要。他觉得如果能在一生中，帮助那些较不幸的人，不论在医疗或教育都好，他觉得这样做可使他感觉更富有。”

李嘉诚在数十年的商海沉浮间，始终坚持一条人生信念，那就是：富贵如浮云。在李嘉诚的心目中，财富不单单是用金钱来衡量的，内心的充盈才是真正的财富。李嘉诚乐于助人，喜欢帮助别人。在李嘉诚看来，自己无论得到多少财富，也不如将利益分享给别人，感到快乐。

“当你赚到钱，等有机会时，就要用钱，这样赚钱才有意义。成功之后，利用多余的资金做我内心想做的事，心安理得，方寸间自有天地。”李嘉诚之所以对公益事业如此支持，也可以说与他童年时的一个经历分不开。

据李嘉诚回忆：“童年我是一个非常喜欢读书的人。战争期间，我们一家人来到香港，当时日本人已经占领了香港，于是我妈妈带着我弟弟妹妹回到家乡，香港只有我跟爸爸。那时每天晚上爸爸都会咳嗽。因为爸爸的咳嗽，每天晚上我心里都很难过，但他也根本没有看过医生。等到他自己知道严重了，才联系公立医院。

“半年后，在医药不够、经济困难的情况下，他去世了。所以这一段经历给我非常深刻的影响。如果有一天，我的事业可以达到某种程度，我就要为医疗事业做一点儿事。要牢牢记住，教育、医疗都是最重要的。从教育来讲，我认为自己也幸运，怎么样幸运呢？因为在那一段最困难的时期，我一路都是尽量求进步、尽量抢到多一点儿学问，到今天这么多年来，没有一天停过。甚至旅行，我还是带着要看的书。”

正是亲身体会到了贫苦的不易，所以李嘉诚在富有之后，更愿意拿出钱来帮助那些需要帮助的人，为社会提供更多的财富，好让自己童年时的遗憾不在别人身上重复。

● 李嘉诚智慧

有一个关于李嘉诚的故事：一次在从口袋里取汽车钥匙时，李嘉诚不慎丢落一枚 2 元硬币。硬币滚到了汽车底下，李嘉诚当时想要弯腰去捡硬币。这时，在一旁站着值班的印度籍男子走了过来，为李嘉诚捡起了那枚 2 元的硬币，李嘉诚将硬币装回口袋后，给了那个印度男子 100 元钱作为酬谢。这件事情让很多人不解，认为李嘉诚吃了大亏，对此，李嘉诚的解释是："若我不拾该 2 元，让它滚到坑渠，该 2 元便会在世上消失。而 100 元给了值班，值班便可将之用去。我觉得钱可以用，但不可以浪费。"

李嘉诚是用这样的方式来为社会增加总净值的，自己损失一点儿并不算什么，能够让社会总净值增加，就是为社会的进步做出了一点点贡献。相反，如果因为吝惜自己的财产，而令社会总净值减少了，对自己来说也未必就是获利了。李嘉诚这种思维方式是站在国家富强的角度来思考的。

在一次采访中，李嘉诚这样说道："我希望，财富的能力可以系统地发挥。我们要同心协力，积极、真心、决心，在这个世上撒播最好的种子，并肩建立一个较平等及富有同情心的社会，亦为经济、教育及医疗做出贡献；希望大家抱着慷慨宽容的胸怀，打造奉献的文化，实现我们人生最有意义的目标，为我们心爱的民族和人类创造繁荣和幸福。"

在英国有一个 74 岁的老人，他一无所有，穷困潦倒，但他却被媒体称为"当代英雄，"甚至被称为"圣人布洛克"。这个老人在美国生活了几十年，一直住在用1美元租来的一所废弃校舍里，睡在一块破旧的垫子上，唯一陪伴他的是十几年前被他收养的一只流浪狗。他和流浪狗吃的用的都是人们送来的。

这样一个老人却创办了“偏远地区医疗志愿团”（缩写为RAM），已经在全球十多个国家为数十万穷人提供了免费医疗服务。老人名叫布洛克，之所以要创立这样一个志愿团，是因为在他16岁随在政府任职的父亲去到南美北部巴西与圭亚那的交界处时，一次意外使他从马上摔了下来，需要马上就医的布洛克被同伴告知，离他们最近的一个医生，走路过去要26天时间。

幸运的布洛克挺过了那次意外事故。康复之后，他有了一个想法：要让偏远地区的穷人也可以免费看病。1985年，布洛克终于创办了RAM，RAM在全球多处地方救治了无数的病患。为了能够令RAM继续运作下去，布洛克一直努力。他自己过着最简朴的生活，为的就是让更多穷困地区的人接受好的治疗。这就是布洛克的故事，一个两手空空的人，凭着一腔的热情缔造了一个慈善的传奇。

亚当·斯密在《国富论》中有这样一个重要论点：“人以自利为出发点对社会的贡献，要比意图改善社会的人的贡献大。”这里提到的自利并不是自私自利的意思，而是指自己得到利益的同时，也要让别人得到利益，这样社会总净值必然会增加，国家自然富强。

将得到的利益共享，使社会均衡发展，这是李嘉诚投身公益事业的初衷。李嘉诚的境界是富国的境界，做公益事业已经不仅仅是一项义务，而是被李嘉诚当作了一种社会责任。就像给印度男子100元酬谢费一样，在生活中，李嘉诚也将慈善的精髓精神贯彻了下去，用自己的一己之力带动社会的进步。

慈善事业是一种投资，而不是代价

李嘉诚案例

这个社会是不公平的，作为一个企业家，李嘉诚认为首要的社会责任就是减弱这种不公平。他长期资助和投入资源，竭力去改变当今社会对贫穷的冷漠，希望能够唤醒全社会的爱心和关怀。李嘉诚投入的事情很多，肩上的公益事业有很多。李嘉诚并不认为这是一种负担，反而希望能够有越来越多的人像他一样，思考如何去帮助、改变那些不幸的人的悲惨命运。

“我们每一个不同的人，都要思考自己不同的助己助人的办法。”李嘉诚谈到最初做生意取得成功，有了些财富之后的想法：“1957 年到 1958 年，那时刚赚了些钱，觉得好快乐。但那时我就开始想，是不是人生有钱就真的快乐？我也有些迷惘，也不肯定。没有钱会给人烦恼，但太有钱也会令人很迷惘，富足并非拥有，而是如何运用。”

生意越做越大的李嘉诚开始思考自己的身份。他认为自己的商人身份只是其次，首要的身份是一个人。作为一个有血有肉的人，自己就应当做一些令世界美好，不让人生虚度的事情。由此，李嘉诚开始了做公益慈善事业的道路。

慈善事业的完全公益性，令这份事业十分辛苦，投入很大，但收益却全无。不过，李嘉诚不在乎金钱上的流失。在他看来，能够帮助需要得到帮助的人，“为世界留下美好的种子，人生才不会白过。”

多年前，李嘉诚去中国西部贫困地区考察。在贵州省镇宁布依族苗族自治县石头寨中心小学举行的一个教育工程开幕式上宣布，他的基金会将捐资 3 亿元，支持中国西部地区的教育和医疗事业的发展。

在开幕式上，李嘉诚对大家讲述了自己的一个梦：“我昨天晚上做了一个好梦。在我们祖国的土地上，辽阔的沙漠有良好的道路，干旱的地区有充足的水源和肥沃的土地，各地的天然资源得到很大的发挥，人口密集的城市有舒适的生活环境，风和日丽，商业繁荣，来自不同民族的人一起和睦健康快乐地共处。”

李嘉诚一直在为自己的这个梦而不断努力着，希望早日看到梦想成真的一天。像李嘉诚这样的商人还有很多，美国钢铁大王卡耐基说：“在巨富中死去是一种耻辱。”卡耐基将自己全部财产几乎都捐献了出去，用于兴办学校、兴建图书馆，还有的投入到了教育机构中。还有比尔·盖茨，他也不断捐献出自己的巨额财富，而且还承诺在自己去世后，只会留给自己孩子很少一部分财产，剩下的都会用于慈善事业。

● 李嘉诚智慧

“作为企业家，我们都知道寻找正确的资本投资的重要性，而社会资本像其他资产一样是可以量化的。社会资本包括同理心、同济心、信任与分享信念、社区参与、义务工作、社会网络及公民精神，等等。这些全属可量化和有效益的价值，是宏观与微观经济层面之间最重要的联系。同济心是人性最坦率及强而有力的内心表达，能建造、能强化、能增长及治疗和消除痛楚，我们都应乐于参与投资。”李嘉诚乐于参与慈善事业，认为很多事情不是不能去做，而是看个人的内心深处，有没有强烈的欲望去做。

对于慈善事业，李嘉诚是怀着虔诚、热忱的心去做的。他说道："最要紧的就是内心世界，你会感到世界上有很多不幸的人，那么，你能力做得到的，这一生应该好好尽心尽力去做。你明明有多余 10 倍、100 倍都不止的钱时，为什么不做这件事情？这使得一生有意义得多。我如果再有一生的话，我还是走这条路。社会要进步，离不开支持关怀。这方面，你可以带给很多的百姓幸福安乐。"

很多商人也同李嘉诚一样热心公益、热心慈善，其中陈光标就算一位。这个只有初中文化，却掌管着一家年营业收入高达 90 亿元人民币的企业。陈光标靠收废品起家，发家致富之后，没有吝惜自己的财富，而是慷慨回赠社会。在汶川地震之后，他是第一个进入灾区进行救援的企业家。他组织企业的工程机械两小时内率先到达四川地震灾区，并亲身投入到灾区的抢救工作中去。

迄今为止，陈光标捐赠给灾区的物资已经超过了 1 亿元。不只为灾区捐款，陈光标在很多慈善项目上都有投入。他与李嘉诚一同荣膺 2008 年"中华慈善奖"的最高奖项——特别贡献奖。陈光标总是为慈善事业奋斗。他说："我不打算上市，这是我这些年来的一贯想法，我提倡有多大能力办多大事。这也是放心捐赠的底气所在。"

除了李嘉诚、陈光标这样内心拥有大财富的企业家，还有许许多多的企业家也是如此热心公益、积极投身慈善，但这并不妨碍他们在商海沉浮中挥斥方遒、攀登高峰。投身公益反倒能让人们更加相信他们的诚信，愿意与他们做生意，能够获得身心双重的财富增值。

李嘉诚是一个真正富裕的人。他拥有的不光是身外财富，内心财富更加丰厚。李嘉诚从做生意起，就一心投身公益事业，慈善的意义对他来说非常重大。李嘉诚的一生追求的不仅仅是物质上的丰富，更是心灵上的满足。

在别人无助时帮一下，是最有益的

● 李嘉诚案例

在一次演讲中，李嘉诚动情地说道："这么多年下来，我和我的集团已经为慈善公益事业投资过百亿了，其中很大一部分是放在医疗和教育上。我认为无论什么国家，什么政策，教育都是最重要的，能够令社会进步。而医疗是一种关怀。这个社会如果有进步、有关怀，是好的。如果一个社会有进步、有关怀，社会就非常和谐，也会很理想，充满关心和爱。人总有一天要离开这个世界，当你离开这个世界前的一段时间，如果能够快快乐乐地回想起，这一生虽然人家为我服务很多，但我也为人家服务不少，那么，你就会真真正正地快乐。"

帮助需要帮助的人，在李嘉诚看来是非常乐意做的事情。在 2001 年 2 月，李嘉诚到中国西部地区考察那里的教育以及医疗情况。他在 2 月 20 日，来到了他 8 年前捐资修建的甘肃省残疾人康复中心。在那里，李嘉诚看到了很多正在积极康复的残疾人。李嘉诚亲切慰问了那些患者，还听一些患者对他说真心话。整个过程中，李嘉诚都是笑容满面，非常耐心，没有丝毫的不耐烦。

尤其是当他听到几个残疾孩子的故事时，更加动容。其中一个叫田楠的孩子，从小就双耳听不见，正是因为李嘉诚资助的聋儿语训项目帮助她学会了说话，让她能够和健康的孩子一起在普通学校学习，能够过上正常孩子拥有的生活。现在，她已经是一名高一的学生了，成绩也不错。田楠在说到激动处时，忍不住哭起来，李嘉诚心里酸楚，绕过半个会场走到田楠身边安慰她：“我听懂了，不要难过，忘掉不幸过去，未来会更美好！”

还有一个叫张静的女孩子。她非常不幸，本来可以拥有和常人一样的童年，但一场突如其来的车祸无情地夺去了她的左腿，从此之后，她只能撑着拐杖走路。看到同学们背着书包蹦蹦跳跳地去上学，她心里十分羡慕。在李嘉诚资助她装上假肢后，她又能和从前一样出门走路，去学校上学了。

还有一个 6 岁的小男孩儿，也是在一场事故中失去了一条腿。在李嘉诚的帮助下，他才装上了假肢，重新燃起了生活的希望。这个小男孩儿仰着脑袋大声说：“李爷爷给了我新腿，我要好好读书，长大后挣好多好多钱，坐着大大的飞机去看您。”

……

看到这些孩子虽然经历了挫折，但却没有被生活打倒，李嘉诚非常欣慰。临走前，他向秘书要来了自己的名片，将名片逐一递到了孩子的手上，让孩子们以后有什么事情就去找他。回到香港后，李嘉诚给孩子们写了一封信，在信中鼓励他们好好学习，努力在学业上取得好成绩，并且积极面对自己的人生，将来一定能够有大出息。

这就是李嘉诚，每天虽然有处理不完的公事，但对待需要帮助的人却有着无穷的爱心和耐心。青海一位因为意外而双目失明的老人，虽然一辈子没有出过草原，但却深知李嘉诚。他说：“草原很大，我走不了多远，可听很多从我家经过的人都提起李嘉诚。他没来过我们这儿，可他让草原上的许多盲人都睁开了眼，他有一颗金子般的心。”

李嘉诚对自己做的慈善事业并不认为是很了不起的事情。他平淡地说道：“人在无助的时候，帮一下，是最有益的。”

● 李嘉诚智慧

在1984年时，中国残疾人福利基金会成立，李嘉诚为其捐款200万港元。

在1991年中国残疾人联合会成立之后，李嘉诚为其捐款1.05亿港元。1991年8月，时任中国残疾人联合会主席团主席的邓朴方率中国残疾人展能团和艺术团访问香港时，华东遭遇了水灾。李嘉诚得知后，率领港澳同胞纷纷为灾民捐款，邓朴方申明说这一次来香港不募捐筹款，但李嘉诚却执意要捐款。他向受灾的华东地区捐赠了5000万港元，又给中国残联捐赠了500万港元。

邓朴方为此深受感动："我们把你的捐款作为'种子钱'，每用1元，带动各方面拿出7倍以上的配套资金，用到残疾人最急需的项目上，必能取得很好的效果。"李嘉诚也为此深受感动，他称赞道："每一个铜板都是辛辛苦苦得来的，你们使用资金的效益这么高，令人佩服！你们所做的，是一项高尚的事业。"

李嘉诚后来向邓朴方要了有关残疾人事业的资料回去看。看过之后，他对邓朴方说："我决定再捐1亿元，也作为一颗种子。你们只需争取四五倍的配套经费，便可以帮助更多的残疾人士。我捐钱，你们落实这个计划，为残疾人办事。"

在李嘉诚看来，为人类付出的意义远远超越赚取的价值。他一生的事业有两个：一个是不断赚钱的生意，一个是不断花钱的公益事业。先为人，再而为商，这是人生真正的、宝贵的意义。

李嘉诚在演讲中提到："我相信我已创立的一定能继续发扬，我相信基金会的同仁及我的家人，定会把我的理念，通过知识教育改变命运或是以正确及高效率的方法，帮助正在深渊痛苦无助的人，把这心愿延续下去。

“我希望财富的能力可有系统地发挥。我们要同心协力，积极、真心、决心，在这个世上撒播最好的种子，并肩建立一个较平等及富有同情心的社会，亦为经济、教育及医疗做出贡献；希望大家抱着慷慨宽容的胸怀，打造奉献的文化，实现我们人生最有意义的目标，为我们心爱的民族和人类创造繁荣和幸福。”

不仅仅是商人要肩负起慈善事业这份社会责任，就是平凡的普通人也要力所能及地为社会进步贡献自己的力量。在路口的一个小角落里，长期蹲着一个衣衫褴褛的老婆婆。老婆婆面前放着一个篮子，篮子里面有一些手工缝制的小玩意儿。过往的行人匆匆忙忙，很少会注意到老婆婆。有一个年轻人，他每天上下班的时候，都会买一个小玩意儿。

一天，天很晚了，老婆婆准备收拾东西回家去了，那个年轻人匆匆忙忙跑了过来，递给老婆婆十元钱：“今天我还没买东西呢！”

老婆婆说：“年轻人，我知道你是好心，但你不用每天都接济我，买我的东西。”

年轻人笑着说：“我不过是在自己力所能及的范围内，做了一点举手之劳的事情，何况，我用钱币换取您的商品，这不是接济，我们是在做生意。”

看着年轻人离去的身影，老婆婆眼眶湿润。

年轻人首先将老婆婆看作是一个人，一个需要帮助的人，其次才是将老婆婆看作一个商人。他与老婆婆进行的交易，不过是这个年轻人进行的一种慈善事业。正如李嘉诚所言：“人生在世，能够在自己力所能及的时候，对社会有所贡献，同时为无助的人寻求及建立较好的生活，我会感到很有意义，并视此为终生不渝的职志。”

内心富贵才是真的富贵

● 李嘉诚案例

在一次答记者问时，一位记者问李嘉诚："您对家乡潮州非常热爱，也倾注了您不少心血吧？"

李嘉诚点头称是："的确，我放了不少心血在家乡，没有任何一个生意比汕头大学更占用我的时间，最初 10 年我每次到汕大都工作至凌晨两三点。几年前，我去汕头大学开校董会，市领导安排在饭后会见大群记者，被问及'潮州人以你为荣，你又会否以身为潮州人为荣呢'。回答这个问题不可犹豫，我在两秒内便回答道：'我以身为中国人为荣。'在我心中，同事中有不同民族，会说潮州话不会有特别好处。潮州人有其长处，也有其短处。潮州人二战前多从事米铺、木材、煤炭、苦力、拉车等工作，近几十年潮州家庭也重视第二代教育。但是必须记着，身为中国人，事业有成应该对家乡有贡献，更要有远大理想，不只中国，甚至放眼世界。"

不仅要在自己的生意上不断进取，有所建树，更要胸怀祖国，为祖国奉献自己的绵薄之力，让更多人享受到好的待遇。李嘉诚道："我已经工作了 60 年，虽然事业上略具规模，但我也经历过很多艰辛的事情，更知道战争、失学和贫病的滋味，了解在逆境中求发展的困难。命运的定律并非永远友善及如人所愿，每人际遇不尽相同，各有成就及失落，但我们不能因困难而削弱意志，因逆境而感到沮丧。命运不是定数，我们要力争知识，我是深信知识可以改变命运的人。"

深知教育兴国，百年树人重要的李嘉诚，在当年听闻粤东地区要办一所大学时，便举双手赞同，并无条件地支持。1980 年清明刚过，李嘉诚的舅舅庄静庵带着夫人在潮州市有关方面陪同下，游览了厦门名胜古迹。

游览期间，他们来到了爱国主义者、乐善好施的陈嘉庚墓。看到吊唁的人络绎不绝，庄静庵感叹“人生能像陈嘉庚一样，足矣”！回到香港时，庄静庵将一本《嘉庚集》送给李嘉诚。李嘉诚认真读过之后，更加坚定了出资修建汕大的决心。

之后，李嘉诚亲自来汕头考察，几番折腾之后，敲定了一项又一项事情，最后，李嘉诚慎重考虑，一封追加预算 50% 的信呈现在筹重会面前，信中写道：

吴主任委员南生先生

庄副主任委员世平先生赐鉴：

大学筹重列位委员

昨与庄世平先生晤面，藉审大学筹备工作进行情况。为使建校计划及设备购置各项预算更臻完善起见，本人兹特自动建议将照原定预算全部大学建设费港元 3000 万元增加 50% 共为 4500 万元。以使此计划能臻较为完善效果。本函作为正式证实，尚希查照，列入预算案内。

上述捐款，配合筹备需要，每次调动当接获庄世平先生通知七日后当即如数汇上。

在过去筹备期中，歉以事备纷如，未克参加实际工作，但或有需本人效劳之处，敬烦由庄先生转知，自当悉力以赴。深盼在各位领导下，建校工作如期完成，早日发挥其长远而有价值之作用，为乡梓服务。庶几十年而后，乡亲子弟，均能受其教。进而日益发扬光大。瞻望前景，本人谨依欣切之心情，追随各位，以期乐观厥成。

专此奉达，并颂

公祺

敝李嘉诚　谨启

1981 年 5 月 2 日

确如李嘉诚自己所言，相比做生意、经营企业，他投入到汕头大学建设上的心血只多不少。汕头大学就像是李嘉诚精心呵护的一个孩子，将自己所有的热情和关爱都放在了这个孩子身上，只要这个孩子健康茁壮地成长起来。

汕头大学能够发展到今时今日的成就，可以说和李嘉诚的帮助是息息相关的。

● 李嘉诚智慧

这个世界上，有很多物质上的富人、精神上的穷人。很多人挥霍着大把的钞票，享受着最奢华的生活，但他们的精神田地却是一片贫瘠、寸草不生。这样的人不能算拥有真正意义上的财富。

古罗马的哲学家西塞罗曾经说过："追求财富的增长，不是为了满足一己的贪欲，而是为了要得到一种行善的工具。"随着自身财富的增多，人心中的贪念不能也随之增加，要学会利用自己的财富多造福他人，为社会做贡献，这样的富贵才是真正的富贵，而不仅仅是物质上的富贵。

李嘉诚的富贵就是内心的富贵。他主动对自己的财富做出支配，奉献出一部分给社会。对待公益慈善事业，他向来都不吝啬，总是一掷千金。在长江商学院一次毕业典礼上，首批 MBA 和 EMBA 的毕业生为李嘉诚献上了一份贵重的礼物。一个名叫“种子”的礼品摆放在手推车上，送给了李嘉诚。

这个礼物是一个汉白玉的雕塑。据学生们讲，这个礼物象征着一颗纯洁的心。他们对李嘉诚是这样解释的：“汉白玉雕成的种子，预示着李嘉诚先生是当之无愧的播种人，长江商学院是当之无愧的播种机，我们长江的学生是中华民族当之无愧的优良种子。”

李嘉诚收到这个礼物，听到这样的解释后，眼中闪现出激动的泪花。他哽咽着说：“这是我一生中收到的最有意义的礼物……”之所以这样看重这个礼物，并且被这个礼物深深感动，是因为李嘉诚看到自己在长江学院学生心中播下的种子已经发芽了。

在1995年的夏天，李嘉诚、李兆基、邵逸夫等多位富豪捐款筹建了“香港明天更好基金”。这是一个不以营利为目的的组织，也没有任何的政治性，这个基金的目的就在于凝聚人心，汇集正能量，为香港能发展得更好做贡献。李嘉诚所做的慈善公益事业不止这些，还有很多很多。

“很多人常常会问我，你一生努力建立一个成功的企业，为股东和公司属员创造价值，现在你又为何如此专注贡献公益事业？处身现今流行的社会资本和社会企业的滔滔理论中，我的答案很简单。在我脑海中有连串问题，如果把人类历史中兴衰递变的一切得失，细列在资产负债表上，那最真实和公平的观点会是什么？在一个变幻莫测的社会中，老定律已非必然，那么我们历久常新的价值观在哪里？在一个丰裕和竞争激烈的社会，当争取个人成就的愿望是如此强烈，谁又会领会为社会和谐付出心思与诚意的呼声？在一个官僚和公式化令想象力流于匮乏的世界，多元的科学和哲理经验与情操如何能成为一个人生命的重要元素？

“在现实社会中，观念和价值制度充斥着互不融合和相互矛盾，我不认为能有单一的良方可达至真正的社会和谐，但我深信其中一个重要关键——是我们每一个人的‘至诚’。当我们在建立自我成功的同时，永远不要忘记追求无我，常常抱着为民族和人类做出贡献的良愿，当有能力及意愿对社会竭尽一己之责，我们必能创出希望和有效的变革，打造一个真正公平、公正，充满自由动力和快乐和谐的社会。这是我个人的追求，我知道这也是你们的追求，愿与大家共勉。谢谢。”这是李嘉诚 2008 年 12 月于长江学者奖励计划十周年颁奖典礼上的致辞。

一个人并不会因为财富的增多而变得更加富有。如果一个人的灵魂不够高尚，做人不够磊落，那么这个人就永远不可能成为真正富有的人，只有心灵富裕，充满美好感情的人才是真正的富贵。

附录 1

李嘉诚生平大事

李嘉诚简历

1928 年 7 月 29 日：李嘉诚出生于广东潮州。

1939 年：11 岁的李嘉诚随父亲移民香港。

1943 年：李嘉诚父亲病逝。为了生计，他找到一份茶楼跑堂工作。

1945 年：李嘉诚进入一家钟表店当学徒。

1947 年：李嘉诚进入一家五金厂做推销员。

1948 年：李嘉诚升任塑料花厂总经理。

1955 年：李嘉诚开始创业，创办长江塑胶厂。

1958 年：李嘉诚在北角购入一块地皮，正式进入房地产市场。

1963 年：李嘉诚与庄月明结婚。

1967 年：地价暴跌，李嘉诚低价购入大批土地储备。

1972 年：长江实业上市，李嘉诚被人瞩目。

1978 年：李嘉诚与国家领导人邓小平会面。

1979 年：李嘉诚收购老牌英资商行——“和记黄埔”22.4% 的股权，成为首位收购英资商行的华人。

1984 年：李嘉诚购入“香港电灯公司”的控制性股权。

1986 年：李嘉诚进军加拿大，购入赫斯基石油逾半数股权。

1987 年：李嘉诚连同李兆基和郑裕彤，夺得温哥华 1986 年世界专览会旧址的发展权。

1990 年：李嘉诚妻子庄月明病逝。

1994 年：李嘉诚管理的企业税后盈利达到 28 亿美元。

1995 年：长江实业的市值超过 420 亿美元。

1999 年：长江实业集团税后盈利达 1850 亿港元。

2000 年：长江实业集团总市值约为 8120 亿港元。

2009 年：长江实业总市值约为 10000 亿港元。

2010 年：李嘉诚竞购法国电力集团旗下部分英国电网业务。

2011 年：孔子学院把成就李嘉诚的一道功夫茶传奇故事搬上国际频道，中英文全球推广。

2012 年：李嘉诚位列福布斯全球富豪榜第九，为亚洲首富。

2013 年 1 月 10 日：美国财经杂志《福布斯》公布李嘉诚财富大增至 300 亿美元，继续稳坐香港首富宝座。

长江实业集团有限公司介绍

长江实业（集团）有限公司为长江集团的旗舰，是一家建基香港的跨国企业，集团在香港的成员包括三家同为恒生指数成分股的上市公司：长实（股份代号： 0001）、和记黄埔有限公司（股份代号： 0013）及电能实业有限公司（前称香港电灯集团有限公司）（股份代号： 0006）；在香港联合交易所主板上市的长江基建集团有限公司（股份代号：2564）长江生命科技集团有限公司（股份代号：0775)、和记电讯香港控股有限公司（股份代号：0215)、和记港陆有限公司（股份代号：0715）及TOM集团有限公司（股份代号：2383)。截至2012年1月31日，长江集团旗下在香港上市之公司的总市值为8070亿港元。长江集团的业务遍及全球53个国家，雇员人数约27万。

长江是一家地产发展及策略性投资公司。长实为香港规模最大的地产发展商之一，在本港发展一系列的住宅及工商物业。在香港的每7个私人住宅单位中，便有一个由长实发展。同时，长实积极投资及营运于新的领域，包括生命科技及其他行业。

董事局成员

执行董事

李嘉诚（董事局主席、公司创始人）

李泽钜（董事局副主席、董事总经理）

甘庆林

叶德铨

钟慎强

鲍绮云

吴佳庆

赵国雄

非执行董事

梁肇汉

霍建宁（和记黄埔董事总经理）

陆法兰

周近智

麦理思

李业广

独立非执行董事

郭敦礼

叶元章

马世民

周年茂

洪小莲

王口鸣

张英潮

核心业务

长江集团集团架构缜密，业务发展多元化，是香港规模最大的地产发展商之一，为香港物业市场提供大量优质住宅、写字楼、商场、工业大厦及酒店供应。凭借丰富的专业地产策划发展经验，建了不少香港瞩目地标及大型发展项目。长江实业的市场推广及售后服务，亦一直稳占市场领导地位。长江集团的营业部、租务部及物业管理部，提供全方位的优质服务，迎合住户及租户的各项需要及不断提升的要求。

附录 2

李嘉诚演讲

人性的迷失能否复归（汕头大学开学典礼致辞）

尊敬的各位校董，各位校领导，各位嘉宾、老师们、同学们：

小时候我的志愿是做医生，也曾想过当大学教授而不是要做一个企业家。你们也许不知道，我曾想过多少次，如果像你们一样有机会上大学，我的一生又会如何呢？所以我很羡慕你们，因为我的梦想就是你们的现实，我很高兴汕头大学今天把我们联结在一起。

我们生活在一个充满矛盾的时代，全球化到底代表些什么？它是多元一体的世界，我们生活中的每一个范畴——经济、社会、文化、科技等，都不断加速改变，这高速快车却像没有终点站，车上的人谁也不知道往哪里去。全球化如此大规模的商贸及金融活动，在一个董事会议室内，就可以为地球另一端的地方创造价值或为投资撇账，一张资产负债表是否就能反映商贸的真正价值呢？今天全球化信息有爆炸性的力量，我们能传递信息，我们又能否传递意义呢？变化已经成为人类生命的本体，再没有人能凝固于往昔的日子里。在这场追求效率及效益最大化的混战中，生命可以变得很无情，人性可以很迷失，我们每一天要快人一步，根本没有时间停下来，好好思考到底需要一个什么样的新典范，来面对经济失衡、环境破坏、人性尊严及和平所受到的挑战。

我们常说人为万物之灵，人是一切发展的核心能源，我们兼具为善、为恶，有创造、有破坏的能力，我们为了追求进步，不断提升自己的竞争力，这本来是对的，教育的本质是令我们积极向前。今天科技进步，通信、医疗、生命科学等都不断有新突破。我们拥有更多知识，但未必更有智慧；我们能掌握事物的起因，但还不能预知未来。今天社会一切的困境不也是人类创造出来的吗？所以我们必须反思人性的迷失能否复归？我个人深信通过教育是做得到的。

教育目标是传播知识、启迪思维、追求智慧、完善人格。我们生活在社会中，要与社会互动，懂得如何与自己相处，以及如何与别人相处。大家要有同理心，能易地而处，张开心胸去体会来自世界各地不同文化、不同种族人们的所思所想，才可以超越种族、性别、年龄、文化及其他隔膜。我们不单要努力提升自己，更要致力建立社会共同的尊严，否则我们在全球化的过程中要能彼此和谐共处，只是遥不可及的希望。

各位同学，也许你认为今天你对别人最珍贵的付出是你的情，将来，你会知道，你最珍贵的付出其实是你的承担。汕头大学是我超越生命的承诺，今天我想代表校董会向你们说，对每一位有志贡献于推动中国教育事业前进的工作者，汕头大学欢迎你，对每一位立志成为社会栋梁对社会有承担的同学，汕头大学欢迎你！

谢谢大家。

二〇〇三年九月十九日

现实的造梦者（李嘉诚2013年汕大演讲）

尊敬的陈云贤主席，徐冰教授，各位领导、老师们、同学们：

今天是我们2599名同学毕业的大日子，很高兴，大家一起分享这快乐时刻。

最近，我因为急性胆囊炎，进行了手术，我已完全康复，依然积极向前。

在医院期间，我静静思考，世界改变的步伐不断加快。虽然过往经验是人生无价之宝，但传统应对困难与挑战的智慧和观点，今天是否依然适用？古书古语，劝人苦心志、劳筋骨、坚毅奋斗，这些励志的话语，是否足够提升我们的韧力？如何迎战改变，是世界上每一个人要思考的问题。

很多道理，说者容易，听者难。血肉之躯，在人生中波涛翻滚，个中的滋味，你能体会？你愿意替代尝尝吗？你关心社会上的困难境况吗？你懂得体谅无助无奈者的叹息吗？或者你是那些曲尽心思，有万万千千借口的人，只会说“不公义与不公平是人生必然之理”或“对不起，我不能施以援手。何为富？何为贫？我自己也是受害者”。

也许，你们这一代，面对最大的挑战，是社会不平等的恶化。解决此问题的方案，将主导社会未来的改变。需要每个人和政府，积极、主动地克服这挑战。每人有不同的能力和道德标准，恻隐足以为仁，但仁不止于恻隐。有能力的人，要主动积极推进社会的幸福、改善和进步，这是我们的任务。不仅是对社会的投资，帮助和激励别人的同时也能丰富自己的人生。

政府要鼓舞民志，要在发展企业精神、创造机会的大前提下，制定和推行明智知远兼正当有效的政策。政府要鼓舞民智，要投放更多的资源，在教育范畴推动更大的改革。教育是防范社会出现持续不公平现象的可靠卫士。今天在逆境中奋斗的人，不要让内心的愤怒燃烧，而影响你解决问题的能力。

在医院期间，我非常感激医生与护士们专业与悉心的照顾，手术的伤口没有任何痛楚，凄楚的是心上的回忆。这个小指头是我第一个疤痕。这疤痕是我 14 岁的时候愤怒的印记。那年，一个寒风透骨的冬天下午，我单独在舞台外忙了一整天。要把堆得高高的皮带切割，为明天生产工序做好准备。从窗框中，看见高层的他们，坐在暖暖的室内，悠闲地品茗。我默然感到很孤独、很怨愤，我错手割伤自己，深可见骨。我还记得血从伤口由红变黑，当时心中只有一个念头——自己一定不再成为那可怜的人。

我知道，只有怨愤而欠缺思维，只会令你更软弱、更惶恐，使你付出更大的代价和承受更大痛苦。我要把愤怒转为对自己更高的要求和更专注解决问题的动力。只有能面对现实的人才可征服现实，只有更加勤奋、更具观察力和韧力的人，才可改变困境，创造机会和缔造希望。

各位同学，在过去数十年，别人给我的昵称是“华人首富”，这是一个很复杂的滋味。我的一生充满了竞争与挑战，历程是好不容易的。常常要有智慧、要有远见、要有创新，怎不令人身心劳累，四方风风雨雨中，我还是不断在学习笑对人生，作为一个人、一个爱自己民族的中国人、一个企业家，我不断在各种责任矛盾中，尽一切所能服务社会。

各位同学，你具备卓越的专业知识与才干，可以迎接人生的各种挑战。你们的前途成就可比我更光明，为社会缔造明天，舍你其谁？你一生谨守正知、正行、正念，路漫漫其修远，你对社会永远的关怀和参与，这一份坚持，就是解决不公平问题的最实际方案。我知道今天的你以汕大为荣，明天汕大将会以你为荣。

再次祝贺大家！

在形与实之间（2006 年于新加坡管理大学李嘉诚图书馆开幕典礼致辞）

内阁资政李光耀先生、胡赐道名誉校长、何光平主席、President Hunter、各位嘉宾、各位老师、同学：

让我诚心诚意向你们表示祝贺，新加坡管理大学新校舍和图书馆落成。在新加坡欣欣向荣的国土上增添动力，祝愿大学有更成功的未来。

对我来说，这时候有如走进时光隧道，脑海中展现一幕幕回忆。还记得在 1967 年，因为忧虑局势会转趋动荡，我将我年少的家庭移到这里寻找安宁，受到你们亲切的欢迎，这份情意永远长留在我心中。

我很高兴见到现在我们这方的世界已有别于昔日，因为不同意识形态而掀起的斗争、导致的流血、令人民伤心的时代已成过去。整个亚洲都受惠于大规模的变革，大家对“改革与开放”一词有更深层次的演绎和理解。这股进步巨浪的动力，不单令区内主要国家的人民感到乐观和充满希望，也影响全球。然而严峻的现实世界，是别人从来不以我们努力得来的理想成就来做评价，衡量算度的是我们日后如何持续进取。

我认为，今天我们面对最主要的挑战是如何培育有责任感的公民，怎样在具备前瞻进取思维的年轻人心中，培植意志与能力，来承传每个民族未来真正的希望。男男女女均屹立不摇、博学多闻、具文明意识、能慎思明辨及理想崇高，不会只向往个人成就，或满足于被视为经验丰富、懂得捕捉商机的工业家、企业家和专业人士的社会新地位；这些闪耀着独立思维、创意及胸怀大志的一颗颗年轻的心，对自身及世界应更具深层的责任感，珍惜个人及社会的共同尊严。

如果说政治结构的改革像灵丹妙药，一剂便能解除贯透充斥我们民族历史的痛苦及迷误，那实在是颇为武断及过分简单的说法。我们需要建基于法治、可靠和公正的政治体制，但一个公民社会必须先植根于每一个国民的心中。人民要做出的承诺，是远远超越平等参与、个人权益及经济机会的。大家要有对社会共同承担责任的精神，正如雅典人对其城市的古老盟誓：“我们定将竭力把祖先留给我们的城市建设得更伟大、更辉煌、更美好，再传给我们的后代。”如果我们想享有其他成功民主国家所有的多元自由和无穷的抉择机会，必须更有效地掌握其持续的动力和灵活弹性的精华；只着眼于研究提供公民权利的参与机制，那是不够的。一个生机蓬勃的民主制度，要同步建立能共融人类智慧及灵性、责任及理性的文明生态环境。

我知道谈及公民权利是时尚的话题，但说到个人责任，关乎社会秩序和公德，几乎肯定会被大笔地抹黑。有些人甚至把稍一提及义务和责任的人视为反民主，这是非常错误的观念。人与人之间真正的自由是一条要实践的漫漫长路。自由和民主是普世认同的价值观，我热爱自由，也支持民主，然而自由和民主必须建基于法律和秩序，这是国家持续发展最重要的基石。民主是我们必需及重要的目标，怎能轻率地仅聚焦于建立机制便视为达致目标，要知道差不多的真相并不等同于真相。它依然是虚的；形态固然重要，但更重要的是事情的本质；结构也许是维系大家的机制，而本质才是我们持续推进及超越的亮光。正如这所新落成的图书馆大楼，在这浩瀚无涯的知识汪洋中，如果有更多人去探索真我是什么，我们又是什么，以及我们未来的路向，那大楼的躯壳便像有了美丽的灵魂。

各位来宾，经验是人生无价之宝，尤其是从艰苦忧患中成长的一代，因为我们可以理所当然地反思过去，并且更能坦然表达自己对未来的冀望。虽然我并不肯定资政阁下是否同意我这说法，我认为忧患并不一定带来智慧，但却会扩大人的体验，令我们审慎克诳。因为考验式的经历，令我们能超越既定观念和偏见的束缚。特别是资政阁下，您在充满困难及竞争挑战的时代中，全心全意奋力成功地将国家推向一个又一个高峰，坚定不移通过先行打造具建设性的发展作为根基，成就、发展及见证真正及有秩序的自由、人道及正义的社会、公平及人人平等参与的权利。这些理想、这些价值观也正是我们所期望及感到最珍贵的。

今天有机会在这里与大家共同参与盛事，实在是非常荣幸和高兴，谢谢大家。

装备自己 挑战未来（香港总商会 140 周年庆祝晚会发言）

董建成主席、政务司司长陈方安生女士、姜恩柱主任、各位嘉宾、各位朋友：

今晚非常荣幸能够在香港总商会 140 周年庆祝晚会上与各位商界领袖和社会精英共聚一堂。总商会跨越 3 个世纪，领导工商界共同携手取得非凡成就，谨致衷心贺意。和记黄埔属下屈臣氏早于 1915 年成为会员，我们公司同人很高兴能与大家一起参与发展和见证香港的奇迹。

在过去多年来，香港经济经历了3次结构转型。第一次是由转口港演变成以制造业为主导，第二次是房地产业的蓬勃发展，第三次是资讯科技及金融服务业的崛兴。香港几十年来都享有增长，主要基于我们代代人的努力及坚定不移的决心，西方经济蓬勃及内地持续增长亦为我们增添动力。每次经历危机或金融风暴，我们所得的最大裨益是信心的建造，但在全球经济一体化的压力下，经济架构及社会状况出现实质改变，知识经济令有些人的环境比其他大部分人优胜。很多人感到自己的生活、投资及职位越来越不受保障，贫富悬殊、社会分化、工作及生活素质转变等问题亦令他们感到不安，在这种大转变中若要定出正确的航道，需要在政治、社会、经济及环境等方面有创新、多层次、多角度的意念和方法。很多时候，也许要重新评估我们固有的观念。我们所面对的挑战是如何正确引导各股改变的动力。不论是政府、立法部门或私营机构都要知道，无论我们决策的理念多么崇高或具有理据，但如果罔顾决策的实际后果，都可能对别人带来不堪设想及难以补救的影响。

今天，我们要迎接不同国家、不同地区的挑战。与其他地方相比，香港实在占有优势，百多年来的工商贸易活动为我们带来较高的储备。若能适当地善用，当能为我们争取多一点儿的时间及资源，创造更多选择机会。发展中的内地为我们提供无限的投资商机，使我们可就出口、生产及商贸方面重新部署竞争优势。我们对国际情况、法律及资讯掌握较佳，较完善的金融制度令我们集资条件更成为全亚洲之冠，有助我们与外国公司匹比。我们的传统文化富有包容性，有为者可以得到回报和鼓励，这一切都有助于推动我们社会迈向繁荣及维持稳定，但要时常保持及捍卫我们的各种优势。我们对很多方面要重视及有所考虑：

第一，全球均十分重视教育的质素。我们的年轻人需要扩宽国际视野和加强高层次的思维技巧，也需要接受跨学科教育的培训，以应付不断转变的社会需求。大家都知道香港劳力密集的工业早已北移，出现“有工无人做，有人无工作”的错配现象。我们邻近的日本，由于国民教育政策得宜，小学到高中毕业生质素都非常好，工人的水准很高，因此可能令贫富悬殊程度亦较世界很多国家为低。

第二，由于香港的生产成本高昂，国际竞争能力正受到严峻的挑战。今天，我们的生产成本仅低于日本而高踞亚洲最前列。从数字显示，近年虽然不断有国际机构来港开设新办事处，但亦有部分迁离香港，很多机构亦部署将后勤工序移往内地或海外运作。我们必须研究对策，以保持国际竞争优势。中国即将加入世贸，大中华地区的理想投资环境，无疑是香港的一个大宝藏。与其他地区相比，我们更了解内地的运作和拥有敏锐的世界市场触觉，加上香港优厚的融资能力及财务经验，与内地可相互配合，各行各业均有无限商机。例如由我领导的企业，一直以香港为基地，10 年前开始大力投资海外和国内，迈出非常重要的一大步，目前在内地多个省市及全球 28 个国家均有投资，为集团带来非常丰厚的收入和可观成就。

第三，我觉得港人需加强危机意识。虽然这个说法或许令人感到不安，不过若要向前迈进，必须具有危机感的态度，不能因为长期生活在比较富裕的情况下而形成自我膨胀的心态，忽视其他地方的潜力和优势只会僵化自己。全球经济一体化进程其实已于 10 多 20 年前开始，但可能香港由于需应付回归的问题，未有就经济的转型做出相应及有效对策。近年内地一些大城市如上海、广州、深圳等发展迅速，我们需要思变求变，懂得别些地区的潜力，化为自己的“东风”，得与竞争对手并驾齐驱。

第四，香港需要解决人才缺乏的问题。要知道由内地及海外引入优质专业人才，不一定打击本地员工的士气，经济一进入良性循环，必然会带动及制造更多就业机会。于 1990 年代初期，以色列在俄罗斯犹太移民大量涌入之前，原本只拥有 6 万名工程师，不够应付高科技先进产业人才的殷切需求，随着 80 万俄罗斯移民进入，带来了 20 万名工程师，问题得以解决，并带动经济发展，值得香港借鉴。我们集团属下企业，全球共有员工 10 万名，超过一半是外籍雇员，集团在海外及本地的雇员数目均不断大幅增加。我们奉行的宗旨是唯才是用，不同国籍的员工均合作无间，非常愉快，为企业创造无限的发展空间。

迈进 21 世纪，香港无可避免地踏入全球化经济革命年代，我们一定要时刻反思，更新求变，以智慧客观地认清香港的处境，以毅力坚决地冲破重重的障碍。尽管大家的意见常常不尽相同，但香港是我们生于斯、发展于斯的地方，我们对它有着深厚的感情，大家应共同努力，不断有尊严地追求社会的进步及繁荣，同心共建这个我们整体 700 多万人称之为家的地方。谢谢大家。

创新求进 挑战科技新世纪（2001 年汕大师生会）

尊敬的李鸿忠主席、尊敬的黄业斌副秘书长、尊敬的郑德涛厅长、尊敬的李统书书记、尊敬的李春洪市长、各位领导、各位校董、徐小虎校长、各位副校长、各位老师、各位同学：

很高兴与大家一同出席这个聚会，我首先向各位表示热烈的欢迎和衷心的感谢。今天是汕头大学一个非常重要的日子，我们在这里欢迎广东省李鸿忠副省长出任校董会主席。李副省长对教育富具热忱和积极支持，深信汕大得到他的宝贵指导，定能竿头更进，同时亦欢迎经验丰富的李统书市委书记出任校董，希望省、市政府在政策及资源上继续支持汕大。此外，亦恭贺徐小虎教授出任校长、李玉光教授出任副校长，他们两位加上汕大原有校董会所有成员、顾问、列位副校长及各学科负责人将组成强大的领导层。相信大家一定会同心协力，为汕大发展做出贡献。

汕大建校以来，一直得到同人付出努力，在此我要感谢过去 4 年出任校董会主席的卢钟鹤主席。卢主席以其对教育之深厚认识及热忱投入，任内为汕大尽心尽力，建树良多。他在肩负广东省教育重任之余，还分出时间、精神，常为汕大思考未来的路向，我深表敬佩。承卢主席答允出任汕大顾问及校友会主席，继续为大学的发展及校友的互利给予宝贵指导，凝聚毕业生的力量，为社会、为母校做出更大贡献，我们表示万分的欢迎和感谢。相信校友会将继续壮大，不息地向前迈进。对于刚卸任的张湘伟校长，我借此机会感谢他在过去 4 年为汕大所付出的努力。我亦感谢现已改任汕大顾问的庄礼祥书记在校董任内对汕大的支持。

汕大创校 20 年，历任的校长都是在到任后我才开始认识或共事，但今天徐小虎校长及李玉光副校长在汕大已经服务 4 年多，期间一直与我们共同工作，他们为人处事、学识、魄力和大公无私的工作精神，都是我们熟识和了解的。他们多年来为汕大医学院及附属医院的发展努力，并力争佳绩。徐校长及各位副校长在今天的校董会议中，已提出未来 5 年务实的发展规划蓝图，掌握汕大的定位和具体目标，本着唯才是用的宗旨，团结上下，为汕大开辟了配合国家、省、市发展的革新路向。希望日后大家与我一样鼎力支持徐小虎校长和所有校领导发展汕大的工作。

大学是人类智慧荟萃、知识创造和积累的摇篮。通过教学研究，启发广阔的思维，推动社会文明进步。知识不单改变个人，同时亦改变国家的命运。21世纪以资讯、创新科技和知识经济为主导，带动全球经济一体化，大学改革的要求和意义有着本质上的蜕变，汕头大学和其他高等学府一样，固有的发展模式受到挑战。今天的教育，已不局限于技术的应用，有着更深、更广的意义，是要能帮助发展学生的智慧及传播知识。今天的社会竞争激烈，对人才需求非常殷切，国内外的大学均倾力为社会发展培养拥有多层次、多角度创新意念的人才。跨学科的教育模式，已成为培养综合质素人才重要的一环。

很多人曾经问我，为何要花这么多时间和心血在汕大的发展上？甚至在汕大建校初期，曾经有一位对教育有认识的领导向我说："你对汕大是一个美丽的误会。"意思是指如果我要办教育，不如将资源投入北京的重点大学，所创出的成绩会更显而易见，这只因他不明白我倾力发展汕大的原因。对我而言，建设汕大不仅是为家乡之情，而是认为此地方确实需要一间（所）高等学府来栽培优秀人才，以配合整个广东地区及国家的互动发展。汕大的成功，将对整个潮汕地区产生无可估计的长远利益及巨大影响，亦对国家教育发展贡献出一份力量。在这20年当中，可能因为制度的困难，令汕大发展常常遇到种种令人费解的人为障碍，令汕大事务往往事倍而功不及半，但我没有因此而放弃，为的是汕大前途、国家教育、在座同学和素未谋面而未来入读的年轻人。如果只求圆滑而不推动汕大更新求变，自问是一种罪过。过去多年来，我不断与校领导重复地说，汕大要取得成功，并非单靠资源的投入，还要凝聚众人力量，要靠在座各位及关心汕大的朋友热忱投入时间及精神。两年前我们更新了校董会，各位出任校董的同仁，均能以其在地方或专业上的知识，向汕大提供宝贵经验和指导。我认为汕大最成功的发展，并不只是要追及重点大学的水平，更重要的是发挥学生最大的潜能。汕大是我们共同的理想，如能凝聚我们所有人的智慧，汕大一定能够成功。

我在社会工作了60年，目睹及参与了世界各种经济的发展，曾经历过不少事物，见证了许多人成功与失败，自己也体验过挫折和开心的日子，在社会上亦得到不少赞许和认同。在过去和今天，为汕大付出精神、时间、资源及深厚感情，但对个人而言实是一无所求。近年来许多世人梦寐以求的世界级荣誉或衔头，几乎全部为我婉却，已接受的亦极力低调。如果时光可以倒流，要我选择做一些人生最有意义的事，我还是以教育及医疗为终生不渝的事业。在人生旅途中，我深深体会到王安石所说“丹青难写是精神”这一句话。作为中华民族的一分子，我会竭尽所能贡献个人力量实现这个理想，不为名利，更亦不介怀别人的想法。

今天是我开心的日子，因为从我的经验知道汕大经过这么多人及这么多年的努力后，我深深相信我们的发展已踏上一条光明的康庄大道。希望大家珍惜目前我们为汕大发展携手努力的每一个时刻，发展汕大成为一所能使大家引以为荣的高等学府。谢谢各位。

全球化不承受之重压（第十一届国际潮团联谊年会开幕仪式致辞）

尊敬的李瑞环主席、尊敬的中央各位领导、尊敬的大会执行主席蔡诚会长、尊敬的林文漪副市长、尊敬的各省市领导、尊敬的大会荣誉主席庄世平先生、各位嘉宾、各位乡亲、各位朋友：

今天非常高兴和荣幸，能够参加我们潮人第一次在自己祖国首都举行的大会，我们来自世界各角落潮邑乡亲才俊尤其是对潮汕有莫大贡献和备受崇戴的庄世平长者，共有3000多人，能得到国家领导人的亲切关怀和重视，实在是莫大的荣耀，本人谨向今天莅临的各位人士致以崇高的敬意和衷心的感谢。

当我们如此高兴的共聚时，我们可能不曾想到，假如这世界全部只是我们潮人，这可能不是一个最富有趣味的世界。大家请不要误会，我作为潮州人，对潮汕地区的历史、知情及我们独有的性格都感到自豪。童年的我，在家乡亦有很快乐的回忆。然而，文明社会的发展精髓在于多元汇聚，是建基于不同的传统文化及信仰。历代各国的交往，为世界发展带来创意和动力，使世人更懂得、更珍惜平等的权利、义务和各种权益，或许这所有共同的进步，为的是要创造“更富知识的人类”，在其个别追寻更丰盛的人生中，可不断发挥智慧与审慎精神，共同创造一个更人道、互相关怀及具效率与高生产力的世界。

在强大的创业精神驱使下，商贸逐渐变成一种革命。在丝绸之路上孤独的骆驼队伍，已演变成为全球每个角落的竞争。全球化对文明发展和进步有独特贡献，但有些人认为它像一个脱缰的社会，其不断伸延、复杂常变及互相矛盾的性质，为懂得参与其中的人创造无限的商机及庞大的财富，也压迫着更多的人，令他们生活更艰苦和绝望，令他们感到彷徨及激愤，因他们意识到自己生命和生计已经被一些超乎其掌握范畴的力量所支配。企业追求效率及盈利，尽量扩大自己的资产价值，其立场是正确及必要的。庞大的资金轻而易举地流入可钻营的市场，层出不穷，寻找最低成本、最佳人才及机会。商场每一天如严酷的战争，负责任的管理层天天筋疲力竭，为了捍卫企业和股东的利益，被迫永无止境地开源节流。科技及投资增长，却未必能创造就业机会，市场竞争和社会责任每每两难兼顾。然而，若不能增进福祉，经济的作用又是为了什么？漠视此问题，我们将付出高昂的代价。

全球化已是不可逆转的现实。我们每天生活其中，但经济的融合只是其中一个层面，全球化更重要的问题是人类如何消除歧见、和谐共进。社会最重要的动力是安定和信心，但如何达到，现今谁都没有全部的答案。人与人彼此间的关系萌芽于自己的思想中，当我们认真开始思索这些问题时，始有改变的可能。也许全球有着各种博大精深的思想与信念，其中儒家的“仁义”、佛家的“慈悲”、道家的“济世’、基督教的“博爱”以及伊斯兰教的“净洁”都各有真理。我们要进行思想的耕耨，对各种信念要有更深入的理解，兼容并蓄，凝聚共识，才可真正知道人与人之间虽然存在很大差别，但仍可和而不同、融洽共处。

各位乡亲，我们2000多万海内外潮邑同胞无论在国内国外，多年代代地努力耕耘，创出成绩，人才辈出，在不同领域中承担着各种角色。在我个人经验里，我发觉恒心与关怀都是没有年龄和区域限制的。今天的我，还是努力地去克服我面对的困难和做到我想做的事，这是我们要时刻对自己保持的高度要求，不单是为了我们本身、为了我们的下一代、为了我们心爱的祖国大地，亦是为了我们彼此共存的世界做出贡献和创造更光辉的未来。愿与各位共勉。

附录 3

李嘉诚采访录

李嘉诚和香港硕士大学生谈经营

学生提问：在外国，有所谓的“天才”即使年纪轻也可领导一队人，成为领袖；但在中国人的社会如香港，则较论资排辈，年轻人难赶上资历较深的同事，作为领袖的您，有何意见？

李嘉诚回答：也未必如你所说。在20世纪40年代，我年纪很小便出来工作，17岁时成为一批发商的营业员，年纪小，但待遇很好，连花红一并计算，薪金比MD还高出2至3倍，18岁做经理，19岁为总经理，22岁创业。所以，只要自身条件优越，有充足的准备，在今日的知识型社会里，年轻人更容易突围而出，创造自己的事业。

学生提问：李先生您那么成功，是否会对下属构成压力？您那么有知识，下属是否有机会发表意见及发挥自己的才能？您是否容易接纳及采用下属的意见？

李嘉诚回答：下属们有很多发挥的机会。如在本公司服务多年的行政人员，有的已工作了很多年，有些更长过30年，什么国籍也有，无论是什么国籍，只要在工作上有表现，对公司忠诚及有归属感，经过一段时间的努力及考验，亦可成为公司的核心分子。

我很有信心，这批员工在他们退休之前，仍会留守在公司继续做出贡献。原因是员工们很积极，很主动地发挥自己的才干。我们的业务遍及28个国家，香港及海外员工的数目达10万。公司的成功，全依赖这批员工的努力。

事实上，在每次开会前，我会多接触及了解有关事务。况且在开会前，我会仔细研究他们的建议，加上各部门同事各有自己的知识及专长，故当下属提出有用的建议时，很快便能获得我的接纳。例如在一次行政会议上，我在两分钟内批准了同事所提出的建议。我还打趣地说："全世界没有一个行政人员能那么快取得总裁的批准。"所以，下属在提出意见时全无压力，大家合作得相当愉快。

忠诚犹如大厦的支柱，尤其是作为高级行政人员，忠诚是最重要的。

每次做决定前也做好准备，例如Orange这历史上最大的交易，我事前不认识对方，亦从未见面，因我事先已熟悉cellular telephone的前途及做好准备，向对方清楚表达，很快便可做决定。

学生提问：您曾提及，在选公司的领导层时，会着重其工作表现、对公司的忠诚及有归属感等优点。在众多特质中，您认为最重要的是什么？

李嘉诚回答：忠诚犹如大厦的柱子，尤其是作为高级行政人员，忠诚是最重要的。当然，具备了忠诚，还要讲求其工作表现及对公司的归属感。若没有归属感，员工掌握了工作上的知识及技能便离开，对公司也没有好处。但我们很少遇到上述情况，原因是我们能令行政人员及各级员工，深切明白他们在公司的前途是美好的。

恕我大胆说一句，若与香港其他公司，甚至外国公司相比，我相信本公司对一般员工的待遇会较优胜。在长江，我没有房屋津贴，只取5000元袍金。事实上，以我的工作，如公司要给予我花红，所有董事及非执行董事甚至股东都不会反对，但是我自己决定不要。

学生提问：若您的员工想自创一番事业，您会鼓励他向外做个人发展，抑或留守在集团内继续做出贡献？作为老板的您，对这位员工有何建议？

李嘉诚回答：以往，中国人做生意时常会有这个想法。对员工太好，他自己有积蓄，便会向外闯，开拓个人事业，若有这个想法，就只适合经营家庭式的小型企业；要经营大企业，必须知道大企业本身要有很完善的组织，一位员工的离开，自有其他人补上。例如公司会有员工被邀请往其他公司任高职，但当中也有不少人回流，原因是公司待遇好，大家合作愉快，最重要是双方建立了浓厚的感情。我认为，最重要是员工能以公司为荣，及觉得在工作上有前途。

学生提问：李先生做生意的手法及宗旨比较稳健、保守，但现在有些业务是需要以较进取的手法进行，并需承受风险。若有些业务需承受风险，即与你的宗旨违背，你如何做出取舍？若您的工作伙伴很进取，喜欢冒险，在合作上会否出现问题？

李嘉诚回答：我本身是一个很进取的人，从我从事行业之多便可看得到。不过，我着重的是在进取中不忘稳健，原因是有不少人把积蓄投资于我们公司。我们要对他们负责任，故在策略上讲求稳健，但并非不进取，相反在进攻时我们要考虑风险及公司的承担。事实上，我们现在有很多进取的业务正在进行中，只是未向外宣布。

反观欧美的新兴科技，平均来说，股价下跌了80%，有的互联网科技，甚至下跌了90%。所以，在开拓业务方面，我要求收入与支出平衡，甚至要有盈利，我讲求的是于稳健与进取中取得平衡。船要行得快，但所面对的风浪一定要挨得住。

我在28个国家都有业务，可见我的进取心。在过去一年，我奉行的原则是保持现金储备多于负债，可以起到平衡作用。

学生提问：中国人的公司较重感情，美国公司较重科学化的管理。您在管理的过程中，两者之间如何取得平衡？

李嘉诚回答：美国科学化的管理有它的优点，可以应付急速的经济转变，但没有感情，在业绩不好时进行大规模裁员，我们做不出，因会令员工没有安全感，及导致很多人突然失业。我们糅合两者的优点，以保存员工的干劲及热忱，我相信可以无往而不利。

学生提问：在课余期间，当我们一谈及香港的领袖，不约而同大家都想到李先生。其实大家都知道要成为领袖所必须具备的条件包括要有目光、理想、勤力及奋斗精神，但又怎样才能做得比他人好？李先生是否有很大的压力，又怎样去舒缓自己的压力呢？

李嘉诚回答：要成为领袖，你提到的基本质素一定要有。小企业每样事情都要亲身处理，所谓"力不到、不为财"，至于中型至大型企业，则一定要有组织。而最难做到的就是要建立一个良好的信誉、建立主要行政人员对公司的信任，令他们知道在公司会有更好的前途及工资。同时，亦要令同事明白他们工资与花红愈来愈多时，亦要清楚知道他们的生产能力要同时配合，这样公司才能够维持。只做一个好好先生是没有用的，如果只会乱花钱，公司迟早一定会出问题。

最难做到的是要赚钱之余，又令公司内外对你有信心，所以要清楚无论从事什么行业，都要比竞争者做好一点，就如奥运赛跑一样，只要1/10秒就会赢。就以我自己来说，我年轻打工时一般人每天工作8至9小时，而我则工作16小时，除了对公司有好处外，我个人得益更大，可以比人赢少许。对于香港今日竞争这样剧烈的社会来说，这更加重要。

我自己没有什么压力。起初未够 20 岁时便要负担家庭，一心想向上，每到晚上便想着明天的事情，但翌日一早醒来，便发现所想的事是行不通的，因此我知道一个人的工作能力是有限的，不及两三个人一起做事般事半功倍，但我会尽力去做，这样压力便减少。直至我做生意时，我采取稳健中大力发展，亦在发展之余取得稳健的平衡。一个大企业不可以有错，所以最重要的是学习，要视竞争者为聪明人，只要肯努力一点，就可以赢多一点。

学生提问：作为一个领袖要取得员工的信任，但假如李先生做出了错误决定时，会以什么形式跟员工交代？以目前李先生管理全球这么多业务，开会前又要做好准备，时间上怎样分配？

李嘉诚回答：首先每一个人都会有错，错了便应勇于承认，把错的代价作为教训。事实上，做出错误决定的不是我一个人，因为每一次决定都经由有关人员研究，要有数字的支持，而我对数字是很留意的，所以数字一定要准确。每次一开会就入正题，没有多余的话。

到目前为止，我似乎没有大的错误，每次做决定前也做足准备，例如 Orange 这历史上最大的交易。我事前不认识对方，亦从未见面，只听过他的名字，那次对方只有数小时逗留在香港洽谈，因我事先已熟悉 cellular telephone 的前途及做好准备，向对方清楚表达，所以很快便可做决定。我虽然是做最后决策的人，但事前一定听取很多方面的意见，当做决定及执行时必定很快。可见时间的分配、消除压力要靠组织来配合。

学生提问：李先生曾经说过自己做生意的原则是与伙伴合作时要留有余地，不会赚尽，但据知长实每次卖楼的售价亦去得很尽，外间亦说跟长和系做生意很难赚钱，是否有违李先生的一贯原则？

李嘉诚回答：和系卖楼，价格以市价尽取是对的。买卖价格在今日的社会竞争激烈是无可避免的。如果一家公司把一买一卖之间take it easy，它的market capitalization只会一直下跌。我们所指的合作伙伴不是指买卖的关系。合作伙伴共同合作经营是没有利益冲突的，大家一同投资，一同经营。据悉，阁下是从事文具生意的，我们的Bigbox所赚的很微。在internet做sales就是靠你的服务、靠赢人家一点点，对来货的价亦要十分着紧。